DER

PROMPT-CODE

Gute Bilder generieren
mit Künstlicher Intelligenz:
Wie funktionieren Stable Diffusion,
Midjourney, Dall-E & andere?

von

Stefan Kleber

INHALT

WAS IST DRIN?

Eine überragend-gute Abbildung mit Hilfe einer bildgebenden, künstlichen Intelligenz erzeugen, die mittlerweile auf unzähligen Webseiten und zum Herunterladen für ganz normale Nutzer verfügbar sind? Einfach zwei oder drei Worte ins Textfeld schreiben, auf *Generieren* klicken und nach wenigen Sekunden ist es da, das perfekte Bild!

Ganz so leicht ist es leider nicht, obwohl die ersten Ergebnisse nach der Eingabe von ein paar Stichwörtern bereits ziemlich gut aussehen können. Aber wer Bilder gezielt nach seinen Vorstellungen erzeugen will, der muss tiefer einsteigen in die auf den zweiten Blick komplizierte Sprache der so genannten *Prompts* – also den Wortketten und Befehlen, mit denen eine KI gefüttert werden will. Die wenigsten wissen außerdem, dass dort noch viel mehr eingetragen werden kann als ein paar beschreibende Begriffe.

In diesem Buch werden Grundlagen und erweiterte Techniken beschrieben, damit Sie professionelle Bilder selbst erstellen können. Das Spektrum des Machbaren reicht von realistischen Abbildungen über die gesamten Stile der künstlerischen Malerei bis hin zu Comics, Strichmännchen und 3D-Computermodellen. Und sogar Piktogramme, Logos, Baupläne, technische Zeichnungen und vieles mehr werden von moderner Software in erstaunlich guter Qualität ausgegeben – wenn Sie wissen, wie die Maschine mit den richtigen Befehlen und Einstellungen dazu gebracht werden kann.

IN DIESEM BUCH ERFAHREN SIE...

◆ *Wie Sie gezielt zu den Bildern kommen, die Sie im Kopf haben.*

◆ *Dass man für ein gutes Bild mehr eingeben muss, als die gewünschten Objekte, die zu sehen sein sollen.*

◆ *Warum Prompts eine eigene Sprache sind, die aus mehr als nur ein paar Beschreibungen für das Bild besteht.*

◆ *Was mit einer KI alles machbar ist (und wo die Modelle an ihre Grenzen stoßen).*

◆ *Wie sie perfekte Abbildungen in hoher Qualität und tollen Effekten erzeugen können.*

ALLE GLEICH... VERSCHIEDEN!

Dieses Buch ist so geschrieben, dass fast alle Erklärungen für die bekanntesten und weit verbreiteten bildgebenden KIs funktionieren. Allerdings gibt es ein paar Ausnahmen (zum Beispiel bei der Gewichtung von Wörtern in Befehlen oder bei Kurzbefehlen für bestimmte Effekte), die an entsprechender Stelle markiert sind.

Alle Beispielbilder in diesem Buch sind mit *Stable Diffusion* erstellt worden. Die Beschreibungen beziehen sich hauptsächlich auf dieses Modell und ein paar spezialisierte oder verfeinerte Ableger davon (zum Beispiel *ICBINP*, aber dazu später mehr).

Sollten Sie sich auf ein Modell festgelegt haben oder exotische Modelle benutzen, verschaffen Sie sich unbedingt einen Überblick, welche Einstellungen möglich sind und welche spezielle Syntax in die Textfelder eingegeben werden kann. Auch wenn viele Dokumentationen sehr technisch sind, lohnt es sich, nach Besonderheiten und Eigenarten der Modelle Ausschau zu halten.

Der Grund dafür wird von Anfängern bei diesem Thema oft übersehen: Der sogenannte *Prompt* (das ist die Beschreibung des Bildes mit Worten) kann praktisch mit allem gefüttert werden. Stable Diffusion zeigt bei der Eingabe meiner Telefonnummer das Bild von einem verlassenen Strand an. Fehlermeldungen und Warnungen, das ein Kommando nicht verstanden wird oder nicht funktioniert hat, gibt es keine.

Aber bei der Berechnung können bestimmte Stichwörter oder Zeichenketten zu falschen oder unerwünschten Ergebnissen führen. Besonders, wenn Sie die zufällige Rechenbasis (*Seed*) aktivieren, lässt sich in der Beziehung zwischen Kommando und Ergebnis nur schwer eine präzise Verbindung herstellen, weil Sie jedes Mal ein wirklich völlig neues Bild zu sehen bekommen.

Es kann also passieren, dass Sie sich bestimmte Formulierungen, Eingaben und Einstellungen angewöhnen, die vielleicht gar keine Auswirkungen auf die Ergebnisse haben – oder im schlimmsten Fall zu unerwünschten oder sogar schlechteren Ergebnissen führen.

Aus meiner Erfahrung neigen Anfänger dazu, Prompts länger und länger werden zu lassen. Einfach ein paar Worte hinzufügen ist einfacher, als sich von Begriffen zu trennen. Ob längere oder kürzere Befehle besser sind, bleibt im neuronalen Netz der KI verborgen.

Deswegen liegt es am Nutzer, die Auswirkungen jeder Eingabe so gut es geht zu beobachten und den richtigen Zusammenhang zwischen Eingabe und Ergebnis herstellen zu können. Mit der Zeit werden Sie immer mehr Erfahrung sammeln und zu immer besseren Ergebnissen kommen. Und auf dem Weg dorthin soll Ihnen dieses Buch helfen!

NICHT WUNDERN! ÜBER DIE GEZEIGTEN BILDER...

Schicke Fotos überall, die gar keine Fotos mehr sind! Der KI-Wahn hat ihr Publikum gefunden: Wir betrachten die Welt durch die Medien und haben lange geglaubt, was wir sehen, ist wahr und wirklich!

Fälschungen von Fotos gab es schon vor über hundert Jahren. Gerüchte darüber, die Amerikaner seien gar nicht auf dem Mond gelandet, stellen wohl die größte Gerüchteküche und Diskussion darüber dar, ob wir einer technischen Aufnahme von der Wirklichkeit glauben können oder nicht. Verrückt: Die Fotos zeigen Wahrheit und Lüge gleichzeitig!

Mit der Erzeugung von Fotos und Filmen durch künstliche Intelligenzen ist diese Diskussion wieder entflammt, obwohl das Ergebnis feststehen dürfte: Mathematische Modelle sind sehr nah dran, uns eine perfekte falsche Welt präsentieren zu können, die sich nicht mehr von der Wirklichkeit unterscheiden lässt. *Haben Sie den Papst neulich in einer schicken, weißen Winterjacke gesehen, die er niemals getragen hat?*

Hinter solchen Motiven steckt derzeit noch eine Menge Arbeit. Die meisten Modelle sind fast perfekt, aber um aufmerksame Beobachter zu täuschen, werden die Ergebnisse, die aus den Modellen purzeln, mit mehreren Programmen und kräftig nachbearbeitet.

Bitte nicht wundern, dass die Bilder in diesem Buch nicht so gut aussehen, wie sie im Moment an allen Ecken im Internet bewundert werden können. Ganz bewusst werden hier auch Abbildungen gezeigt, die nicht immer perfekt und hochpoliert sind, um Ihnen auch die düstere Seite der täglichen Arbeit mit bildgebenden künstlichen Intelligenzen und die Grenzen des Machbaren zu zeigen. Natürlich steht es Ihnen offen, die Bilder weiter zu bearbeiten, was sich in bestimmten Fällen auch anbietet, denn KIs sind nicht unbedingt perfekt.

Die Erwartung, dass künstlich erzeugte Bilder mühelos in jede Richtung verändert werden können, ist derzeit zu hoch. Gelegentlich ist es einfacher, bestimmte Arbeitsschritte in einer herkömmlichen Bildbearbeitung durchzuführen, statt die Eingabe um immer mehr Befehle zu erweitern und damit ein ungeplantes Ergebnis zu erzeugen (dazu aber später noch eine Menge mehr).

Alles, was Sie auf den folgenden Seiten zu sehen bekommen, ist mit web-basierten und kostenlosen Werkzeugen gemacht worden – also ganz ohne ein monströs-großes Programm auf einen Grafik-Hochleistungsrechner herunterzuladen und zu installieren. Dieser Aufwand ist außerdem keine Garantie für bessere Ergebnisse.

Die Online-Versionen müssen wenige Ressourcen auf viele Nutzer verteilen. Deswegen sind die Resultate vielleicht etwas schlechter in der Qualität, aber dafür ohne irgendwelche Anforderungen an die Hardware auf Ihrem Schreibtisch und ohne lange Wartezeiten pro Bild.

Auch ich habe zahlreiche Bilder, die in Büchern, Zeitungen und anderen Medien veröffentlicht wurden, mit Online-Versionen berechnen lassen. Sie müssen also kein Vermögen investieren, um erste gute Ergebnisse zu erzielen. Die Bilder hier im Buch sind aus (Speicher-)Platzgründen klein gehalten. Selbst freie Online-Modelle können bessere Qualität berechnen, als die eher kleinen Pixelfelder, die Sie weiter unten im Buch zu sehen bekommen.

Unter den Bildern in diesem Buch ist zur besseren Orientierung immer beschrieben, welche KI mit welchen Parametern gefüttert wurde. Werte für bestimmte Einstellungen wurden nur aufgelistet, wenn diese vom Standardwert abweichen. Alle Abbildungen wurden in einer Auflösung von 512 mal 512 Pixel berechnet. Nichts von dem, was gezeigt wird, ist in irgendeiner Form nachbearbeitet, sondern genauso abgebildet, wie die KI es erstellt hat.

Prompt: An imposing king riding on a rocket, set against a comic-style landscape in the background. It captures the dynamic and whimsical essence of a comic book adventure.

KI: DALL-E & ChatGPT

Prompt: Scene with a dragon flying over an electronic brain, set against a backdrop of vibrant and colorful lights. The intricate circuit patterns and glowing nodes of the brain, combined with the reflective scales of the dragon, create a magical interplay between mystical creature and advanced technology.

KI: DALL-E & ChatGPT

WARUM DAS?!

*H*ier spricht ein echter Nutzer: Ich habe es nicht erfunden und ich habe es nicht programmiert. Ich nutze bildgebende künstliche Intelligenz jeden Tag den ganzen Tag – ohne Programmierer zu sein und mit einem ganz normalen Gehirn.

Aber vielleicht doch mit zwei kleinen Unterschieden im Vergleich zu anderen: Ich betrachte Bilder *immer* mit der Frage im Kopf, *wie* diese wohl gemacht wurden und wenn ich mir vorgenommen habe, ein bestimmtes Bild von meinem Kopf auf den Bildschirm zu befördern, gebe ich nicht auf. *Niemals!*

Seit über einem Jahr *versuche* ich – mehr oder weniger erfolgreich – aus ganz unterschiedlichen Algorithmen passende Bilder für meine Kollegen zu erzeugen, die nicht die Geduld und angeblich nicht das Wissen haben (*Ausrede!*), das man braucht, um die kreativen KIs in den Griff zu kriegen und richtig *gute Bilder* zu produzieren – wir kommen später darauf zurück, was *richtig gut* im Zusammenhang mit künstlich geschaffenen Kunstwerken bedeutet.

Zugegeben, besonders erfolgreich fühle ich mich beim Bändigen von Stable Diffusion, Dall-E, Midjourney und zahllosen Ablegern davon nicht. Immer wieder spuckt die Maschine Dinge aus, die ich weder beschrieben noch in dieser Form erwartet hätte. Meine Beharrlichkeit (umgangssprachlich *Dickschädel*) ist der Grund dafür, dass mein Verhältnis zu kreativer künstlicher Intelligenz mit der Zeit etwas besser geworden ist. Auf meiner To-Do-Liste stehen manche Prompts seit Monaten, werden immer wieder ins und aus dem Textfeld herauskopiert, um später doch noch einen allerletzten Versuch zu starten.

Zwei Eigenschaften sind nötig, um die auf den ersten Blick unberechenbaren Maschinen zu tollen Ergebnissen zu bringen: Erstens Geduld und zweitens ganz viel Verständnis für das, was da hinter den Kulissen passiert. Nicht unbedingt erforderlich, aber in meinen Augen nützlich, ist das Interesse für Stile in Fotografie und Kunst sowie das Wissen darüber, wie Fotografen im Studio und am Rechner arbeiten, denn viele Fachbegriffe aus dieser manchmal langwierigen Arbeit können einen Befehl an die KI entscheidend prägen.

Anfangs war ich davon überzeugt, dass Geduld alleine ausreicht: Eine Beschreibung muss nur oft genug durch die Maschine gejagt werden und es wird irgendwann schon ein passendes Bild dabei herauskommen. *Irgendwann* kann aber sehr lange dauern...

Und *irgendwann* kommt einem dieses Zitat von Albert Einstein in den Sinn: *»Die Definition von Wahnsinn ist, immer wieder das Gleiche zu tun und andere Ergebnisse zu erwarten.«* Aber bevor ich mir das zu Herzen nehme, klicke ich lieber noch einmal schnell auf den Generieren-Button, ohne den Prompt verändert zu haben.

Die Resultate der hoch-komplexen Berechnungen sind natürlich kein Zufall. Wer den Strom der produzierten Grafiken aufmerksam beobachtet, der stellt fest, dass KIs besser auf Befehle reagieren, als es nach den ersten schnellen Versuchen aussieht – auch wenn die Reaktion nicht so berechenbar ist, wie bei einfachen mathematischen Berechnungen. Eins plus eins ist bei einer Bild-KI nicht zwei, sondern höchstens vielleicht zwei oder in etwa zwei oder manchmal etwas ganz anderes. *Sprachmodell* ist das Stichwort, das dieses Problem hervorruft!

Genau genommen ist es nicht der Computer, der unpräzise arbeitet und scheinbar innerlich würfelt, bevor ein Bild berechnet wird, sondern unser Verständnis für die Funktionsweise einer Maschine mit einer solchen Komplexität. Außerdem ist Kommunikation, wie wir Sie bei der Interaktion mit einer KI benutzen, offensichtlich doch nicht dafür gemacht, einem un-intelligenten Computer Kommandos zu erteilen.

Das Programm reagiert zwar auf Befehle, aber irgendwie doch nicht so gut, wie Soldaten auf Befehle gehorchen. Seit ChatGPT haben wir sehr schnell verstanden, mit einer KI genauso kommunizieren zu können, wie mit dem Nachbarn durch die Hecke. Zumindest glauben wir, dass KI alles versteht, was wir sagen. Und wir glauben genauso, dass die KI alles weiß, was sie uns antwortet.

Wie haben Menschen vor der Erfindung künstlicher Intelligenz mit Computern kommuniziert? Taschenrechner sind dafür ein gutes Beispiel: Jede Taste löst genau eine einzige Reaktion aus, und das war es dann schon. Lediglich der An-Aus-Schalter hatte *damals* unglaubliche zwei Aufgaben oder auch nur eine (je nach aktuellem Zustand).

Zu lange haben wir uns an die Vorstellung gewöhnt, dass auch in modernen Computern noch Zahnräder rattern und der Druck einer Taste auf dem Keyboard zu genau einer Reaktion führt. Haben Sie sich einmal vorgestellt, aus wie vielen Bildpunkten ein Buchstabe auf dem Bildschirm besteht? Wie oft pro Sekunde die Grafikkarte das Bild auf dem Monitor neu berechnet?

Der Computer hat sich das Image als dumme Rechenmaschine geschickt und zu lange bewahrt. Heute werden Mikrochips für künstliche Intelligenz in Smartphones, Laptops und Haushaltsgeräte eingebaut. Und was machen wir mit diesen überragenden Wunderwerken? Ein wenig im Netz surfen und gelegentlich einen Brief schreiben. Ein Wunder, dass die Computer den Menschen nicht längst verlassen haben, um sich eine andere Welt zu suchen.

Und vergleichen Sie auch die natürliche Sprache mit den klassischen Programmiersprachen. Dann fällt auf, dass Programmiersprachen den Titel »*Sprache*« gar nicht verdienen. Alle bestehen nur aus extrem wenigen Befehlen. *If, then, for, while, repeat...*

Einzig deren geschickte Kombination erzeugt heute coole Spiele, leistungsfähige Betriebssysteme und eigentlich auch das, was wir als künstliche Intelligenz bezeichnen.

Zwischen Python (der weltweit am weitesten verbreiteten Programmiersprache) und C# (eine komplexe Sprache für Programmier-Profis) variiert die Anzahl der Kommandos zwischen 40 und 60. Moderne, neue Sprachen, die sich mehr an der Verständigung zwischen den Menschen orientieren, sind nicht in Sicht.

Im Vergleich zum schlichten Brüll-Wortschatz von Computern hat die deutsche Sprache über 17 Millionen Grundformen. Die so genannte Standardsprache (also alles ohne kreative oder schräge Ableger, Abkürzungen und Kombinations-Worterfindungs-Verbindungen) umfasst 300.000 bis 400.000 Wörter. Und im täglichen Wortgefecht schlagen wir uns mühelos mit 75.000 bis 100.000 verschiedenen Wörtern herum.

Noch einen weiteren Vergleich will ich Ihnen nicht vorenthalten, um den Abstand zwischen Mikrochip und biologischem Gehirn weiter zu vergrößern: Hunde sind in etwa so intelligent wie ein knapp zweijähriges Kind – und umgekehrt.

In einer bekannten Wett-Sendung im öffentlich-rechtlichen Fernsehen brachte ein Vierbeiner seinem Frauchen insgesamt 77 Gegenstände auf Kommando. Forscher haben herausgefunden, dass der Durchschnitts-Hund etwa 165 Wörter, Zeichen und Signale versteht – also drei- bis viermal so viel wie ein Computer an der Basis, wo Programmierer mit ihm kommunizieren.

Allerdings sind klassische Programmiersprachen tatsächlich vergleichbar mit den Abläufen auf einem Kasernenhof: knappe, präzise Befehle sind nötig, um die wenigen logischen und mathematischen Schritte zu machen, aus denen Computerprogramme gemacht sind.

Sprach- und Bildmodelle haben im Gegensatz dazu einen ganz anderen Wortschatz: Sie wurden mit natürlicher Sprache trainiert und hören natürlich nicht auf die starren Befehle einer Programmiersprache. Was ein Vorteil, aber auch ein ganz großer Nachteil sein kann, denn so kann es passieren, dass der Benutzer – im übertragenen Sinn – eine Taste drückt und das Licht mal grün und mal rot blinkt.

Die Software arbeitet natürlich äußerst präzise und verarbeitet die Eingaben immer logisch korrekt und tatsächlich vollständig verständnislos. Nur hat die mathematische und logische Komplexität hinter den simplen Fassaden der Software gewaltig zugenommen. Es klackert nicht mehr, es klickt nicht mehr, es rauschen Elektronen mit Lichtgeschwindigkeit durch astronomische große Schaltkreise, die auf ein paar Quadratmillimetern zusammengerückt sind. *Das ist nicht untertrieben!*

Im Spitzenreiter unter den Mikrochips, der in Computern für Otto-Normal-Verbraucher steckt, arbeiten insgesamt 114 Milliarden Transistoren zusammen (Tendenz zunehmend). Erstaunlich an dieser Zahl ist, dass das menschliche Gehirn tatsächlich aus genauso vielen Nervenzellen besteht (Tendenz abnehmend).

Für das biologische Denkorgan ist der digitale Computer kaum noch zu begreifen. Neuronale Netze funktionieren, aber in sie hineinschauen ist dagegen ein schwieriges Unterfangen. Einfach erklärt: Es ist nicht allzu schwer, eine KI zu trainieren, aber es ist unglaublich schwer, danach ihr Verhalten, ihre Entscheidungen und die Antworten zu verstehen.

Außerdem wird in vielen Bild-Programmen bei jeder Berechnung eine Zufallszahl hinzugefügt, die für immer neue Varianten und auch für immer unterschiedliche Startbedingungen sorgt. Diese mathematische Laune der digitalen Kultur ist ein wesentlicher Grund, warum wir das Gefühl haben, der Computer würde tatsächlich menschlich reagieren, denn auf die gleiche Frage kommen scheinbar immer verschiedene Antworten. Dass die Programmierer dem Befehl einen unberechenbaren Faktor mitgeben, wird von den meisten Nutzern völlig übersehen.

Bei gleichen Daten reagiert auch die moderne Maschine immer gleich – und das lässt sich auch belegen: Halten Sie Ausschau nach dem Stichwort *"Seed"* auf der Benutzeroberfläche Ihrer Software. Die Kombination aus der gleichen Zahl in diesem Feld und dem gleichen Bild-Befehl (*"Prompt"*) führt tatsächlich zu den exakt immer gleichen Ergebnissen. Schlagartig ist das unheimliche Freidenken vorbei!

Wenn wir uns ärgern, warum die Software nicht das Kunstwerk ausspuckt, das wir im Kopf haben, müssen wir verstehen, dass zwischenmenschliche Kommunikation für Gehirne gemacht ist und nicht für winzige Transistoren. Auch wenn es ziemlich viele sind, können Schalter unsere biologische Art zu denken (noch) nicht verstehen. Außerdem sind Gehirne wesentlich toleranter, flexibler und verständnisvoller als Transistoren es sind.

Testen können Sie das im echten Leben beim Eisverkäufer: Es gibt vermutlich tausende Ausdrücke, die ihm gesagt werden können und immer das gleiche Ergebnis dabei herauskommt: *Zwei Schoko in der Waffel! Schokolade – und davon zwei Kugeln, bitte! Bitte, zweimal Schokolade! Eis mit Kakao in der Waffel! Eine Waffel, zwei Schokoladenkugeln...* Dazu kommt ja auch noch die Betonung, die Laune des Bestellers, Akzente, Dialekte, Sprachfehler, Umgebungsgeräusche und so weiter und so fort. Sogar mit Gesten und Zeigen dürften Sie es problemlos schaffen, zwei Kugeln Schokoladeneis in der Waffel käuflich zu erwerben.

Wir verstehen vor allem so mühelos richtig, weil wir den Zusammenhang verstehen. Sagen Sie die Sätze von oben mal ihrem Gemüsehändler! Bei der Maschine – auch wenn es sich um eine künstliche Intelligenz handelt – ist das Verständnis ein ganz anderes. Schon das Wort ist die reine Übertreibung.

Ein Beispiel, das ich an dieser Stelle gerne benutze, um das Verstehen einer Bild-KI zu erklären, ist das Wort *"empty"* (übersetzt *"leer"*). Der Begriff funktioniert gut in Ihrem Kopf, oder? Bestellen wir allerdings bei einer KI das Bild *"empty park"*, dann weiß unser Kopf ganz genau, was er haben will: Einen Park *ohne Menschen und/oder Tiere*. Oder haben Sie bereits an etwas ganz anderes gedacht? Vielleicht an einen Park ohne Bäume, Sträucher und Blumen? Ohne See und Springbrunnen? Ohne Rasen und Gehwege?

Der Begriff *leer* mag bei einer Flasche und einem Glas auch für einen Computer eindeutig sein, aber das Wort *"leer"* benutzen Menschen natürlich unbedarft auch in ganz anderen Zusammenhängen und erwarten, dass die Maschine auch weit hergeholte Vorstellungen unserer Kopfes präzise interpretiert. Wenn Sie jemandem den Weg erklären, dann kennen Sie sicher den Ausdruck: *»Nein, das andere Links...!«*

Und sind Sie sicher, dass bei *"leer"* die KI auch versteht, dass wir einen verlassenen Park meinen, in dem *keine Menschen* zu sehen sind? Vergleichen Sie den Befehl *"empty park"* oder *"empty street"* im Kopf mit dem Ausdruck *"empty glas"* oder dem Prompt *"empty sky"*, bei dem die KI vielleicht sogar den gleichnamigen Song des britischen Popstars *Elton John* im digitalen Kopf hat. Das ist der Top-Treffer, wenn die beiden Wörter in einer Suchmaschine nachgeschlagen werden.

Gleiches Wort, völlig andere Zusammenhänge! Und schlimmer noch, denn wenn wir *"Glas"* sagen, sehen wir vor unserem Auge ein *"Trinkglas"*, während die KI den Begriff vielleicht nur mit dem Material verbindet. Auch unser Kopf tut Dinge, die wir nicht immer im Griff haben!

Das wohl extremste Beispiel für solche Mehrdeutigkeit (ich kann es mir nicht verkneifen, weil es wirklich unglaublich ist, allerdings nichts mit künstlicher Intelligenz zu tun): Es gibt in der deutschen Sprache ein Wort, das sein *Gegenteil* bedeutet.

So gesehen müssen wir Verständnis dafür zeigen, wenn ein Computer uns nicht, nicht sofort oder ganz und gar nicht versteht. Die Lösung zum Spoiler eben will ich Ihnen nicht vorenthalten: *Umfahren* ist die gesuchte Lösung! Die Betonung und der Zusammenhang sind die einzige Hilfe, wie herausgefunden werden kann, was wirklich gemeint war. Schweifen Sie kurz ab in eine Fahrstunde: Formuliert der Lehrer dieses Wort als Hinweis für den Schüler falsch, kann das böse enden...

Wir können viel über uns lernen, wenn wir mit einer KI zusammenarbeiten. Und ich kann Ihnen nur empfehlen, sich auf das Thema künstliche Intelligenz offen und auch ein wenig verständnisvoll einzulassen. Bildgebende KI ist nicht wirklich das Wundermittel für Kreative. Aber wer die Kooperation mit dem Computer übt, der wird schnell tolle visuelle Ergebnisse aus der Maschine herauslocken, die weit jenseits von dem liegen, was mit einer Kamera machbar ist.

Allerdings sind sehr viel Geduld und eine Menge Verständnis erforderlich, denn die Nutzer müssen mit ihrer Sprache der Maschine entgegenkommen. Umgekehrt funktioniert das (noch) nicht. *Wir* können unsere

Eingaben und Befehle ändern, aber – wie Sie bereits gelesen haben – der Algorithmus seine Reaktion darauf nicht.

Statt davon auszugehen, dass der Computer uns tatsächlich *versteht*, würde ich die Befehle, mit denen eine bildgebende KI gefüttert wird, eher mit einer Programmiersprache vergleichen: Auf den ersten Blick scheinen die Kommandos einfach nur eine Reihe von Wörter zu sein, aber wir müssen verstehen, dass der Computer trotz aller Leistung, unsere Sprache nicht wirklich verstehen und schon gar nicht interpretieren kann, sondern nur stur und störrisch abarbeitet, womit er vom User gefüttert wurde.

Prompts – also die Wort-Kombinationen, die gezielt zu den gewünschten Bildergebnissen führen sollen – sind in meinen Augen eine eigene Sprache, die wir erlernen müssen, um erfolgreich und effizient mit einer Maschine kommunizieren zu können.

Zwar führen schon kurze und knappe Beschreibungen zu tollen Ergebnissen, aber schnell will der Nutzer mehr: Realistischere Bilder, reproduzierbare Ergebnisse, ganze Reihen von nahezu gleichen Abbildungen (zum Beispiel die gleiche Person in unterschiedlichen Situationen wie in einem Comic oder in einem Bilderbuch).

Heute sind die Erwartungen der Benutzer noch relativ niedrig. Es passt, wenn es halbwegs so aussieht wie erwartet. Wer mehr verlangt, muss mit den Prompts wirklich viel herumexperimentieren, um zu verstehen, wie die KI auf kleine und große Änderungen reagiert. In der Praxis leistet letztendlich der User die meiste Arbeit: Passende Prompts sind niemals einfach so dahin geschrieben.

Wird der Aufwand für besonders schöne Bilder bekannt, dann verteilt sich die investierte Zeit in der Regel in Stunden für die passenden Worte und nur Sekunden für die Berechnung. Machen Sie den Selbstversuch: Wie lange benötigen Sie, um ein Bild aus Ihrem Kopf mit 75 passenden Begriffen zu beschreiben? Und danach listen Sie zusätzlich auf, was auf gar keinen Fall zu sehen sein darf.

Mit viel Erfahrung und Geschick entwickelt der User ein Verständnis dafür, mit welchen Worten was erreicht werden kann. Wer sich die Zeit nimmt, diese spezielle Sprache zu erlernen, wird rasch Fortschritte mit immer besseren Ergebnissen machen. Trotzdem werden Sie merken, dass ein wirklich gutes Bild eine Menge Denken und Geduld erfordert.

Es hat lange gedauert, mich von der Überraschung hin zu Ergebnissen zu arbeiten, die meistens und in etwa dem entsprechen, was ich beim

Tippen eines Prompts im Kopf hatte. Mit der Zeit und mit wachsender Erfahrung veränderten sich meine Beschreibungen weg von natürlicher Sprache und hin zu gezielten Begriffe und Kombinationen aus Wörtern, die von der Software immer besser verarbeitet wurden als das einfach so dahin getippte Wort.

Diese Erfahrung möchte ich in diesem Buch mit Ihnen teilen! Das zufällige Herumspielen erreicht seine Grenzen dann, wenn Bilder für den professionellen Einsatz (zum Beispiel für Blog-Artikel, als Werbung und für eine Präsentation im Beruf) oder für einen privaten Zweck (Einladungskarten für Hochzeit und Geburtstag) gebraucht werden, die nicht mehr nur wie schnell berechnet aussehen sollen. »Wo hast Du das denn her?« soll schließlich begeistert gefragt werden und nicht mit einem entsetzten Unterton.

Eine Bekannte von mir hatte mal ein spezielles Bild im Kopf. Mit hochgekrempelten Ärmeln setzen wir uns an den Rechner. Als nach einer halben Stunde immer noch nicht das zu sehen war, was sie sich vorgestellt hatte, war sie weg mit den Worten: *»Dann male ich es eben selbst!«*

Wenn es etwas ganz bestimmtes sein soll, dann kann die KI den Menschen vor dem Bildschirm manchmal in den Wahnsinn treiben. Unzählige Male habe ich mich gefragt: *»Warum zeigt mir das Ding jetzt so ein Bild, das gar nichts mit meinem Prompt zu tun hat!?«*

Und genau damit Sie weniger von diesen Momenten erleben und in Zukunft mehr Punktlandungen und damit großartige Bilder erschaffen können, habe ich dieses Buch geschrieben!

> *> Dennis Kleber*
> *Köln im November 2023*

WICHTIG

- *Gute Bilder brauchen Geduld (und weit mehr als einen einzigen Versuch).*

- *Wenn Sie den Mechanismus der künstlichen Intelligenz verstehen, können Sie bessere Bilder generieren.*

- *Die KI versteht unsere Art zu kommunizieren nicht wie ein anderer Mensch sie versteht.*

- *Prompts bestehen zwar aus normalen Wörtern, sind aber eigentlich eine ganz eigene, spezielle Sprache.*

Prompt: A programmer, with a detective hat and an exaggerated look of curiosity, is searching inside an oversized computer with a flashlight, looking for intelligence. The computer is humorously open on a desk, with circuit boards and wires spilling out, and the programmer uses a large, comically oversized flashlight to peer into its depths.

KI: DALL-E & ChatGPT

WOHER NEHMEN?

Früher war alles schlechter: Die ersten KI-Programmme auf den eigenen Rechner zu bekommen, war eine Quälerei für Programmier-Profis. Große Datenmengen mussten heruntergeladen und seltsame Software installiert werden. Das Ergebnis bestand zu einem großen Teil aus Hoffen, denn es gehörte irgendwie auch immer eine große Portion Glück dazu, ob das Modell tatsächlich funktionierte oder der ganze Aufwand in einer unüberwindbaren Fehlermeldung endete.

Mittlerweile sind bildgebende KIs in Reichweite von Technik-Amateuren gekommen. Die Datenmenge ist weiterhin riesig, die aus dem Internet geladen werden muss. Und wenn die Programme laufen, ohne dass eine Grafikkarte im Rechner verbaut ist, dann müssen Sie Wartezeiten einplanen, in denen mühelos mehr als eine ganze Kanne Kaffee konsumiert werden kann.

Wenn Sie die umfangreiche Installation auf Ihrem Computer scheuen, weil Ihnen das zu aufwändig ist oder Sie eben keine sündhaft teure Grafikkarte und einen Hochleistungs-PC haben, die bei der schnellen Berechnung der Bilder helfen, dann können Sie – und das ist meine klare Empfehlung für den Anfang – die zahlreichen Online-Versionen bildgebender KIs im Internet benutzen.

Diese web-basierten KIs haben natürlich Nachteile: Zuerst muss überhaupt ein (dauerhaft) kostenfreies Angebot gefunden werden. Mittlerweile bieten viele Seiten einen Account mit ein paar Gratis-Berechnungen inklusive an, wobei der Nutzer in den meisten Fällen natürlich schnell zur Kasse gebeten werden soll.

Dauerhaft kostenfreie Angebote sind selten. Das liegt vor allem daran, dass die benötigte Technik dahinter betrieben und bezahlt werden muss. Außerdem teilen sich meistens tausende von Benutzern die eher geringe Leistung, die hinter diesen Seiten steckt. Stellen Sie deswegen nicht zu hohe Erwartungen an die Ergebnisse.

Auch wenn Sie ernsthaft und professionell in das Thema einsteigen wollen, können Sie zum Lernen und um Erfahrung zu sammeln, die unterschiedlichen Online-Angebote nutzen. Trotz reduzierter Bildqualität und knapper Einstellmöglichkeiten können sich die Ergebnisse sehen lassen und viele Nutzer stört die niedrige Auflösung der Grafiken nicht. Wer braucht ein paar tausend Pixel in Höhe und Breite für das Schmuckbild in einer Bildschirmpräsentation?

Sollten Sie bildgebende KIs mit einem eher rechenschwachen Computer benutzen wollen, haben Sie auf den Seiten im Internet häufig sogar einen Vorteil bei der Rechengeschwindigkeit. Auf einem durchschnittlichen Laptop ohne Grafikkarte kann das Generieren eines Bildes schnell mehr als eine halbe Stunde dauern.

Das ist ein Zeitraum, mit dem Sie nicht vernünftig experimentieren können, weil bei jeder kleinen Änderung erst einmal (zu) lange Pause angesagt ist. Für eine Reihe von zehn Bildern oder mehr würde ein ganzer Tag Wartezeit investiert werden müssen.

Online-Angebote sind da schneller, wenn auch die Qualität nicht so hoch angesetzt werden kann, wie wenn die Software auf dem eigenen Rechner installiert ist. Die Wartezeiten betragen – je nach Tageszeit – maximal ein paar Minuten. Wenn die Internetgemeinde in den USA im Schlummerschlaf liegt, kann sich das sogar auf ein paar wenige Sekunden reduzieren.

Und legen Sie sich am Anfang nicht gleich auf ein Modell und auf eine Webseite fest. Das Karussell der Innovation dreht sich gerade viel zu schnell beim Thema künstliche Intelligenz. Spezialmodelle und neue Versionen der großen Mitspieler werden im Tagestakt veröffentlicht. Außerdem lohnt es sich, mal mit einem ganz anderen Modell zu experimentieren. Überraschungen gehören dazu, wenn Sie mit bildgebenden KIs zusammenarbeiten.

Investieren Sie bitte erst in leistungsstarke Hardware, wenn Sie sicher wissen, was und wie Sie mit KIs arbeiten wollen. Je mehr verschiedene Dinge Sie am Anfang ausprobieren, desto besser können Sie später die richtige Entscheidung treffen.

WICHTIG

- *Es gibt viele kostenlose Seiten, auf den bildgebende KIs genutzt werden können. Diese sind nicht unbedingt schlechter als kommerzielle Angebote.*

- *Modelle sind mittlerweile leicht zu installieren, auch wenn die erforderlichen Datenmengen immer noch groß sind.*

- *KIs laufen zwar auch auf Computern ohne Grafikkarte, aber die Berechnung dauert pro Bild meistens länger als bei den Online-Angeboten.*

Prompt: Image of a small boy standing in awe in front of a large, colorful robot, set in a sci-fi environment with dramatic lighting. The scene captures the boy's wonder and amazement, with the robot towering over him, designed with futuristic elements and vibrant colors.

KI: DALL-E & ChatGPT

ERSTER EINDRUCK

Wahnsinn! Cool! Irre! Eine ganze Welle unterschiedlicher Gefühle rollt beim ersten Betrachten künstlich generierter Bilder durch den eigenen Kopf. Dieser Eindruck verstärkt sich, wenn klar wird, dass die bunte Bilderwelt weder fotografiert noch gezeichnet ist.

Auch Erklärungsversuche wie der Einsatz von Collagen, Patchwork und Bild-Mixern werden vernichtet, wenn das menschliche Gehirn (eher später als früher) einsehen muss, dass hier reine Mathematik am Werk ist. Ein Computer, der Kunst generiert? Ein mathematisches Modell, das realistisch aussehende Menschen und noch so viel mehr erzeugen kann?

Langweilige Kassenzettel und emotionsfreie Parkscheine werden von Computern produziert. Nutzer, die schon zu Zeiten der Heimcomputer in den 80er-Jahren elektronisch aktiv waren, erinnern sich vielleicht an klotzige Fraktale, die Bäumen und Bergseen ähnlich sahen – mit ganz viel Phantasie jedenfalls.

Oft werden die Ergebnisse auf Technologien zurückgeführt, die wir kennen und die wir gewohnt sind. *Im Internet gibt es alles!* So schiebt der Kopf das präsentierte Foto in die Schuhe einer gewaltigen Suchaktion: Also auf Suchmaschinen im Internet oder die Inhalte von Foto-Portalen, Treffer bei Bildagenturen oder kleineren Grafikseiten, die sich auf spezielle Abbildungen konzentrieren (zum Beispiel Icons für Betriebssysteme, so genannte Game-Art, Piktogramme, Schilder, Warnhinweise und so weiter).

Die zweite Gruppe der (Technik-)Ungläubigen erklärt die Ergebnisse in der Kategorie *Schnipselwerkstatt*. Erkennung von Objekten und komplexere Veränderungen an Fotos trauen wir Computern bereits seit längerer Zeit zu. Darunter zum Beispiel das Entfernen eines Hintergrunds beziehungsweise das Freistellen eines Objekts oder auch die Verschönerung durch Bildeffekte sowie die Verfremdung mittels Filtern – bis hin zur Verwandlung in eine Zeichnung oder eine Pixelgrafik.

Irgendwann sitzt der kritische Betrachter alleine oder mit fachkundiger Hilfe vor einem Rechner und erlebt, wie ein Bild aus dem Nichts entsteht. Vielleicht hat er das Glück, ein auf Anhieb tolles Ergebnis präsentiert zu bekommen, das ganz genau dem entspricht, was er beim Formulieren der passenden Wörter im Kopf hatte. Vielleicht hat der erfahrene Helfer bereits beim Formen eines guten Prompts geholfen, was die Wahrscheinlichkeit auf einen wirklich sensationellen Moment deutlich erhöht hat.

Wenn Sie jemanden von der Leistungsfähigkeit einer bildgebenden KI überzeugen wollen, müssen Sie Bilder beauftragen, die bei Google & Co. auf keinen Fall zu finden sind und die auch nicht mit Filtern und aus Schnipseln zusammengestellt werden können. »Was Sie hier sehen, das ist ein Einzelstück das vor der Berechnung durch das grafische Modell noch nicht existierte!«

Mein Favorit zur Demonstration der ungeheuren Fähigkeiten einer Bild-KI ist *ein rosa Elefant in einem Brunnen vor dem Eiffelturm mit Regenbogen darüber*. Ja, das ist kitschig, aber garantiert in keiner Bildsuchmaschine zu finden!

Jedenfalls so lange nicht, bis die ersten dieser künstlich erzeugten Bilder irgendwo ins Netz geladen wurden oder die Suchmaschinen selbst gar nicht mehr suchen, sondern ebenfalls bildgebende Algorithmen bemühen, um den Usern ihre (Such-)Wünsche perfekt erfüllen zu können.

Andere Möglichkeiten, die KI zu bewegen, sich und ihre eingebaute Kreativität zu demonstrieren, sind *drei* Sorten ganz unterschiedlicher Begriffe, die üblicherweise so kaum als Prompt benutzt werden: Erstens können Sie (für sich oder für andere) unspezifizierte Begriffe eingeben, die kein echtes Objekt darstellen und die Software dazu zwingen, sich selbst etwas Konkretes ausdenken zu müssen, was ins Bild gebracht werden kann.

Gut geeignet sind Begriffe wie *Liebe, Angst, Traum* oder auch *schweben, durchsichtig, unglaublich…* (bitte immer auf Englisch eingeben, da das die Standardsprache bildgebender Programme ist). Ihnen werden sicher weitere Begriffe einfallen, bei denen Sie neugierig sein dürfen, was die KI sich dabei denken wird.

Erwarten Sie als Ergebnis nicht zu viel! Meistens werden solche Wörter übersetzt in zart eingefärbte Zeichnungen, auf denen wenig bis gar nichts zu erkennen ist. Manchmal sind auch Mangas (Comicfiguren) zu sehen, die in einem Meer aus Farben schweben. Trotzdem lohnt sich das Experiment, um wieder ein wenig mehr Erfahrung damit zu sammeln, wie die KI auf menschliche Befehle reagiert.

Interessant dabei ist, dass Sie manchmal sehr schnell erkennen können, wenn die künstliche Intelligenz zum Beispiel auf ein spezielles grafisches Thema trainiert ist.

Prompt: pink elephant in front of the eiffel tower standing in fountain with a rainbow over it
Negativer Prompt: watermark. text. deformed
KI: ICBINP

Der Begriff *Angst* (in diesem Fall funktioniert das deutsche Wort, weil es auch im Englischen geläufig ist) produziert zum Beispiel bei ICBINP (Englisch: *I can't believe it's not photography!* / übersetzt in etwa: *Unglaublich, dass das kein Foto ist!*) immer *realistische* Portraitbilder von Frauen, die ängstlich oder furchteinflößend aussehen, während andere Algorithmen eher dazu neigen, bei dieser Anfrage eher Zeichnungen mit ähnlichen Inhalten abzuliefern. Das erinnert tatsächlich an das Klischee verstörender Kinderzeichnungen in Horrorfilmen... Aber auf die (Hinter-)Gründe, warum eine KI bei bestimmten Kommandos bestimmte Bilder abliefert, kommen wir später zurück.

Eine weitere Spielart sind Mischungen aus zwei oder mehreren Wörtern, die so zusammenhängend nicht im Wörterbuch gelistet sind (*"Traumbaum"*, *"Winkelmensch"*, *"Kammkleber"*). Gerade, wenn Sie die englische Sprache nicht perfekt beherrschen, wird es Ihnen vielleicht leicht fallen, sich kompletten Wort-Unsinn einfallen zu lassen. Denglisch (eine Mischung aus Deutsch und Englisch) funktioniert ebenfalls im Prompt: Mein Favorit wäre *"beforehangingcastle"* (eigentlich Unsinn, der sich als Scherz ins *"Vorhängeschloss"* übersetzen lässt).

Unten sehen Sie das gelungene Resultat der eigentlich völlig unsinnigen Wort-Kreation *"Seeträume"* (übersetzt und als Prompt benutzt: *"seadreams"*). Schauen Sie ganz genau hin: Ein Wort, ein wenig Glück und eine rundum gelungene Szene!

Prompt: sea dreams
KI: ICBINP

Die dritte Möglichkeit, KIs aus der Reserve zu locken, sind Wörter, die es gar nicht gibt. Praktisch kann das so aussehen: Mit der flachen Hand auf die Tastatur drücken und abwarten, was dabei herauskommen wird.

Auch hierbei verraten spezialisierte Algorithmen gelegentlich, womit sie angelernt worden sind. Bei den großen, allgemeinen Modellen ist es leider schwierig – wegen der unglaublichen Menge an Trainingsdaten – einen kurzen Begriff zu erwischen, den es nicht doch in irgendeiner Sprache als Wort gibt.

Wenn Sie bei solchen Versuchen Fabelwesen oder wieder Comics in ausgefallenen (vielleicht sogar ziemlichen schrägen) Stilrichtungen zu sehen bekommen, dann können Sie davon ausgehen, den Namen einer Heftreihe, einer Fernsehserie, von Spielfiguren und eines darin vorkommenden Wesens erwischt zu haben.

Im Prinzip produziert die KI bei beiden Ansätzen die Bilder aus dem Nichts heraus. Das Wort *"Traum"* hat kein wirkliches Abbild, sondern kann nur mit existierenden Objekten in Verbindung gebracht werden. Eine Aufgabe, die sonst nicht typisch für Maschinen sind. Das gleiche gilt für Kauderwelsch – vergleichbar mit einem Blick in die Wolken, bei dem unsere Fantasie manchmal etwas zu erkennen scheint.

Die geistige Tür ist damit aufgestoßen, wenn nicht schon längst durchschritten: In kreativ begabten wie künstlerisch völlig unbegabten Menschen steigt die Ahnung auf, atemberaubende Welten einzig durch Wörter entstehen lassen zu können und ganz ohne Stift oder Pinsel zu schwingen oder den Auslöser an der Kamera drücken zu müssen.

Aber die beiden Ansätze von oben sind nur Experimente! Erwarten Sie (noch) nicht zu viel bei den Ergebnissen, denn Prompts müssen etwas umfangreicher sein, damit die künstliche Intelligenz sich näher an das heranarbeiten kann, was Sie bei der Nutzung im Kopf haben und in den Medien vorgeführt bekommen. Bildgebende KIs können mühelos beeindruckende wie beeindruckend realistische Abbildungen ganz nach Ihren Wünschen generieren!

WICHTIG

◆ *Experimentieren Sie am Anfang mit einer KI immer ein wenig herum statt gleich mit richtigen Prompts loszulegen.*

◆ *Benutzen Sie dafür ausgefallene (unspezifische) Begriffe ("Liebe", "Leere", "Traum"), Fantasiewörter ("Schiffsgedanken") oder Wörter, die es gar nicht gibt ("hxulie").*

◆ *Haben Sie nicht zu hohe Erwartungen an die Ergebnisse, sondern lassen Sie die Bilder unvoreingenommen auf sich wirken!*

Prompt: A whimsical and imaginative depiction of love, featuring fantastical creatures in a magical landscape. The vibrant colors and tender interaction between the creatures, set in an enchanted forest with sparkling lights, exotic flowers, and a serene lake, reflect the beauty and depth of their bond.

KI: DALL-E & ChatGPT

Prompt: Here's a playful take on creating a "bad" AI image: a comically oversimplified and exaggerated depiction of a classic scene, where elements are humorously mismatched. The cartoon-style drawing features wildly off proportions and a funny misunderstanding of its original context, with overly bright and clashing colors to add to the humorous and 'bad' quality.

KI: DALL-E & ChatGPT

ERWARTUNG & ERGEBNIS

Gerade Anfänger im Umgang mit bildgebenden KIs landen schnell im Frust. Meine ersten Bilder (gemacht direkt auf der Website von *Stability AI*, den Erfindern von Stable Diffusion) waren eine komplette Enttäuschung. Ich wollte ein Bild von einem Frosch auf einer Tastatur erzeugen, aber weder der Frosch noch die Tastatur und schon gar nicht die Kombination von beiden sah irgendwie oder annähernd so aus, wie ich es mir vorgestellt hatte.

Der Frosch war eher ein grüner Haufen mit Beinen und Augen. Die Tastatur sah aus, als hätte sie jemand im Backofen so weit erhitzt, dass der Kunststoff geschmolzen und die Tasten ineinander gelaufen sind. Insgesamt kein schöner Anblick!

Was ist falsch gelaufen? Auf unzähligen Webseiten präsentieren Menschen die eindrucksvollen Ergebnisse ihrer kreativen Wortarbeit – offensichtlich war alles davon weit besser als das, was mir die Maschine nach den ersten zwei, drei Versuchen angezeigt hatte.

Ich schob das missratene Ergebnis auf die Vermutung, dass die Online-Demo unvergleichbar schlecht im Vergleich zu einer Installation auf einem Supercomputer sein müsste. Und weil mein Supercomputer gerade im Urlaub war, legte ich die Idee, selbst Bilder auf diese Weise zu erschaffen, erst einmal beiseite.

Aber nicht für lange, denn überall waren tolle Bilder zu sehen. Ich scheiterte an der Installation eines Modells auf meinem Laptop und wechselte schließlich wieder zurück zu Online-Versionen von Stable Diffusion. Diesmal aber mit etwas mehr Glück, denn plötzlich schenkte mir das Modell ein paar optische Volltreffer!

Wenn Sie sich einen Eindruck davon verschaffen wollen, wozu die unterschiedlichen KIs und andere Nutzer in der Lage sind, sollten Sie zum

Beispiel auf der Startseite von Lexica (Link: https://lexica.art/) oder auf den scheinbar endlos-langen Entdeckungs-Seiten von OpenAI (Link: https://openart.ai/discovery) vorbeischauen und dort ein paar tausend Bilder weit nach unten scrollen.

Vergleichen Sie aber nicht nur (oder auf gar keinen Fall) die Ergebnisse dort mit Ihren eigenen Bildern! Die Enttäuschung und der Frust beim Betrachten fremder Kunstwerke entsteht, weil beim Vergleich mit den eigenen Ergebnissen unser Gehirn einen großen Fehler macht: Sie wissen nicht, was der Ersteller dieser Bilder beim Ergebnis im Kopf hatte.

Bei Ihren eigenen Kreationen messen Sie die Leistung des Prompts und der Software an dem, was Ihnen im Geiste vorschwebt – und das ist schon meistens sehr präzise, während ihr Kopf beim Betrachten anderer Bilder nur die Qualität des Fotos beurteilen kann. Sie haben dabei keine Ahnung, was der Urheber gedacht hat. Vielleicht war sie oder er völlig unzufrieden mit dem Ergebnis, egal wie bunt, detailliert oder originell das Bild auch sein mag, weil es nicht mit dem vorgegebenen Prompt zu tun hatte.

Noch schlimmer und ein weiterer psychologischer Fehltritt: Was auf Seiten wie *Lexica* hochgeladen und stolz präsentiert wird, sind nur die besten der besten Ergebnisse. Der Weg dahin bleibt im Verborgenen.

Vielleicht hat ein Nutzer Tage oder sogar Wochen mit verschiedenen Prompts herum experimentiert und hunderte von Bildern berechnen lassen, die ihn sehr viel Wartezeit und durchgemachte Nächte gekostet haben. Um das vorweg zu nehmen: An einem guten Prompt für ein ganz spezielles Bild tüftele ich Stunden, wenn nicht sogar Tage!

Beim genauen Hinsehen, werden Sie außerdem entdecken, dass hinter *Lexica* (wie bei ganz vielen anderen Seiten auch) eine Firma steckt, die mit ihrem eigenen Modell und dem dazu angebotenen Bilderdienst Geld verdienen will. Die Preise beginnen bei wenigen Euros pro Monat und steigern sich durchaus bis hin zu Abo-Modellen, wo alle vier Wochen der Betrag für ein schickes Abendessen oder pro Jahr der Kaufpreis für ein sehr gutes Smartphone investiert werden kann.

Nach ein paar frustrierenden Versuchen auf den eher schlichten, kostenlosen Seiten schaltet der Kopf auf die Idee um, dass die eigenen Ergebnisse durch so eine Investition besser werden könnten. Werden Sie übrigens nicht! Auch ohne Geld zu bezahlen, kommen Sie bei kostenlosen Angeboten und freier Software praktisch genauso weit (oder sogar weiter), als wenn Sie Geld für Modell und Rechenleistung bezahlen.

Auch ist das Ergebnis stark abhängig von der verwendeten Software und Hardware. Im Internet müssen die hart arbeitenden Rechner praktisch rund um die Uhr für abertausende von Usern die Ergebnisse liefern. Da bleibt keine Zeit, um wirklich lange an einem richtig schönen Kunstwerk rechnen zu können.

KI-Profis lassen dagegen die Berechnungen auf eigener Hardware mit kostspieligen Grafikkarten erledigen, die je nach Einstellung der Qualität und Rechentiefe vielleicht viele Stunden pro Bild brauchen.

Manche Profis (zum Beispiel in Grafik-Agenturen) haben sogar eigene Server, auf denen die Software installiert ist. Solche technischen Schwergeschosse sind natürlich viel leistungsstärker als die paar wenigen Sekunden, die ein kostenloser Server im Internet pro User und Berechnung zur Verfügung stellt. Alle in diesem Buch gezeigten Ergebnisse sind übrigens mit kostenlosen Online-KIs erstellt worden und haben keinen einzigen Cent gekostet.

Mein Lieblingsbeispiel für ein ziemlich eindrucksvolles Bild ist auf der Wikipedia-Seite über das *Stable Diffusion* Bild-Modell zu finden (Link: https://de.wikipedia.org/wiki/Stable_Diffusion): Dort reitet ein Astronaut auf einem Pferd über den Mond.

Bis auf kleine Fehler am Zaumzeug, an der Hand des Raumanzugs und am Maul des Pferdes ist der berechnete Fake kaum von einer echten Fotografie zu unterscheiden.

Von der kargen Mondlandschaft im Hintergrund bis zum Schatten und dem Staub, den das Tier im Galopp aufwirbelt, wirkt das Bild sonst absolut authentisch und überhaupt nicht wie viele andere von KIs generierte Fotos, die oft diesen typischen Look übersteigerter Künstlichkeit haben, der fast an einen Animationsfilm oder ein sehr stark nachbearbeitetes Profi-Foto erinnert.

Der schlichte und dafür verantwortliche Prompt steht direkt darunter: *"a photograph of an astronaut riding a horse"*. Und jetzt übertragen Sie diese Phrase in Ihre Software oder in das Textfeld auf einer Website Ihrer Wahl und klicken auf den Generieren-Button. Jede Wette, dass Sie nicht das sehen, was Sie vorher im Artikel von Wikipedia bewundert haben, oder?

Unten sehen Sie ein Beispiel, was meine Lieblings-Webseite bei exakt dem gleichen Befehl berechnet hat. Und ganz ehrlich: Das ist zwar nicht das beste Ergebnis, das die Online-Software generiert hat, aber bei weitem auch nicht das schlechteste.

Wie immer habe ich ungefähr 50 Abbildungen für den Bild-Befehl von oben in Auftrag gegeben. Ich kann nicht anders als immer wieder einen weiteren Versuch zu starten, in der Hoffnung, dass die nächste Runde meinen Erwartungen noch mehr entspricht als die vorige. Bilder zu generieren kann sich schnell zu einer Sucht entwickeln. Wir singen: »*Einer geht noch...!*«

Prompt: a photograph of an astronaut riding a horse
Negativer Prompt: keiner
KI: Stable Diffusion

Dieser Versuch hat sich jedoch von meiner üblichen Arbeitsweise unterschieden: Normalerweise fertige ich von einem Prompt vier bis fünf mal vier Bilder am Stück rechnen, bevor ich die Eingabe verändere (also kürze, erweitere oder Begriffe gegen andere Begriffe ersetze). In diesem Fall bin ich konsequent bei der Vorgabe von der Wikipedia-Bildunterschrift geblieben.

Mit jeder neuen Rechnung fiel es schwerer, die Finger von der Tastatur zu lassen. Irgendwann entsteht ein unsichtbares Dreieck zwischen den beschreibenden Wörtern, den letzten Resultaten und einem erfahrenen Kopf, der mit genügend Erfahrung in den Nervenzellen anfängt, wie von selbst immer neue Ideen und Verbesserungen zu produzieren, deren Wirkung ausprobiert werden wollen.

Nichts ändern und wieder Generieren klicken! In den meisten Fällen fehlte im Hintergrund die öde Landschaft des Mondes – wie erwartet, weil das im Prompt gar nicht beschrieben ist. Auch die Perspektive war oft langweilig: Unspektakuläre Seitenansichten oder bestenfalls Astronaut auf Pferd seitlich von vorne. Auch hier hat die KI etwas selbst entschieden, was der Nutzer besser selbst angeben sollte.

Klar verloren haben die selbstgemachten Vergleichsbilder bei der Qualität: Astronaut wie Pferd waren offensichtlich schlechter reproduziert worden. Wenig überraschend, dass das Schmuckbild auf Wikipedia natürlich ein glänzendes Paradebeispiel ist und nicht ein schnell dahin gerechneter Entwurf zweiter Wahl.

Wobei beim Vergleich im Detail der Mensch im Raumanzug für den Algorithmus das kleinere Problem darstellte: Das Gesicht war meistens hinter einem verspiegelten Visier und die Hände in Handschuhen verborgen, denen bei genauem Hinsehen zwar die Finger fehlten, aber wer achtet schon darauf, ob auf dem Mond gerade Fingerhandschuhe oder Fäustlinge benutzt werden?

Das Reittier hat bei der Darstellung grundsätzlich verloren: Es fehlten Beine oder es waren zu viele davon zu sehen. Dem Kopf des Tieres fehlten die Details und kaum ein Sattel sah wirklich wie ein echter Sattel aus. Die zweite Stufe der Qualität bei den bildgebenden KIs wird gerade gezündet: Vor allem das Duo aus ChatGPT und DALL-E (mit dem Bilder am Anfang der Kapitel generiert sind) bietet auf den Bezahl-Seiten von OpenAI spezialisierte Modell mit ganz neuen Funktionen an, die mehr auf die Wünsche der Nutzer eingehen.

Bitte nicht falsch verstehen: Die Ergebnisse waren durchweg gut und auch kommerziell verwertbar! Aber bitte nicht vergessen: Alles wurde auf einer öffentlichen und kostenlosen Webseite generiert, die tausende Benutzer gleichzeitig nutzen.

Die Qualität eines Bildes hängt aber nicht nur von der Leistung der Hardware ab. Zwar ist die verfügbare Rechenleistung bei kostenlosen Online-KIs verschwindend gering im Vergleich zu einer vollen und lokal laufenden Version.

Dennoch gibt es einen weit wichtigeren Grund für das schlechte Resultat: Dem Prompt fehlen jede Menge wichtige Begriffe für ein gutes Bild (von denen Sie in diesem Buch erfahren werden). Insgesamt trifft eine künstliche Intelligenz selbst unter so schlechten Bedingungen (knapper Bild-Befehl) ziemlich gut – sofern das Bild auf Wikipedia tatsächlich mit dieser schlichten Beschreibung erstellt worden ist.

Wenn Sie tiefer forschen wollen: Beim Klick auf das definitiv beeindruckende Demo-Bild wird zusätzlich angezeigt, welche Software zur Generierung des Meisterwerks benutzt worden ist. Spätestens da können Sie sehen, dass ein paar wenige Worte nicht unbedingt für ein Knüller-Bild ausreichend sind.

Wollen Sie so etwas auch in der gleichen Qualität herstellen? Dann tragen Sie Ihre Kreditkarte in einen gut bestückten Computerladen und bringen Sie zusätzlich noch jede Menge Geduld mit. Oder Sie lesen dieses Buch erst einmal bis zum Ende durch, denn: *Ein guter Prompt ist der wichtigste Grund für herausragende Resultate.*

Machen Sie sich bewusst, dass fremde Ergebnisse nicht und niemals mit eigenen Resultaten verglichen werden sollten. Schon gar nicht, wenn verschwiegen wird, wie das Motiv erstellt worden ist. Ich bin mir sehr sicher, dass bei vielen dieser Ergebnisse nachbearbeitet und geschliffen wird. Kleine Fehler, wie Unregelmäßigkeiten in einer Struktur oder störende Objekte im Vorder- und Hintergrund, können schließlich von anderen KIs mühelos behoben werden.

Wenn Sie zum Staunen auf den Galerie-Seiten der verschiedenen Modelle sind, dann sollten Sie Folgendes tun: Beim Klick auf jedes Bild wird der eingegebene Text (Prompt) dazu sichtbar. Das ist die Zauberformel, die für das Ergebnis hauptsächlich verantwortlich ist.

Von den dort gezeigten Wörtern sollten Sie sich unbedingt inspirieren lassen. Schnell werden Ihnen bestimmte Stichwörter auffallen, die entscheidend zum Stil und zum Gesamtergebnis beitragen. Mit den richtigen Schlagwörtern treiben die Profis eine KI zu Höchstleistungen an und schaffen es gleichzeitig, ein Ergebnis zu erhalten, was ihren Vorstellungen ziemlich genau entspricht.

Wenn Sie es nicht erwarten können, dann erweitern Sie den Astronauten-Prompt von oben und ergänzen Sie nach und nach die Begriffe *"vibrant"* (übersetzt: *"dynamisch"*, *"lebhaft"*) oder *"colorful"* (übersetzt: *"bunt"*). Natürlich können Sie auch mit eigenen Zutaten herumspielen. Der jeweils erste Begriff, der je nach Motiv und Software unterschiedlich interpretiert wird, sorgt meistens für insgesamt lebendigere Bilder (im Stil und bei der Gestaltung des Motivs).

Nach der Berechnung zeit das Pferd mehr Bewegung und ist aus exotischeren Perspektiven zu sehen, wo vorher langweilige Augenhöhe herrschte. Auch der Raumanzug des Astronauten ist nicht mehr durchweg weiß, sondern gelegentlich auch mal ungewöhnlich farbig, was dann auf die Ergänzung *"colorful"* im Prompt zurückzuführen ist.

Etwas planbarer ist der zweite Befehl, die Bilder bunter zu machen, was den Ergebnissen auch fast immer und eindeutig anzusehen ist. *Bunt* bezieht sich dabei aber nicht nur auf die Farben der Gegenstände, sondern auch auf eine abwechslungsreichere Ausstattung der Szenerie: Zum Beispiel tauchen damit ein paar Galaxien im Hintergrund auf. Oder das Pferd wechselt zu einer Farbe, die in der Natur normalerweise nicht vorkommt. Aber unter uns: Eine KI hat keine Ahnung, welche Farbe ein Pferd in Wirklichkeit hat.

Passen Sie auf jeden Fall Ihre Sichtweise auf künstlich generierte Bilder an: Schalten Sie von reiner Bewunderung um in den Fragemodus und versuchen Sie sich vorzustellen, welche Prompts hinter guten Bildern stecken könnten und welche Begriffe diese Ergebnisse hervorbringen und ihnen den besonderen Anstrich verleihen.

Und auch bei eigenen Bildern sollten Sie ein Gefühl vom Zusammenspiel zwischen Software, Prompt und Ergebnis bekommen.

Die beiden Wörter oben (*"vibrant"* und *"colorful"*) können mit etwas Geduld in einen Prompt eingefügt und wieder herausgelöscht werden. Nehmen Sie sich Zeit, um mindestens zwei Ergebnisse zu erstellen, die Sie kritisch miteinander vergleichen sollten.

Wenn Sie genügend solcher unterschiedlich berechneter Bilder betrachten, können Sie das Ergebnis zwar noch nicht perfekt kontrollieren, entwickeln aber langsam dieses wichtige Bauchgefühl dafür, welches Wort in welcher Weise einen Unterschied beim Ergebnis macht.

WICHTIG

◆ *Ein guter Prompt ist der wichtigste Grund für herausragende Resultate.*

◆ *Fragen Sie sich bei Bildern von anderen, ob diese nur gut aussehen oder ob sie dem entsprechen, was der Mensch vor dem Bildschirm auch erwartet hatte.*

◆ *Stöbern Sie auf Seiten, wo Ergebnis und Prompt miteinander verglichen werden können (leider gibt es keine Seiten, wo User schildern, was sie eigentlich berechnen wollten und ob das Ergebnis mit dem Bild im Kopf übereinstimmt).*

◆ *Wenn Sie eine eigene Idee ins Bild setzen, denken Sie bewusst über den Dreisprung von der Idee im Kopf über den Prompt bis zum Ergebnis nach.*

Prompt: A painter creating a wonderful landscape painting. The scene captures the artist in the moment of creativity, focused on her canvas, which showcases a beautiful landscape. With a palette full of colors and a brush in hand, she delicately adds details to her masterpiece, surrounded by an inspiring setting that may reflect elements of the landscape she's painting.

KI: DALL-E & ChatGPT

Prompt: A humorous take on a man learning how a car works: depicted in a comically exaggerated scene, he stands bewildered among scattered car parts, holding a manual and a tool, with an expression of confusion and curiosity. The car is partially disassembled, with its components humorously and overly simplistically labeled, highlighting the man's novice understanding of automotive mechanics.

KI: DALL-E & ChatGPT

WIR MÜSSEN WISSEN! VERSTANDEN?

Viele Menschen fahren Auto und wissen nicht, wie ein Reifen gewechselt wird. Stimmt nicht so ganz! Jeder hinter dem Steuer weiß sicher, wie ein Reifen gewechselt wird. Vielleicht kann nicht jeder einen platten Reifen tatsächlich gegen das Notrad ersetzen, aber auch wenn für den Führerschein nicht die Ausbildung zum KFZ-Mechaniker erforderlich ist: Wir haben alle eine grobe Vorstellung davon, wie und warum sich ein Auto beim Drehen des Schlüssels in Bewegung setzt.

Die Technik ist nicht so unwichtig, wie die meisten Autofahrer glauben. Bestimmte Informationen darüber, wie das Fahrzeug funktioniert, sind wichtig, um richtig und sicher fahren zu können: Wie stark bremst oder beschleunigt der Wagen, wenn die entsprechenden Pedale gedrückt werden? Wie stark kann mit welcher Geschwindigkeit in die Kurve gelenkt werden?. Wie verhalten sich Reifen und das gesamte Fahrzeug bei nasser Straße oder bei Eis und Schnee? Ohne eine kleine Portion Physik irgendwo im Hinterkopf würden viele Autofahrer mit Vollgas in den Abgrund rasen.

Künstliche Intelligenz sorgt im Moment für ein Wechselbad von Gefühlen und Meinungen. Optimisten sehen die Chancen, Pessimisten vermuten den baldigen Weltuntergang. Dafür verantwortlich ist vor allem die Tatsache, dass wir auf Ausgaben am Bildschirm starren, von denen wir nicht wissen, wie diese entstanden sind.

In der Vergangenheit waren Maschinen deutlich berechenbarer. Bleiben wir gedanklich beim Taschenrechner: Jeder Druck auf eine Taste erzeugte eine eindeutige Reaktion auf der Anzeige, die wir leicht nachvollziehen konnten.

Damit hatten wir das Gefühl, den Mechanismus zu beherrschen – und das war ein gutes Gefühl, weil damit auch Sicherheit, Kontrolle und Überlegenheit mitschwangen.

Eine winzige Kleinigkeit setzt diese klare Definition von Reiz und eindeutiger Reaktion bei ganz vielen künstlichen Intelligenzen außer Kraft. Weiter oben haben Sie bereits vom sogenannten *Seed* oder auch *Random-Seed* (übersetzt: *zufälliges Samenkorn*) gelesen. Programmierer füttern jeder Anfrage einen Zufallswert dazu, den die Benutzer manchmal gar nicht zu sehen bekommen.

Alleine damit unterscheidet sich die Ausgabe scheinbar magisch bei jedem neuen Bild, obwohl sich die Eingabe nicht ändert. Dieser kleine Trick macht die Software in unseren Augen schon unberechenbar, was sie eigentlich gar nicht ist.

Würden wir den Zufallswert weglassen oder – wenn in der Benutzeroberfläche einstellbar – immer den gleichen Wert beibehalten, dann spuckt bei gleicher Eingabe die KI auch immer exakt das gleiche Ergebnis aus – und verhält sich damit wieder wie der gute, alte Taschenrechner. Nur dass die Abläufe im Inneren des Algorithmus natürlich viel komplexer sind.

Wer gar nicht versteht, wie eine KI funktioniert, der *würfelt* beim Erstellen von Bildern! Sie müssen nicht zum Programmierer werden, um gute Bilder zu generieren. Sie sind ja wahrscheinlich auch kein Mechaniker, obwohl Sie einen Führerschein besitzen. Aber je besser Sie verstehen, wie eine künstliche Intelligenz gemacht ist und wie sie funktioniert, desto besser können Sie mit ihr umgehen.

Als das Sprachmodell *ChatGPT* von der Firma *OpenAI* im Jahr 2022 erschienen ist, war das ein ziemliches emotionales Hin und Her. Auf den ersten Blick schien das Programm schlauer zu sein, als viele unserer Mitmenschen. Wir waren allesamt begeistert und glaubten, das Programm sei tatsächlich intelligent. Damit hatte ChatGPT eigentlich einen schlechten Start: Die Erwartungen der Nutzer waren weit über das hinausgeschossen, was das Programm tatsächlich konnte.

Nebenbei: Die Rechtschreibkorrektur auf meinem Computer folgt nicht mehr hart einprogrammieren Regeln und einem dicken digitalen Wörterbuch im Speicher, sondern es werkelt eine Sprach-KI im Hintergrund, sodass die moderne Textverarbeitung mit einer alten mechanischen Schreibmaschine beim besten Willen nicht mehr verglichen werden kann. Obwohl es sich dabei um eines der modernsten Sprachmodelle überhaupt handelt, ist das Wort *ChatGPT* an allen Stellen im Text rot unterstrichen. Erwarten Sie nicht zu viel von allem, wo (künstliche oder manchmal auch menschliche) Intelligenz draufsteht!

So kam auch bei ChatGPT eine gewaltige Welle der Enttäuschung: *Der Chatbot kann nicht mal zwei und zwei richtig zusammenzählen!* Kann (oder konnte) es tatsächlich nicht. Erstens, weil es sich um ein Sprachmodell handelt. Ein Professor an der Universität ist auch nicht gleich ein Universalgelehrter, weil er Wissenschaftler ist. Zweitens, weil der Bot nicht wirklich intelligent ist.

Aber es war auch irgendwie beruhigend, dass die Menschen recht schnell beweisen konnten, doch noch schlauer zu sein als eine Maschine. Auf die eine oder andere Art jedenfalls.

Genauso wenig waren ChatGPT & Co. in der Lage, gute Witze zu erzählen. Gedichte reimten sich nicht immer und auch bei den Fakten in den ausgespuckten Texten waren reichlich Fehler zu finden. Ich erinnere mich an eine frühe Diskussion mit der KI, in der sie behauptete, meine Geburtsstadt gebe es gar nicht, bis sie dann ihre Meinung relativ spontan und kleinlaut doch änderte. Immerhin...

Das könnte anders laufen! Menschen, die KIs benutzen (anstatt nur kritisch darauf zu schauen), sollten mindestens grob verstehen, wie so ein Computerprogramm funktioniert. Schließlich benutzt ein Chirurg auch keine Rohrzange und kein Schweißgerät, um sich danach zu wundern, dass die Blinddarm-OP nicht erfolgreich verlaufen ist.

Wer sich wenigstens ein wenig mit dem Konzept einer künstlichen Intelligenz beschäftigt, der wundert sich nicht, dass Chatbots zwei und zwei eben nicht zusammenzählen können oder schlechte Witze erzählen. Wir wundern uns ja auch nicht, dass Autos nicht fliegen können!

Mit diesem Wissen werden künstliche Intelligenzen wieder etwas künstlicher und etwas weniger intelligent erscheinen. Aber es ist kein Nachteil, den zauberhaften Schleier um die KIs herum wegzureißen, denn damit werden sie harmloser, berechenbarer und besser beherrschbar. Und: Sie werden mit diesem Wissen einfach deutlich bessere Bilder generieren!

Prompt: A more realistic depiction of a mechanical chess machine engaging in a game with a human opponent. The machine, a fine example of modern engineering, features a sleek design with precise mechanical arms capable of moving chess pieces on the board. Set in a contemporary room, the focus is clearly on the chessboard, capturing the palpable tension between man and machine. The human player is shown deeply focused, analyzing the board, while the machine's design embodies a fusion of functionality and artistry, representing the pinnacle of current technological advancements.

KI: DALL-E & ChatGPT

LICHT IM SCHWARZEN KASTEN

B ereits in den 50er Jahren des letzten Jahrhunderts gab es einen echten Boom der künstlichen Intelligenz. Dabei sollten Sensationen
wie der bekannte Schachtürke von 1769 übersprungen werden, obwohl
die erste Schach-spielende Maschine unglaublicherweise bereits im Jahr
1914 vorgestellt wurde (suchen Sie nach *"el Ajedrecista"*/ übersetzt aus
dem Spanischen: *"der Schachspieler"*). Die war zwar überhaupt nicht intelligent, aber für diese Zeit eine überragende technische Meisterleis-
tung (einen guten Bericht finden Sie im *Byte-Magazin* 09/1978 ab Seite
82 / Link: https://archive.org/details/byte-magazine-1978-09). Moderne Computer spielten in den besagten 50er Jahren zum ersten Mal das
Spiel der Könige.

Am Anfang dieses Jahrzehnts entwickelte der legendäre Informatiker
Alan Turing einen Test, um eine Maschine von echter Intelligenz unterscheiden zu können. Turing war übrigens Informatiker, Mathematiker,
Logiker und Kryptoanalytiker – vermutlich eines der letzten universellen Genies überhaupt. Er hat, obwohl er kein Soldat war, mit der Entsch-
lüsselung der deutschen *Enigma* wesentlich zum Ende des Zweiten
Weltkriegs beigetragen.

Der ursprüngliche Turing-Test (Originaltitel: *"Imitation Game"*) hat einen einfachen Aufbau: Ein Mensch und ein Computer kommunizieren
nur über Tastatur und Bildschirm mit einer weiteren Person und müssen diese überzeugen, dass sie Menschen sind. Gelingt der Maschine
dies, dann darf sie sich als wirklich intelligent bezeichnen.

Turing und sein Test wurden rasch kritisiert: Das Experiment teste
eher die menschliche Leichtgläubigkeit des Prüfers als die künstliche Intelligenz der Maschine. Trotzdem wurde der Test nach Turings Tod von
anderen Wissenschaftlern weiterentwickelt. Bereits damals war die

Vorstellung von echter oder zumindest glaubwürdiger elektronischer Intelligenz äußerst reizvoll.

Aber tatsächlich waren in den 50ern und den Jahrzehnten danach die Computer noch ganz weit weg von schlau. Die technische Entwicklung hatte die hart verdrahteten Rechenmaschinen (wie auch der erste Schachspieler eine war) bereits hinter sich gelassen. Die Idee, Befehle und Informationen zusammen im gleichen Speicher abzulegen und aus-zuführen, war die Basis der modernen Computersysteme – ebenfalls eine Idee von Alan Turing – und der Türöffner zu den heutigen Höchst-leistungen dieser elektrischen Maschinen.

Logik und Mathematik gaben in der Informatik den Ton an – trotz bunter Benutzeroberflächen und unzähliger Spiele haftet dem Compu-ter dieses Image immer noch hartnäckig an. Der Begriff *Rechner* ver-schwindet nicht aus unseren Köpfen, obwohl von Berechnungen wirk-lich gar nichts mehr zu sehen ist in Smartphones, Spielekonsolen und voll-elekronisierten Waschmaschinen und Rasierapparaten.

1966 entwickelte der deutsch-amerikanische Wissenschaftler Joseph Weizenbaum ein Programm, das mit Menschen in natürlicher Sprache kommunizieren konnte.

Weizenbaum betitelte sich selbst als Querkopf der Informatik. *Eliza* – der Name der Software – passte in dieses Bild, weil es sich sehr von da-maligen Programmen unterschied. Zu der Zeit waren die Grundlage der Verständigung zwischen Mensch und Maschine keine Befehle, sondern in Pappkarten gestanzte Löcher (Fachbegriff: *Lochkarten*).

Eliza war wie für den Turing-Test gemacht! Weizenbaum hatte eine günstige Form des Gesprächs für sein Programm gewählt. Statt es zum themenreichen und damit komplizierten Smalltalk zu befähigen, wählte er eine ganz andere Situation: Eliza sollte mit gezielten Fragen ihrem menschlichen Kommunikationspartner ermöglichen, mit einer Maschi-ne über seine Probleme zu sprechen.

Es schien sich mit gezielten Fragen wie ein Psychotherapeut zu ver-halten, suchte aber tatsächlich nur nach bestimmten Schlüsselwörtern in den Eingaben des Menschen und stellte die nächste Frage mit einem passenden Oberbegriff. So führten Sätze, die Wörter wie Mutter, Toch-ter, Sohn und Vater enthielten, zu Fragen nach der Familie. Wurden die menschlichen Sätze zu komplex, versagte Eliza allerdings schnell mit unpassenden Kommentaren und falschen Anschlussfragen.

Trotzdem war die Software eine großartige Leistung – auch weil sie sich so sehr von vielen anderen Programmen unterschied, die in dieser Zeit geschrieben wurden.

Für ein echtes künstliches Gespräch waren die Computer damals nicht leistungsfähig genug. Von einer KI im heutigen Sinne konnte die Wissenschaftler damals nur träumen, wenn sie sich überhaupt so viel Rechenleistung vorstellen konnten.

Weizenbaum schrieb Eliza für eine Maschine, die zwischen 2.000 und 32.000 Zeichen speichern konnte – je nach bestellter Ausbaustufe. Die großen Exemplare konnten sich nur schwergewichtige Institutionen in Wissenschaft und Militär leisten. Bei Unternehmen gab es kaum Bedarf an Rechenmaschinen und im Wohnzimmer standen Plattenspieler und ab und zu ein Fernseher.

Im Vergleich zu einem Elektronengehirn mit einem Gedächtnis zwischen 2.000 und 32.000 Zeichen hat sich die Technik rasant weiterentwickelt: Ein gewöhnlicher USB-Stick mit 128 GByte fasst aktuell 128.000.000.000 (128 Milliarden) Zeichen. Für 30 Euro gibt es Speicher-Riegel mit doppelt so viel Platz für Daten. Nahezu unvergleichlich sind Rechenleistung und -geschwindigkeit von Computern gestern und heute, die vielleicht am besten mit Hummelflug gegen Weltraumrakete verglichen werden können.

In den 80ern gab es die nächste Trend-Welle künstlicher Intelligenz in der Informatik. Aber auch da waren die Rechner kaum leistungsfähig genug, um Gehirn zu spielen. Es gab kaum Versuche von Programmierern und ihren Programmen, sich dem Turing-Test zu stellen.

Turing selbst behauptete, dass im Jahr 2000 ein durchschnittlicher Anwender *nur* eine 70-prozentige Chance habe, Menschen von Maschinen erfolgreich zu unterscheiden. Er lag falsch damit!

Bei einem größeren Versuch im Jahr 2008 lagen die sechs angetretenen Programme bei einer Chance von knapp unter 30 Prozent. Danach entwickelte sich die scheinbar intelligente Software schneller: 2011 lag die Quote schon bei fast 60 Prozent.

Angeblich bestand 2014 der Chatbot *Eugene Gootsman* den Test. Der Bot gab vor, ein 13-jähriger Junge aus Odessa zu sein, dessen Vater als Gynäkologe tätig ist. Der Sieg dieser Maschine gilt jedoch als umstritten. Wenn Sie sich selbst ein Bild vom digitalen Eugene machen wollen, finden Sie die Gesprächsprotokolle auf den Seiten der Zeitung *Guardian*

(Link: https://www.theguardian.com/technology/2014/jun/09/ eugene-person-human-computer-robot-chat-turing-test).

Mensch gegen Maschine – oder umgekehrt – wird gerne in spektakulären Experimenten und Wettbewerben ausgetragen. Sonst würde vermutlich niemand der Spezialcomputer Deep Blue der Firma *International Business Machines Corporation* (kurz *IBM*) kennen.

Die erste bildgebende KI überhaupt trat im Jahr 2017 gegen die Künstler der Art Basel an. Der Algorithmus von Forschern der Rutgers-Universität wurde mit Hilfe von Bildern berühmter Maler trainiert – vergleichbar mit den Programmierern von Deep Blue, die allesamt auch sehr gute Schachspieler waren.

Das Ergebnis war deutlich besser als das, was Sprachmodelle beim Konkurrieren gegen denkende Zweibeiner bisher abgeliefert hatten: Die generierten Bilder wurden von den Testpersonen als *menschlicher* eingeschätzt als die Werke der Maler aus Fleisch und Blut.

Um unsere sehr menschliche (und echt emotionale) Kreativität in Schutz zu nehmen: Vielleicht waren die Bilder der Maschine einfach hübscher und besser geeignet, um an die Wand im Wohnzimmer gehängt zu werden. Kunst verfolgt heute aber andere Ziele, als nur hübsche Dekoration zu sein. Gelegentlich stehen sogar Hässlichkeit und gesellschaftliche Kritik im Vordergrund eines Werks, was möglicherweise nicht von der Jury favorisiert wurde.

Was geht vor, in diesen Maschinen, wenn sie den Menschen scheinbar übertrumpfen und so bezaubernde Werke erschaffen, als hätten sie eine kreative Phantasie, die auf dem Niveau von Hochbegabung läuft?

Der große Unterschied zwischen den hoch-logischen Programmen und dem Sprung in das, was wir heute künstliche Intelligenz nennen, besteht hauptsächlich aus zwei Entwicklungen: Erstens haben wir heute Rechenleistung zur Verfügung, mit der komplexe Algorithmen (neuronale Netze) erzeugt und gefüttert werden können.

Dabei muss unterschieden werden in zwei Bereiche: Zum Trainieren einer künstlichen Intelligenz werden richtig leistungsfähige Rechner gebraucht, die tage- oder monatelang Daten durch die Schaltkreise der Mikroprozessoren jagen. Solche Rechner müssen immer noch teuer bezahlt werden. Alternative: Sie können das auch mit der Kiste unter Ihrem Schreibtisch machen, müssen aber schlimmstenfalls ein halbes Jahrzehnt auf ein passables Ergebnis warten.

Aber ist das Training beendet, dann kommt in den meisten Fällen eine *relativ* kompakte KI dabei heraus, die nur ein paar Terabyte groß ist. Solche Programme können heute tatsächlich bereits auf Computern im Eigenheim installiert und zum Laufen gebracht werden. Und wenn diese mit einer durchschnittlichen Grafikkarte zum Berechnen der Ergebnisse ausgestattet ist, lohnt es sich für den Benutzer kaum noch, nach Absenden eines Auftrags in die Software für einen Kaffee in die Küche zu laufen. Was vor wenigen Jahren nur in kommerziellen Rechenzentren funktionierte, läuft heute schon ganz praktisch im eigenen Arbeitszimmer.

Der zweite Grund, warum es gerade jetzt Software gibt, die den Menschen an allen Ecken und Enden Konkurrenz machen kann, ist – einfach gesprochen und von ganz hoch oben betrachtet – das Internet. Wie bereits geschrieben: Eine künstliche Intelligenz muss trainiert werden und dafür braucht sie Daten – und zwar sehr, sehr viele Daten.

Allein der Begriff klingt spektakulär: *Neuronale Netze!* Die Funktionsweise unseres Gehirns übertragen in die Welt von winzigen Schaltern. Aber das kann man auch anders sehen: Eigentlich ist so ein Netz nichts anderes als ein sehr komplexer Algorithmus, wie er heute in jede Ampel und in jedem Toaster eingebaut ist – nur eben sehr viel umfangreicher. In Programmiersprachen, wie zum Beispiel in Python, können mit Hilfe von speziellen Bibliotheken solche Netze mit wenigen Zeilen selbst programmiert werden.

Entscheidend dafür, ob die KI nachher gut oder schlecht arbeitet, sind aber die Daten, mit denen Sie trainiert wird. Zunächst einmal braucht das neuronale Netz eine Masse von Fakten, um später zu funktionieren. Aber denken Sie jetzt bitte nicht in zu kleinen Maßstäben!

Meine erste selbst-programmierte Intelligenz sollte gescannte Briefe von anderen Texten unterscheiden. Also einen typischen Infobrief von der Bank mit der Adresse oben, dem Datum rechts, einer ordentlichen Anrede, ein wenig Text und einer Unterschrift unten von Buchseiten, Zeitungsartikeln und Kochrezepten zuverlässig trennen.

Ich habe mehrere Tage gebraucht, um 250 Bilder zusammenzusammeln, mit denen ich das Programm anlernen konnte, während ich den Code in knapp zwei Stunden geschrieben habe.

Danach hatte der Algorithmus eine Trefferquote von rund 95 Prozent. *Nicht schlecht* – dachte ich zumindest. Später musste ich leider erfahren, dass als Grundlage für eine zuverlässige Prognose ein Trainings-Datensatz mit einer sechs- oder siebenstelligen Anzahl von Elementen erforderlich gewesen wäre (viele KIs werden mit Milliarden von Daten trainiert). Alles darunter ähnelt eher aufwändigem Würfeln.

An dieser Stelle kommt das Internet mit seiner unvorstellbaren Masse an enthaltenen Daten ins Spiel, denn daraus können die so genannten *Trainings-Sets* gewonnen werden, die für die Qualität der Ergebnisse sorgen. Und hier wird es auch für die Nutzer solcher KIs wichtig: Wer weiß, mit was die Software gefüttert wurde, kann später auch die berechneten Ergebnisse besser verstehen.

Beim elektronischen Lernen passiert nichts anderes, als das Ausgangssituation und Ergebnis durch ein Netz von unzähligen Entscheidungspunkten gejagt werden und das Programm die Zusammenhänge zwischen Startpunkt und Ziel lernt. Bei meinem Programm waren das der Brief (als gescanntes Pixelbild) und meine selbst hinzugefügt Angabe darüber, ob es sich um ein Anschreiben oder etwas anderes handelte (im Dateinamen hinzugefügt).

Neben der Masse ist auch die Qualität der Informationen entscheidend. Enthalten Trainingsdaten Fehler, dann kann die KI nachher natürlich nicht richtig funktionieren.

Wobei falsch kategorisierte Daten gar nicht mehr das größte Problem bei der Erschaffung künstlicher Intelligenz sind: Algorithmen verhalten sich heute zum Beispiel auch deswegen falsch, weil nicht auf allen Teilen der Erde gleich viele Informationen im Internet landen.

Bestes Beispiel dafür sind Übersetzungsmaschinen und Rechtschreibkorrekturen, die natürlich Texte und eine Übersetzung davon für eine akkurate Arbeit benötigen. Schaut man sich die Statistiken im Netz zu Sprachen an, teilt sich die digitale Welt in drei Bereiche: Ganz viel, ein wenig und gar nichts.

Fast die Hälfte aller Seiten im Netz ist in englischer Sprache geschrieben. Darauf folgen ungefähr zehn Sprachen, die im Bereich von fünf bis zwei Prozent der Webseiten vertreten sind, darunter auch Deutsch, Französisch und Japanisch. Der komplette Rest der Welt geht im kleinen Prozentbereich unter.

Die beiden größten Länder mit den meisten Einwohnern müssen in der Liste mit der Lupe gesucht werden: Chinesisch sind immerhin 1,7 Prozent der Seiten (Platz 11), aber der Bevölkerungs-Spitzenreiter Indien ist erst auf Platz 39 zu finden. In Hindi sind 0,1 Prozent aller Seiten geschrieben. Auch das ist nicht wenig Information, aber generell eine schlechtere Basis als bei anderen Sprachen, die besser vertreten sind.

Würde eine KI mit einer *im Internet* repräsentativen Verteilung der Sprachen trainiert, würde das mit der tatsächlichen Verteilung der Sprachen in der wirklichen Welt frontal kollidieren. Über ein Drittel aller Menschen sprechen Chinesisch und Indisch, während eine so trainierte KI von den beiden Sprachen nahezu keinen Schimmer haben würde.

Programmierer bildgebender KIs haben es noch schwerer: Die Software wird mit Pärchen gefüttert, die aus Bildern und Beschreibungen bestehen. Dabei spielt eine große Portion Hoffnung mit, dass die Abbildungen auch korrekt bezeichnet werden. Stable Diffusion wurde mit atemberaubenden fünf Milliarden Bild-Text-Paaren trainiert. *Wie viele Ihrer selbst gemachten Bilder haben Sie jemals mit einer Text-Beschreibung versehen?*

Die Daten für Stable Diffusion (und viele andere) stammen aus einem Trainings-Set mit dem ungewöhnlichen wie kryptischen Namen *LAION-5B* (Link: https://laion.ai/blog/laion-5b/). Dahinter steckt tatsächlich eine gemeinnützige deutsche Organisation, die allerdings von *Stability AI*, also den Urhebern der KI, finanziert wird. Unten sehen Sie, wie diese Daten aufgebaut sind (achten Sie auf die Titel/Beschreibungen):

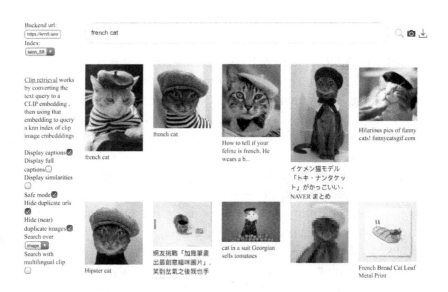

Ausschnitt aus dem LAION 5B-Trainingsset

Nebenbei: Natürlich werden die Daten nicht nur zum Training von KIs benutzt, sondern mittlerweile auch von Wissenschaftlern kritisch analysiert. Zwei Fakten fallen dabei auf, die auch für Ihre tägliche Praxis im Umgang mit solchen Modellen wissenswert sind: Knapp die Hälfte der enthaltenen Bilder (47 Prozent) stammt von *nur* 100 Webseiten. Die größten Brocken wurden aus Pinterest, WordPress, Blogger, Flickr und DeviantArt herausgezogen.

Sollten Sie die oben erwähnten Seiten nicht kennen: Ein Blick lohnt sich auf jeden Fall, um einen Eindruck davon zu bekommen, was für Fotos und Abbildungen die Grundlage für die Ergebnisse bilden.

Übrigens besteht zwischen den großen Trainingssätzen kaum ein Unterschied bei den Quellen für die Bilder und anderen Eigenschaften. Allerdings werden mittlerweile oft Teilmengen dieser Daten benutzt, um die Qualität beim Lernen zu verbessern (zum Beispiel durch Aussortieren anzüglicher Bilder) oder spezielle bildgebende KIs zu trainieren (wie etwa durch die Verwendung ausschließlich anzüglicher Bilder).

Außerdem hat der Bayerische Rundfunk in einer Recherche herausgefunden, dass die Sammlung eine große Menge privater Informationen enthält (Fachbegriff: personenbezogene Daten). Zum Thema Copyright und anderer Rechte kommen wir weiter unten im Text.

Schauen Sie sich das Beispielbild oben noch einmal genau an. Das tatsächliche Training ist natürlich viel komplizierter, aber Sie müssen sich vorstellen, dass das Programm Text und Bild als Parameter erhält und dann anfängt, eine komplexe Verknüpfung zwischen beidem herzustellen. Oft vorkommende Kombinationen (Katzenbilder) werden später besser verstanden als exotische Begriffe, weil sie wesentlich häufiger trainiert worden sind.

Hat das elektronische Bild-Gehirn genug Daten absorbiert und im neuronalen Netz verarbeitet, ist die künstliche Intelligenz fertig. Stark vereinfacht brauchen nun nicht mehr Aufgabe und Ergebnis eingefüttert werden, sondern nur noch eins von beidem.

So kann ein solches Modell auch zur Erkennung von Bildern dienen: Wird ein Foto eingeladen, huschen die Elektronen durch das Netz und werden durch das Training (hoffentlich) bei den Begriffen landen, die es am besten beschreiben.

Genial an Stable Diffusion und all ihren Kollegen ist, dass diese Maschinen in ihrer Funktionsweise umgekehrt werden können und so aus ein paar Begriffen tatsächlich ein Bild generieren. Auch das können Sie für Ihre Arbeit mit Bild-KIs praktisch nutzen. Beschrieben wird das umgedrehte Verfahren weiter unten im Kapitel *"Verkehrte (Bild-)Welt"*.

Ganz so einfach ist es in der Praxis allerdings nicht, den schwarzen Kasten zur Ausgabe von Informationen zu bewegen. Heute beruht dieses Generieren von Bildern (oder Texten) auf einer ganzen Reihe verschiedener, hoch komplizierter Programme, die zuerst Vorbereitungen für den Prozess treffen, diesen steuern und auch die Ausgabe wird später noch einmal geprüft und mit Hilfe weiterer Werkzeuge ordentlich zu einem Bild verschmolzen.

Prompt: man watches optical noise on a vintage tv in a dark room.
Negativer Prompt: text. watermark.
Steps: 1 / **Seed:** 111
KI: Stable Diffusion

Um Ihnen eine einfache und passende Vorstellung davon zu geben was die KI so ungefähr *denkt*: Beim Lernen werden die eingegebenen Bilder in endlos vielen Stufen in ein sogenanntes Rauschen (Englisch: *"noise"*) verwandelt (Fachbegriff: *latenter Diffusionsmodellprozess* und erfunden von Forschern der LMU-Universität in München).

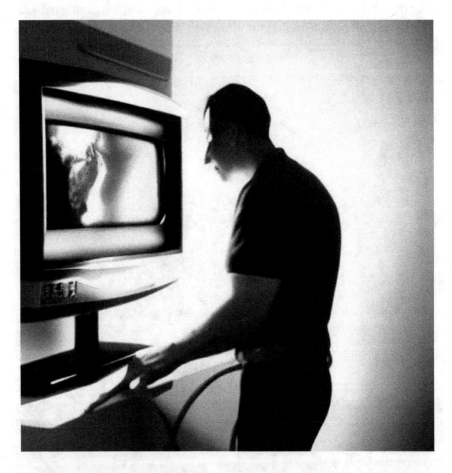

Prompt: man watches optical noise on a vintage tv in a dark room.
Negativer Prompt:text. watermark.
Steps: 50 / **Seed:** 111
KI: Stable Diffusion

Umgedreht wird aus Rauschen wieder ein Bild herauskristallisiert. Vielleicht kennen Sie noch das Bildrauschen alter Fernseher, die auf kein konkretes Programm eingestellt sind. Wer lange genug auf diese zufälligen Muster schaute, fing irgendwann an, konkrete Dinge darin zu erkennen, die eigentlich gar nicht da sind.

Es gibt noch zahlreiche andere Methoden, solche Algorithmen im Rückwärtsgang zu betreiben. Aber der Weg über das Rauschen wird im Moment am häufigsten und von den meisten Algorithmen benutzt.

Wenn Sie hinter die Kulissen Ihrer KI schauen wollen, halten Sie auf der Benutzeroberfläche nach dem Parameter *Steps* (übersetzt: *Schritte*) Ausschau, der sich für ansehnliche Ergebnisse bei gleichzeitig vernünftigem Zeitaufwand in der Regel zwischen 30 und 90 befinden sollte.

Auch das sollten Sie einmal versuchen: Drehen Sie die Anzahl der Schritte deutlich runter in den einstelligen Bereich. Bei drei, zwei oder sogar nur einer Stufe wird das beschriebene Rauschen sogar im Resultat sichtbar. Andersherum: Je höher die Zahl der Stufen, desto klarer und detaillierter das Ergebnis. Das ist ein guter Blick tief in die Logik einer künstlichen Intelligenz hinein, ohne überhaupt die Benutzeroberfläche verlassen zu müssen.

Zum Schluss noch ein Nachteil solcher hochkomplexen Systeme: Diese haben zwar erstaunliche Fähigkeiten, aber die Prozesse im Innern können nicht so einfach nachvollzogen oder gar erklärt werden. Auch Nachbessern oder das Eingreifen irgendwo in der Mitte des Ablaufs ist nicht möglich. Ein Gedanke lässt sich im Kopf schwer stoppen. Da ähneln künstliche Intelligenzen vielleicht bereits dem menschlichen Gehirn.

Im Unterschied zu einer mechanischen Uhr oder einem simplen Taschenrechner, bei denen jeder Schritt und die Funktion klar nachvollziehbar ist, kann bei neuronalen Netzen der Weg von der Ein- zur Ausgabe nicht (oder zumindest nicht für einen Menschen) klar erklärt werden. Das neuronale Netz ist – zumindest für Informatik-Amateure – ein schwarzer Kasten (Englisch: *Black Box*), bei der die Benutzer nur prüfen können, ob das eingegebene Ergebnis in deren Augen richtig, falsch oder unpassend ist. Zu besseren Ergebnissen kann ein Modell mit der gleichen Eingabe und gutem Zureden nicht gebracht werden.

Dabei kommt die KI tatsächlich dem Verhalten eines echten Gehirns schon recht nahe. Menschen können auch nicht immer genau beschreiben, *warum* sie eine Entscheidung getroffen oder spontan einen Gedanken oder eine Idee gehabt haben.

Zwar gibt es mittlerweile Ansätze, auch die Vorgänge in einem digitalen Netz darstellen zu können, aber es wird sicher noch eine Weile dauern, bis dies bei bildgebenden Modellen möglich sein wird. Bis dahin müssen wir einstweilen damit klarkommen, dass die KI manchmal ein unberechenbares Eigenleben entwickelt und manchmal sogar ziemlich störrisch sein kann.

WICHTIG

◆ *Stellen Sie sich beim Generieren von Bildern immer vor, mit welchen Daten das benutzte Programm trainiert wurde.*

◆ *Berücksichtigen Sie, dass Menschen die Beschreibungen zu den Bildern eingegeben haben, also auch unpräzise und emotionale Begriffe benutzt worden sind.*

◆ *Beachten Sie, dass gerade bei weichen Begriffen (hübsch, eindrucksvoll, phantastisch, gut usw.) diese Menschen vermutlich ganz unterschiedliche und ungenaue Vorstellungen bei der Beschreibung hatten.*

◆ *Wenn Sie die Eingabe nicht verändern, wird die KI auch keine veränderten Bilder produzieren. Obwohl durch den Seed die Ergebnisse variieren, bleibt die Grund-Berechnung trotzdem identisch.*

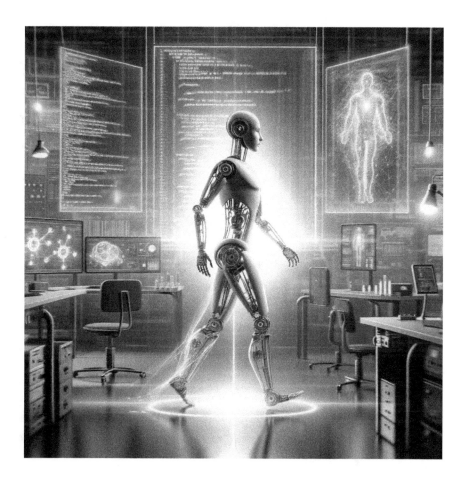

Prompt: A visual representation of an artificial intelligence learning to walk, depicted in a creative and metaphorical manner. A humanoid robot is shown taking its first tentative steps in a laboratory setting, surrounded by monitors that display code and data charts, reflecting its learning process. The scene captures a sense of progress and discovery, with the robot's advanced technological design contrasted by its beginner's uncertainty in movement.

KI: DALL-E & ChatGPT

Prompt: A humorous scene of a robot throwing dice, depicted in a comical and exaggerated manner. The robot, with a quirky and whimsical design, is enthusiastically tossing a pair of oversized dice into the air, capturing the excitement and anticipation for the outcome. Set in a casual environment, perhaps a game room or living room, the playful and lighthearted atmosphere is enhanced by other game pieces scattered around.

KI: DALL-E & ChatGPT

DIE WÜRFEL SOLLEN ROLLEN

Überlassen Sie den *Seed* für den Einstieg ganz dem Zufall! Also entspannt zurücklehnen und *keinen* Wert in das Feld an dieser Stelle in der Oberfläche eintragen, bis Sie nach den ersten Kapiteln den zweiten Teil des Buchs erreicht haben.

Dort werden Sie in einem speziellen Kapitel (*"Stoppt den Zufall"*) alles über Vor- und Nachteile eines festen Werts für den Seed erfahren. Ab da werde ich auch darauf hinweisen, ob bestimmte Techniken, Übungen und Beispiele mit einem festen oder einem zufälligen Wert gerechnet werden sollten. Es kommt aber immer auch darauf an, ob Sie gezielt an einem Ergebnis arbeiten oder sich überraschen lassen wollen.

In diesem ersten Teil werden Ihnen die zufällig gewürfelten Bild-Ergebnisse helfen, einen umfangreichen Überblick zu bekommen, was mit einer bildgebenden Künstlichen Intelligenz alles erzeugt wird und wie unterschiedlich sich ein neuronales Netz beim Erzeugen von Resultaten verhalten kann. *Je mehr verschiedene Bilder Sie sehen, desto mehr Erfahrung sammeln sie zusammen.*

Außerdem ist es mühselig, immer neue Zahlen von Hand in das Feld einzutippen oder generieren zu lassen. Besonders ärgerlich, wenn Sie das vor einem neuen Durchlauf vergessen und nach ein paar Minuten kein neues, sondern das gleiche Bild wie vorher zu sehen bekommen.

WICHTIG

◆ *Merken: Konstanter Seed, um ein Bild Schritt für Schritt zu ver-bessern. Zufälliger Seed, um den Zufall mitmachen zu lassen bei der Generierung.*

◆ *Mit zufälligem Seed bekommen Sie einen Überblick, was das Mo-dell kann (und was nicht).*

◆ *Mit einem festen Seed können Sie sehen, wie stark sich Änderun-gen im Prompt auf das Ergebnis auswirken.*

Beschreibung: Für eine lustige Interpretation stelle ich mir eine Gruppe von farbenfroh gekleideten Männern vor, die in einem hellen Raum voller kurioser Gegenstände stehen. Sie betrachten eine Sammlung von Bildern, wie etwa extravagante Tiere in menschlicher Kleidung, komische Porträts in modernen Szenarien oder lustige Erfindungen. Der Raum enthält bunte Girlanden, ungewöhnliche Möbelstücke oder sogar ein Haustier, das sich amüsiert im Hintergrund tummelt.

KI: DALL-E & ChatGPT

Beschreibung: Für ein Bild von einem Eisdrachen in einer verschneiten Hügellandschaft stelle ich mir einen majestätischen Drachen mit schillernden, eisblauen Schuppen vor, der über eine weite, mit Schnee bedeckte Landschaft fliegt. Die Flügel des Drachen breiten sich weit aus und glitzern im Sonnenlicht, das durch die dünnen Wolken bricht. Im Hintergrund erheben sich schneebedeckte Hügel. Der Drache könnte Rauchwolken oder einen kalten Hauch ausstoßen, der in der kalten Luft gefriert, um seine Verbindung zu Eis und Kälte zu unterstreichen.

KI: DALL-E & ChatGPT

EIN FLEXIBLER FREUND

*M*eine Frau wollte einen Eisdrachen in einer verschneiten Hügelland-schaft! Tatsächlich ist das kein wirklich exotischer Wunsch, den Stable Diffusion ihr innerhalb weniger Sekunden Rechenzeit erfüllen sollte. Schon die (mittlerweile altmodische) Suche im Internet zeigt für so ein Motiv tausende von Treffern.

Eine Abbildung als das Ergebnis purer Mathematik zu betrachten, fällt dem Kopf nicht leicht. Für das menschliche Gehirn liegt als Begründung für das Ergebnis natürlich die Vermutung nahe, der Algorithmus mixt aus den gesehenen Bildern eine neue Mischung zusammen, verfremdet diese mit ein paar Filtern und der Nutzer ist mit dem Ergebnis glücklich und zufrieden.

Aber die KI kann weit mehr, als nur auf bereits gesehene (gelernte) Bilder zuzugreifen und diese mehr oder weniger verändert wieder aus-zuspucken. Um das zu beweisen, muss der Wunsch meiner Frau etwas angepasst werden, sodass etwas erzeugt werden soll, das garantiert nicht im Trainingsset enthalten ist und garantiert von keiner Suchma-schine angezeigt wird.

Dazu kombinieren wir den Eisdrachen mit dem oben abgebildeten Ausschnitt des Trainingssets *LAION-5B*: Wir wollen als Ergebnis einen *französischen Eisdrachen im Schnee* zu sehen bekommen. Hier versagt – wie beabsichtigt und erwartet – die Online-Bildersuche. Es werden zwar Eisdrachen gezeigt, aber keine, die in irgendeiner Weise aus Frankreich stammen, in Frankreich wohnen oder dort Drachen-Urlaub machen. Die Stichworte werden von der Suchmaschine scheinbar ignoriert.

Überraschenderweise reagiert die Generierungs-Software beim Prompt *"french ice dragon in the snow"* zunächst tatsächlich genauso wie die Bildsuche und wirft nur Abbildungen aus, die zwar den geforderten

Eisdrachen im Schnee zeigen, allerdings die Forderung *"french"* in keiner Weise berücksichtigen.

Statt zu fluchen, zu schimpfen, sich zu ärgern und der KI mittels Stromentzug den Garaus zu machen, können Sie dieses Beispiel gleich zum Lernen benutzen: Das Wort *"french"* scheint keinen starken Einfluss auf die Generierung des Bildes zu haben. Mit diesem Phänomen werden Sie nicht das letzte Mal konfrontiert werden.

Verwerfen Sie bitte die Vorstellung, dass die Berechnung zu keinem guten Ergebnis führt, weil keine französischen Drachen im Trainingsset enthalten waren.

Bei einer Katze hätte es besser funktioniert... Diese Annahme ist falsch! Einfach gesagt, hat die KI bei den französischen Katzen nämlich nicht das gesamte Motiv ins elektronische Hirn gebrannt, sondern verstanden, dass im Bild Elemente vorhanden waren, die dem Bild etwas Französisches und etwas Katzenartiges verleihen. Mit der Masse steigt die Gewissheit, was von diesen Elementen für die entsprechenden Stichwörter in der Beschreibung geführt hat.

Bevor wir die Schuld für das fotografische Versagen in die Maschine schieben, sollten wir den Prompt kurz in unserer eigenen Vorstellung anwenden und selbst KI spielen: Woran denken Sie *konkret*, wenn Sie einen französischen Eisdrachen im Kopf haben? Ist Ihnen vielleicht die Baskenmütze (Englisch: *beret*) von oben auf dem Kopf der Katzen im Gedächtnis geblieben? Oder wäre Ihnen stattdessen ein Baguette in der Kralle oder ein Café in Paris im Hintergrund lieber? Vielleicht sehen Sie in diesem Moment auch etwas ganz anderes vor Ihrem inneren Auge.

Das passende Bild ist irgendwo da drin, tief im neuronalen Netz. Es will mit den richtigen Lock-Worten da rausgeholt werden! Also: Den Prompt umbauen! Beschreiben Sie konkret, was Sie sehen wollen.

In diesem Fall wird aus dem Eisdrachen erst einmal ein *weißer Drachen* (übersetzt: *white dragon*), was zu fast gleichen Ergebnissen für das Fabelwesen führt. Gewünschtes Accessoire ist in diesem Fall die Baskenmütze und für den typischen französischen Flair brauchen wir nur das Stichwort *Paris* zusätzlich zuzufüttern, was übrigens so gut wie *immer* dazu führt, dass der Eiffelturm im Bild zu sehen ist. Solche fest eingebrannten Assoziationen (*Paris = Eiffelturm*) funktionieren wunderbar als Stilmittel bei der Kreation von Bildern.

Prompt: white dragon with beret in paris in winter.
Negativer Prompt text. watermark. deformed.
KI: Deliberate
Guidance: 14 (KI orientiert sich damit stärker am Prompt)

Kleiner Vorgriff auf später: Die zuerst ausprobierte Variante *"...wearing a beret"* (übersetzt: *"eine Baskenmütze tragend"*) statt *"with beret"* (übersetzt: *"mit einer Baskenmütze"*) ersetzte den Drachen konsequent mit einer jungen Frau.

Aber eigentlich ist es besser und geraten, einen logischen Bezug zwischen Begriffen in einem Prompt herzustellen (*"Drache trägt Baskenmütze"*) statt Begriffe ohne starken Bezug aneinander zu reihen (*"Drache mit Baskenmütze"*) – auch wenn beides in unserem Gehirn ziemlich ähnlich aussieht.

Aber warum taucht statt eines Drachen eine Frau auf, die im Prompt mit keinem Wort erwähnt wird? Nicht dass Sie jetzt denken, der Algorithmus würde die Begriffe *"Drache"* und *"Frau"* gleich verstehen!

Der Grund für das unerwartete Ergebnis ist hier (vermutlich) das *"wearing"* (übersetzt: *"tragen"* im Sinne von *"anhaben"*), das mehr mit Menschen in Verbindung gebracht wird als mit Tieren oder in diesem Fall mit einem Fabelwesen.

Im Gegensatz zur konservativen Bildersuche generiert die KI nach ein wenig Kopfarbeit durch den Benutzer tatsächlich Bilder, die zu diesem ungewöhnlichen Wunsch passen. Wir können weitgehend sicher sein, dass die Maschine so ein konkretes Bild nicht irgendwo im Speicher abgelegt und mit einem großen Knall lässig wieder aus dem Speicher-Hut gezogen hat.

Da ist die Intelligenz wirklich schlau, weil sie über das Gelernte hinaus Begriffe in Bilder verwandeln kann, die es in der beschriebenen Form gar nicht gibt. Sehr gutes Beispiel: Mit dem Stichwort *"Schnee"* verwandelt sich wirklich jedes beliebig generierte Objekt in ein Winter-Szenario. Oder mit dem Stichwort *"metallisch"* können Gegenstände problemlos in ein Material verwandelt werden, das es so in Wirklichkeit vielleicht gar nicht gibt.

Eine weitere Erkenntnis, die aus dem Wissen über das Trainingsset hervorgeht: Die Grenzen der Möglichkeiten einer Bild-KI liegen im Wortschatz der Menschen, die passende Texte und Titel zu den gelernten Bildern geschrieben haben.

Dabei sollten Sie im Kopf behalten, dass der sogenannte Grundwortschatz (im Alltag verwendetes Vokabular) im Englischen aus 20.000 bis 30.000 Wörtern besteht. Exoten aus dem Wörterbuch spielen eine untergeordnete Rolle (darauf kommen wir später zurück) und Dinge, die auf Bildern nicht oder nur selten zu sehen sind, dürften auch als Worte in den Beschreibungen nicht auftauchen.

Kleine Übung für zwischendurch: Denken Sie mal darüber nach, was *nicht* auf Fotos, Zeichnungen und Gemälden zu sehen ist oder was genauso wenig in Social-Media-Kanälen gepostet wird.

Wobei das nicht unbedingt bedeutet, dass in solchen Fällen eine KI ratlos ist und ein blankes Nichts produzieren würde. Selten verwendete Begriffe funktionieren – und in manchen Fällen sorgen sie tatsächlich sogar für interessante Ergebnisse.

Allerdings ist es wegen der schieren Menge der Bilder nicht so einfach, gute Beispiele für exotische Beschreibungen zu finden (alle Abbildungen, die auf Wikipedia zu sehen sind, haben die meisten KIs übrigens auch erfolgreich verdaut).

Versuchen Sie einen Prompt, der die sehr seltene Haifisch-Art *"Thresher"* (übersetzt: *"Fuchshai"*) enthält, von der online kaum Bilder zu finden sind. Jede Web-Suche liefert fast nur Ergebnisse von einem U-Boot mit gleichem Namen, das Mitte der 60er Jahre vor der amerikanischen Küste gesunken ist (ein bekanntes Ereignis, weil es der erste große Unfall eines atomgetriebenen Unterseeboots war).

Ein erster Durchlauf nur mit dem Stichwort *"thresher"* führt zu einem Sammelsurium skurriler Landmaschinen – es muss da etwas geben, dass die allwissende Suchmaschine offensichtlich nicht weiß. Bei einigen wenigen Bildern tauchten tatsächlich Teile von Haifischen auf, spielten aber in der Summe der Abbildungen keine wirklich herausragende Rolle. Das Tier ist der KI offensichtlich nur ganz am Rande oder gar nicht richtig bekannt.

In etwas phantasievoller Kombination *"thresher in the air"* präsentiert Stable Diffusion seltsam verbastelte Düsenflugzeuge, die rein gar nichts mit dem Hai und genauso wenig mit dem U-Boot zu tun haben.

Nach ein paar Recherchen ist der Grund schnell gefunden, warum der Algorithmus seltsame Landmaschinen generiert: *"threshing machine"* bedeutet auf Englisch *"Dreschmaschine"*. Über diese Beziehung wird der Tier-Forderer auf den ersten Blick gar nicht stolpern – und es wieder der blöden KI in die Schuhe schieben wollen.

So wird auch das Produkt des luftigen Prompts erklärbar: Maschinen in der Luft sind ganz klar Flugzeuge, wobei es keine Dreschmaschinen gibt, die fliegen können. Die KI liefert also eher naheliegende Ergebnisse als ihr minimales Randwissen über den Fuchshai und andere schwimmende Raritäten.

Tiefer müssen Sie eigentlich nicht in die Funktionsweise der Algorithmen eintauchen. Mit dem Wissen aus diesem Kapitel haben sie zwar eine absolut unwissenschaftliche, dafür aber praktisch anwendbare Vorstellung davon, wie diese genialen Algorithmen hinter den schlichten Kulissen funktionieren. Wenn Sie dieses Wissen beim Erstellen eigener Werke gezielt einsetzen, dann sind Sie anderen bereits einen großen Schritt voraus.

WICHTIG

◆ Das Ergebnis jeder Berechnung basiert auf unzähligen Bild-Text-Paaren, die von Menschen erstellt worden sind.

◆ Die gelernten Bilder stammen in großer Zahl von kommerziellen Webseiten. Mit drin sind also Werbung, Bilder aus den Online-Medien, jede Menge private Freizeit-Fotos und der größte Haufen von allen: Postings aus Social-Media.

◆ Sehr präzise Begriffe und Beschreibungen führen so lange zu besseren Ergebnissen, wie diese im Wortschatz der Menschen vorkommen, die Beschreibungen für die gelernten Bilder erstellt haben.

◆ Seltene oder exotische Begriffe führen entweder zu Überraschungen oder zu überraschend guten Resultaten.

Beschreibung: Für ein lustiges Bild eines Mähdreschers auf einem Parkplatz stelle ich mir eine unerwartete Szene vor: Ein riesiger, bunt bemalter Mähdrescher steht mitten auf einem städtischen Parkplatz, umgeben von kleinen Autos und Stadtfahrzeugen. Vielleicht sind sogar einige verwirrte Passanten oder überraschte Stadtbewohner im Bild, die Selfies machen oder ihn neugierig betrachten. Vielleicht hängen sogar ein paar Ballons oder eine Girlande daran, als wäre er für eine Parade oder ein besonderes Event dekoriert. Die Situation ist offensichtlich fehl am Platz, was die Komik der Szene betont.

KI: DALL-E & ChatGPT

Beschreibung: Für ein Bild einer Treppe, die eine optische Illusion darstellt, ohne dabei spezifische künstlerische Stile zu imitieren, stelle ich mir eine kreativ gestaltete Treppe vor, die sich auf ungewöhnliche Weise zu verschlingen scheint. Die Treppe könnte so konstruiert sein, dass sie, je nach Blickwinkel, sowohl aufwärts als auch abwärts zu führen scheint. Der Fokus liegt auf der Struktur der Treppe und den Schatten, die sie wirft, um die Illusion zu verstärken, dass die Treppe in einer Schleife läuft und den Betrachter optisch herausfordert. Der Hintergrund könnte einfach gehalten sein.

KI: DALL-E & ChatGPT

ERSTE, KLEINE, FEHLER

Pannen beim Generieren von Bildern gibt es reichlich! Oder? Anders-herum tut die künstliche Intelligenz exakt das, worauf sie trainiert worden ist, aber das Ergebnis entspricht meistens nicht dem, was wir im Kopf haben und ohne groß nachzudenken als Prompt in die Maschine zur Berechnung geschrieben haben. Fehler ist nicht der richtige Begriff für das, was wir manchmal oder viel zu oft auf dem Bildschirm zu sehen bekommen.

Ein Spruch in der IT-Szene lautet: *Das Problem sitzt meistens vor dem Rechner!* Machen Sie sich bewusst, dass die KI durch Schimpfen, Fluchen und der Androhung von Strom-Entzug oder dem Drücken von [Stg]-[Alt]-[Entfernen] nicht zu besseren Ergebnissen gezwungen werden kann (habe ich alles ausprobiert). Sie liefert Ergebnisse auf Basis dessen, was der Benutzer definiert hat und worauf sie trainiert worden ist. Präzise! Exakt! *Stur!*

Wenn Sie andere / bessere Ergebnisse erwarten, dann bleibt Ihnen nur, den Eingabe-Prompt und die Parameter zur Berechnung zu verändern. Zwar werden im Wochentakt immer bessere künstliche Intelligenzen präsentiert, die immer weniger von den typischen Kinderkrankheiten aufweisen (Stichwort *Hände* und *Augen*), aber auch die verbesserte Maschine arbeitet immer nur nach Vorschrift, weil sie nicht wirklich intelligent ist wie ein menschliches Wesen es wäre!

Bessere oder andere Ergebnisse entstehen also immer dann, wenn Sie den Start gezielt modifizieren. Wenn ich mich bei einem Prompt völlig verrannt habe (zu lang, nicht eindeutig genug und immer mehr Wörter, um doch noch ein passendes Ergebnis hinzubiegen), dann tue ich mich immer schwer, die Wörterliste komplett über Bord zu werden, um mit einem völlig neuen und ganz anderen Prompt von vorne anzufangen.

Einen weiteren Spruch kann ich mir an dieser Stelle nicht verkneifen, weil er so viel besser auf die Zusammenarbeit mit einer künstlichen Intelligenz passt als der erste Spruch von oben. Albert Einstein – eine sprudelnde Quelle zahlreicher schlauer Sprichwörter – soll gesagt haben: *"Die Definition von Wahnsinn ist, immer wieder das Gleiche zu tun und andere Ergebnisse zu erwarten."* Das kann wohl als wichtigste Regel bei der Arbeit mit bildgebenden KIs gelten.

Prompt: forest
Negativer Prompt: trees
KI: Stable Diffusion

Neben falsch formulierten Befehlen gibt es aber noch andere Gründe, warum Bilder nicht so aussehen, wie sie aussehen sollen: Oft tauchen Objekte im Bild auf, die da – aus Sicht des Benutzers – gar nicht hingehören. So ist es kaum zu schaffen, den Eiffelturm aus dem Bild zu entfernen, wenn der Prompt das Wort *"Paris"* enthält.

Bei vielen Klischees schwingen eine ganze Reihe von Gegenständen mit, die kaum wegzukriegen sind. Ein Wald ohne Bäume ist eher in der Schlechter-Scherz-Kategorie angesiedelt (kommt aber noch als gutes Beispiel weiter unten).

Zum Glück kann gegenüber allen bildgebenden künstlichen Intelligenzen nicht nur der Wunsch kommuniziert werden, was zu sehen sein soll, sondern es können auch bestimmte Dinge auf die Liste der unerwünschten Gäste gesetzt werden (Fachbegriff dafür ist *Negativer Prompt*).

Auf dieses zweite wichtige Eingabefeld werden wir im weiteren Verlauf noch oft eingehen, weil es sich um einen sehr wichtigen Parameter bei der Generierung von Bildern handelt. Ganz sicher landet dieser in der Wichtigkeits-Bewertung auf Platz zwei, gleich hinter der eigentlichen Beschreibung der gewünschten Objekte.

Wie erwartet, lassen sich die Bäume selbst durch die explizite Erwähnung im negativen Prompt nicht vom Begriff *"Wald"* verbannen. Den Wald vor lauter Bäumen nicht sehen... – von wegen! Allerdings zeigten weitere Versuche mit dieser unlogischen Kombination einige Ergebnisse, bei denen die Bäume weit in den Hintergrund gerückt werden.

Ohne jetzt zu viel Verständnis gegenüber der scheinbaren Intelligenz zu zeigen, kann natürlich eine Stelle im Wald ohne Bäume eine Lichtung sein. Aber das ist nur Spekulation, weil wir der KI eben nicht in den elektronischen Kopf schauen können.

Aber auch bei anderen Landschaftsbildern kann es schwer sein, eine Ansicht zu generieren, die frei von lästigen Objekten ist. Dazu gehören zum Beispiel Touristen an stark frequentierten Sehenswürdigkeiten.

Gescheitert sind frühere Versuche von mir, den Londoner Piccadilly Circus ohne Menschen berechnen zu lassen. Bei solchen Motiven gibt es noch ein weiteres Problem, das noch in diesem Kapitel erklärt wird.

Um die Zweibeiner aus so einer Szene zuverlässig zu entfernen, gibt es zwei Rezepte: Prompt und negativen Prompt mit allem zu überfüllen, was Menschen von der Abbildung fernhält – und wiederum die Berechnung von mindestens ein paar Dutzend Bildern. Geduld ist ein wichtiger Parameter in diesem Geschäft.

Prompt: empty picadilly circus.
Negativer Prompt: people. persons. humans. individuals. tourists.
KI: Stable Diffusion

Wenn Sie auf dem Bild oben ganz genau hinsehen, haben sich im Hintergrund ganz unauffällig ein paar Menschen eingeschlichen. Die Szene erinnert an einen Drehort im Film, wo sich hinter dem Absperrband die
Schaulustigen tummeln. Obwohl sowohl in der positiven wie gleichzeitig
und mehrfach genannt in der negativen Beschreibung jede Form von
Leuten ausgeschlossen werden sollte.

Stable Diffusion ist mit solchen Schwierigkeiten nicht allein. Auch andere Modelle wie *Deliberate* oder *ICBINP* (zwei Ableger von Stable Diffusion) können sich ein paar Gestalten in den Motiven trotz klarer Kommandos nicht verkneifen.

Überraschenderweise hat Schwester Nummer drei *Anything Diffusion* ein paar gute Tag- und Nachtszenen von diesem Platz in London geliefert, die frei von Menschen waren.

Plausibel erklärbar ist das aber nur schwer: Die mit diesem Algorithmus erzeugten Bilder sehen definitiv völlig anders aus als der Rest der erfolglosen Versuche.

Es sind zahlreiche Nachtaufnahmen aus der Vogelperspektive dabei. Also zwei Arten von Bildern, in denen Menschen eine eher untergeordnete Rolle spielen und nicht oft zu sehen sind. Durch Wechsel von Perspektive und Tageszeit hat die Software *anscheinend* (hier ein wichtiges Wort) versucht, Bilder ohne Menschen zu liefern.

In vielen anderen Fällen bleiben Fehler unerklärlich. Die Komplexität der Software übersteigt die Vorstellungskraft und driftet gerne ins Mysteriöse ab, wenn wir uns zu viele Gedanken darüber machen oder das Verhalten wirklich verstehen wollen. Nutzer künstlicher Intelligenz lernen sehr früh, dass die Entscheidungen der Maschine nicht einfach oder sogar gar nicht vollends zu erklären sind.

Im schlimmsten Fall – wenn sich KI sich völlig weigert, auf Kommandos zu hören – sollte der Benutzer sich auf etwas besinnen, was bei KI-generierten Bildern oft völlig vergessen wird: Nachbearbeiten!

Es gibt genug Apps, bei denen mit ein paar Finger-Wischern kleinere Fehler problemlos beseitigt werden können. Weil jedes Bild ein Unikat ist, kann ohnehin niemand nachvollziehen, ob und wie viel danach verändert worden ist oder nicht. Kein Foto von einem Model wird veröffentlicht, ohne dass daran stundenlang herumgepinselt wurde.

Umgekehrt weigert sich die KI manchmal wie ein störrischer Esel, trotz klarer Vorgaben im Prompt ein erwähntes Objekt auf dem fertigen Bild zu zeigen. *Dabei steht es doch dort!* Und trotzdem fehlt es, wenn die Berechnung beendet und die Abbildung fertig ist.

Ich brauchte eine coole Schlange, die eine Sonnenbrille auf der Nase trug. Aber ich bekam nicht einmal ein entfernt passendes Ergebnis. Zur Verteidigung der verwendeten Algorithmen muss ich sagen, dass bei dem Auftrag ein perfektes Bild erschaffen werden musste.

Ich schaute mir Manga-Zeichnungen an, auf denen Personen (immerhin mit Sonnenbrille) von einer Schlange eingekreist wurden. Frauengesichter mit Brille, die aus einer Schlange herausragen und viele skurrile andere Szenen, die allesamt nichts mit dem zu tun hatten, was ich so dringend für einen Kollegen generieren musste.

Das ist übrigens ein weiterer fataler Fehler, den ich heute nicht mehr mache: »*Alles kein Problem! Die KI kann das*«, habe ich vielen Menschen gesagt, selbst wenn sie ausgefallene Wünsche hatten. Und mit diesem Statement lag ich leider – auch wegen zu wenig Erfahrung – leider nicht immer richtig. Ehrlich gesagt, lag ich damit oft falsch, weil ich es anfangs nicht einmal schaffte, meine eigenen Erwartungen zufrieden zu stellen.

Auch bei diesem Bilderwunsch hatte ich mich weit aus dem Fenster gelehnt. Der Grund dafür war einfach: Schlange mit Brille löste in meinem Kopf eine glasklare Vorstellung aus, ohne die eigene Kreativität groß anstrengen zu müssen. Ich dachte mir eine grinsende Python mit einer schicken Pilotenbrille auf der Nase, die schelmisch blinzelnd an den dunklen Gläsern vorbei in die Kamera schaut – das konnte kein Problem sein. Für die Software war die Aufgabe aber offensichtlich eine schwierigere, als mein Kopf es sich gedacht hatte.

Die Ergebnisse waren niederschmetternd! Und das bei einer so einfachen Aufgabe! Der Prompt *"snake wearing sunglasses"* zeigte zu viele Personen, vermutlich weil *"wearing"* eher Menschen zugeordnet wird als Tieren – also das gleiche Problem wie beim französischen Drachen von oben. Der Wechsel auf *"snake with sunglasses"* brachte aber auch keine Verbesserung der Ergebnisse.

Und weil ich eine Schlange mit Brille auf der Nase brauchte, konnte ich mit mittlerweile hunderten dieser scheinbaren Fehlberechnungen rein gar nichts anfangen! Aber die Maschine irrt sich ja bekanntlich nicht.

Der Wechsel in die alte Welt zeigte den Unterschied zwischen Phantasie und digitaler Realität: Die Online-Suche präsentierte mir seitenweise Sonnenbrillen im Schlangen-Look. Meine Vorstellungen waren mager vertreten. Aber es gab immerhin ein paar Bilder von dem, was ich mir als Ergebnis vorgestellt hatte.

Nach dem Blick auf die Bildunterschriften hatte ich zwei Ideen, den Prompt zu modifizieren, anstatt das Gleiche immer neu berechnen zu lassen. *"Snake with sunglasses on its head"* lautete die Bildunterschrift eines Agenturfotos, was letztendlich zu den besten Ergebnissen führte.

Weitere Versuche will ich Ihnen aber nicht vorenthalten: Ein anderes Bild aus der Online-Suche war mit *"snake in sunglasses"* betitelt – in meinen Augen grammatikalisch nicht richtig, aber trotzdem einen Versuch wert. Bildgebende KIs brauchen kein wirklich korrektes Englisch für gute Ergebnisse. Tatsächlich brachte dieser Prompt ebenfalls akzeptable Ergebnisse, wenn auch eher wenige.

Prompt: snake with sunglasses on its head.
Negativer Prompt: deformed.
KI: Stable Diffusion

Ein weiterer Bildtitel war mir ebenfalls aufgefallen: *"sunglasses with snakes"* – also die umgekehrte Fassung dessen, was ich bisher ausprobiert hatte. Allerdings lieferten *"sunglasses on snake"* und die von mir erweiterte Version des Prompts *"sunglasses on head of a snake"* genauso wenige passenden Motive.

Die beiden Schlagwörter *"sunglasses"* und *"head"* (übersetzt: *"Sonnenbrille"* und *"Kopf"*) werden von der KI zu stark mit Menschen in Beziehung gebracht, sodass die Schlange teilweise völlig ignoriert wurde. Hier zeigt sich ein weiteres Problem, mit dem Einsteiger wie Profis immer wieder zu kämpfen haben: Manchmal werden bestimmte Wörter in

Prompts komplett von den Vorstellungen des neuronalen Netzes von dem Begriff hemmungslos überschrieben. Eine Maschine tut schließlich nur, wofür sie konstruiert worden ist.

Prompt: sunglasses on snake.
Negativer Prompt: text. watermark. deformed.
KI: Stable Diffusion

Bleiben wir bei *"sunglasses on snake"*. Die Ausbeute an Bildern ist minimal, die bei dieser Eingabe etwas von einer Schlange zeigen. In den allermeisten Fällen präsentiert die KI einen Mann mit Sonnenbrille. Basta! Eine Erklärung dafür ist schwierig. Ist *Snake* ein Spitzname, der häufig in Filmen für die Schurken benutzt wird? Der Filmemacher *John Carpenter* hat in zwei Filmen die legendäre Figur *Snake Plissken* erschaffen.

Jetzt wird's interessant: Der gleiche Prompt mit einer winzigen Änderung bringt plötzlich wieder passende Bilder! Ein funktionierende Lösung war *"sunglasses on a snake"*.

Das Hinzufügen des englischen Artikels (*"a"*) führte wieder zu besseren Ergebnissen. Aus dem Namen oder Begriff *"snake"* scheint durch die Formulierung *"a snake"* wieder eine richtige Schlange geworden zu sein. Voller Hoffnung habe ich das Prompt auf *"sunglasses on a snakes head"* erweitert. Allerdings wieder mit eher weniger guten Bildern, aber anhand der Ergebnisse kann ein anderer Fehler gut beschrieben werden.

Prompt: sunglasses on a snake.
Negativer Prompt: text. watermark. deformed.
KI: Stable Diffusion

Wenn Begriffe im Prompt ignoriert werden, dann ist das ärgerlich, weil sich schnell das Gefühl einstellt, nichts dagegen tun zu können. Das oben beschriebene Phänomen (der Wald ohne Bäume) geht zwar in die gleiche Richtung, fühlt sich aber in den meisten Fällen nicht so schlimm an, wie das Gegenteil davon. Wenn ein wichtiges Objekt bei der Berechnung vollkommen ignoriert wird, dann geht es manchmal mit Höchstgeschwindigkeit in Richtung innerlicher Weißglut.

Abgesehen davon, dass der letzte Prompt (*"sunglasses on a snakes head"*) insgesamt nicht gut funktioniert hat, sind die Ergebnisse scheinbar völlig unkontrollierbar und logisch nicht zu fassen: Mal ist eine Schlange zu sehen, aber keine Sonnenbrille. Ein anderes Mal zeigte das Ergebnis eine Sonnenbrille auf einer Straße, aber keine Schlange weit und breit.

Der Grund für solches Verhalten (ich meine natürlich *solche Berechnungen*) ist meistens nicht offensichtlich. Vergleichen Sie auch die Verwechslung der KI von einem Drachen mit einer Frau oben. Meistens hilft nur, den Prompt komplett umzubauen oder so gezielt wie möglich zu experimentieren, welche Veränderungen zu besseren Ergebnissen führen könnten.

Eine KI kommt von ungefähr! Die präzise Wiedergabe der Realität liegt ihr nicht. Hier entsteht ein seltsamer mentaler Spagat: Einerseits sind bildgebende KIs in der Lage, reitende Astronauten darzustellen, andererseits schaffen sie es manchmal nicht, einfache Dinge wie zum Beispiel eine Computertastatur vernünftig darzustellen.

Viele kleinere Fehler können in fast jedem Bild entdeckt werden. Wer seine KI besser verstehen will, lässt sich ein Dutzend Abbildungen von *Treppen* berechnen. Auf den schnellen Blick sind die Ergebnisse hervorragend, aber nicht mehr bei genauerer Untersuchung.

Wenn das Auge hängen bleibt und genau hinsieht, dann sind oft Fehler in generierten Bildern zu finden, wenn nicht in allen Bildern.

Treppen, die weit weg vom Betrachter sind, verlaufen schief oder werden nach oben unregelmäßig. Das Treppengeländer kreuzt den Weg der Stufen. Oder das Geländer wird als ein einziges Chaos von Holzstäben dargestellt. Es gibt aber auch gute Resultate, bei denen der eine oder andere kleinere optische Schluckauf kaum auffällt. Trotzdem ist er vorhanden, aber ich will keine Teufel auf den Bildschirm malen.

Die elektronische Intelligenz zur Disziplin mahnen ist ein attraktiver Gedanke. Der mögliche Befehl würde lauten: *"straight and geometric staircase."* Und im negativen Prompt kann man zusätzlich *"deformed"* eintragen. Die Ergebnisse sind aber nicht wirklich besser. Wie sollten sie auch?

Bei komplexen Gegenständen scheint der Generator zu versagen. Das Hinzufügen von Stichwörtern wie *"simple"* (übersetzt: *"einfach"*) oder *"uncluttered"* (übersetzt: *"ordentlich"*) sind weitere Möglichkeiten, solche Fehler zu reduzieren. Wobei *"simple"* subjektiv bessere Ergebnisse liefert, aber das Problem nicht völlig aus der (Bild-)Welt räumt.

Prompt: stop-sign.
Negativer Prompt: deformed.
KI: Stable Diffusion

Noch sichtbarer wird diese Schwäche von KIs bei Tastaturen oder anderen, detailreichen und gleichzeitig geometrischen Gegenständen. Auch die Streben und Verzweigungen des oben bereits erwähnten Eiffelturms leiden unter dem Problem, weder realistisch noch geometrisch korrekt dargestellt zu werden. Nur achtet scheinbar niemand darauf.

Dies gipfelt bei Forderungen des Users nach Text, der selbst im Rahmen von nur wenigen Buchstaben gar nicht oder unglaublich schlecht ausgegeben wird.

Stoppschilder sind – wenn Sie es nicht schon probiert haben – einen Selbstversuch wert. Mit etwas Glück ist das Wort »STOP« klar erkennbar, aber eben wieder nicht bei jedem Durchlauf. Das Bild unten ist ein gutes Beispiel, weil es wieder mal sehr tief in die Denkweise einer künstlichen Intelligenz blicken lässt:

Mit solchen Deformationen müssen Sie in vielen Fällen leben! Der Trick liegt oft darin, Fehler auf unscheinbare Details zu reduzieren, die einem schnellen Blick durch einen unerfahrenen Betrachter nicht auffallen. Zweite Alternative ist, auf Modelle mit mehr Leistung zurückzugreifen, was aber wiederum höhere Kosten und/oder längere Wartezeiten bedeutet und ebenfalls keine Garantie für Top-Qualität ist.

Achten Sie bei selbst generierten Werken auf Hände (daran wird gerade auf Entwickler-Seite hart gearbeitet) oder auf Ohren von Personen.

Menschen und Tiere insgesamt haben die Modelle mittlerweile sehr gut im Griff. Alle geläufigen Objekte werden hervorragend dargestellt. Im schlimmsten Fall muss der Benutzer ein paar Mal auf den Generieren-Button klicken, um ein richtig gutes Ergebnis zu erhalten. Aber dann passt es und es kann auf *Sichern* oder *Herunterladen* geklickt werden.

Und mit der Zeit werden Sie eine Menge Erfahrung mit Dingen haben, die sich gut berechnen lassen und mit Objekten, die besser vermieden werden sollten. Im weiteren Verlauf dieses Buchs werden Sie aber noch viel mehr Tipps bekommen, um auch störrische Objekte gut in den Griff zu bekommen. Versprochen!

Letzte Schwäche für dieses Kapitel – schließlich sind Sie ja noch ganz am Anfang und sollen nicht mit zu vielen unlösbaren Problemen überhäuft werden: Berechnete Motive bilden nicht die Wirklichkeit ab. An den Treppen lässt sich die Denkweise der KI gut beschreiben.

Der Computer weiß nicht, dass eine Treppe aus einer Reihe von gleich langen und gleich hohen Winkeln besteht. Die Software wurde gefüttert mit einem Haufen ganz unterschiedlicher Formen von Treppen aus ebenso unterschiedlichen Blickwinkeln. Sie hat einen anderen Eindruck von dem, was in unserem Kopf der Begriff *"Treppe"* auslöst.

Vermutlich *denkt* die KI nur an ein Streifenmuster, das nach oben dichter und nach unten breiter wird. Wenn Sie sich ein paar Ergebnisse angesehen haben, werden Sie auch verstehen, warum diese Streifen nicht regelmäßig sind, weil je nach Perspektive auch bei richtigen Bildern der Eindruck entstehen kann, dass die Stufen ineinander laufen.

Prompt: piccadilly circus
KI: Edge of Realism

Auffälliger wird dieses *Unwissen* bei der User-Forderung nach konkreten Dingen. *Piccadilly Circus* und der *Eiffelturm* sind gute Beispiele, die Sie selbst einmal durch die Maschine laufen lassen sollten.

Die Modelle haben keine Vorstellung davon, wie es an diesen Plätzen in der Welt tatsächlich aussieht. Sie haben nur – um im eher menschlichen Vokabular zu bleiben – eine *Ahnung* davon, was auf einem Bild zu sehen sein muss, damit es die Anforderungen an diese Stichwörter im Prompt erfüllt und der menschliche Nutzer vor dem Bildschirm ziemlich glücklich grinst.

Das mag befremdlich klingen, aber diese Art zu denken wird Ihnen helfen, besser mit dem neuen digitalen Haustier umgehen zu können. Wie vorher bereits beschrieben, ist der Algorithmus in der Lage, auch Abbildungen hervorzubringen, die im Trainingsset nicht exakt vorhanden waren – sonst wäre die KI ja auch keine KI sondern eine schlichte Bilddatenbank mit angebauter Suchmaschine und ein paar besonders hübschen Farb-Effekten.

Wenn Sie tatsächliche eine präzise Abbildung der Wirklichkeit brauchen, dann werden Ihnen die Ergebnisse einer KI nicht gefallen oder für den beabsichtigten Einsatzzweck nicht unbedingt geeignet sein.

Der Piccadilly Circus aus der KI sieht nicht so aus wie in Wirklichkeit. Das oben gezeigte Bild des interessanten *Edge of Realism* Modells (eigentlich auf realistische Portraits spezialisiert und ein Ableger des ebenfalls sehr guten *Level4*) verrät wieder etwas darüber, wie unser Gedächtnis funktioniert und wie gut die KI unsere visuelle Vorstellungskraft ansprechen kann.

Am besten, Sie suchen sich eine echte Ansicht von der Straßenkreuzung in der britischen Hauptstadt. Jemand, der nicht oft oder lange nicht mehr dort gewesen ist, würde auf den ersten, raschen Blick sicher sein, es würde sich tatsächlich um ein Bild dieses Ortes handeln.

Einerseits hat die Abbildung beim genauen Hinsehen eine Menge Fehler: Dem Bus fehlt eine zweite Etage in voller Höhe. Die Linien auf der Straße wurden von einem Fachmann mit mehreren Promille Alkoholspiegel im Blut auf den Asphalt geschnörkelt. Die Straßenlaternen würden eher als Flutlichter in ein Stadion passen.

Aber auch die Anordnung der Gebäude weicht völlig vom Original ab. Die Leuchtreklamen biegen sich nur im rechten Winkel um eine geschwungene Hausecke. Die Kirche in der Stichstraße ist in Wirklichkeit nicht vorhanden. Und auch die Fassaden ähneln nur entfernt dem Original im Herzen von London.

Andererseits trifft das Bild unsere Vorstellungen vom Piccadilly Circus erstaunlich genau. Ohne den direkten Vergleich würden bei einer Umfrage vermutlich hohe Zahlen an Betrachtern gar nicht auf die Idee kommen, dass es sich um eine (schlechte) Fälschung handelt.

Umgekehrt gibt es aber keine Möglichkeit, die Software zu einer korrekten Wiedergabe des Orts zu bewegen. Wenn Sie eine realistische Abbildung brauchen, dann müssen Sie auf ein Original zurückgreifen. Für ein paar Euro können Sie richtig gute Bilder beziehungsweise die Rechte daran im Internet erwerben. Oder noch besser: Selbst hinfahren und auf den (Bildschirm-)Auslöser auf dem Smartphone drücken.

An dieser Stelle wird es fast philosophisch, denn die Maschine produziert zwar äußerst *realistische Bilder*, aber keineswegs *reale Abbildungen* von tatsächlich existierenden Dingen. Genau genommen gilt dieses Prinzip auch für die vielen gut dargestellten Personen und alles andere auf den Abbildungen. Nichts von dem ist echt, sondern nur gut und sehr präzise nachempfunden.

Probieren Sie selbst ein paar weltbekannte Monumente durch. Wenn Sie dabei auf der britischen Insel bleiben wollen versuchen Sie die Tower Bridge, Stonehenge oder die Kreidefelsen von Dover mit dem englischen Prompt *"white cliffs of dover"* vielleicht sogar mit der Ergänzung *"view from a ferry"* (aber Achtung: die weißen Klippen sind so gut wie gar nicht vom Original zu unterscheiden).

Während die KI bei Bauwerken im Detail oft nachlässig und unpräzise arbeitet, werden natürliche Strukturen besser abgebildet (Bäume in Wäldern). Dieses Phänomen gab es schon lange vor der digitalen Umsetzung neuronaler Netze.

Bereits in den 80er Jahren mit dem Aufkommen der ersten Heimcomputer boomten eindrucksvolle Visualisierungen recht einfacher mathematischer Formeln. Auch außerhalb der Informatiker-Welt bekannt ist die *Mandelbrot-Menge* (umgangssprachlich auch *Apfelmännchen* genannt). Fachlich korrekt wird die Mandelbrot-Menge als geometrische Figur interpretiert. Das Ergebnis erinnert stark an Küstenlinien und Inseln, an Schneckengehäuse, Korallen und Phantasie-Wirbeltiere. Abwandlungen dieser hoch-mathematischen Programme waren in der Lage, Schneeflocken, Bäume und sogar dreidimensionale Landschaften (Steilküsten) zu erzeugen.

Interessant: Stable Diffusion liefert beim Prompt *"mandelbrot set"* nichts zurück, was dem Original irgendwie ähnlich sieht. Erklären lässt sich das vielleicht damit, dass Mathematik und Geometrie nicht unbedingt die Stärke einer Software sind, die auf Kreativität spezialisiert ist.

Bei aller Qualität der mathematischen Natur-Erzeugnisse sind die heutigen neuronalen Netze bei der Erzeugung falscher Biologie den alten Rechenmethoden natürlich weit überlegen. Selbst der platte Prompt *"forest"* produziert durchweg, auf Anhieb und ohne Nachbessern tolle Resultate, die nicht von einem echten Wald zu unterscheiden sind.

Eigentlich ist unser Kopf kaum in der Lage, bei natürlichen Mustern eine Fälschung zu erkennen, was bei geometrischen Formen offensichtlich wesentlich leichter fällt. Das sollten Sie sich vor allem bei Bildern bewusst machen, wo ein Vergleich mit dem/einem Original ganz und gar nicht möglich ist.

Und wenn die KI doch mal einen Fehler macht, dann seien Sie nachsichtig und tolerant. Der nächste Durchlauf ist ja nur einen kleinen Druck mit dem Finger auf die linke Taste der Maus entfernt!

WICHTIG

◆ *Schauen Sie sich vom Computer generierte Bilder ganz genau an und versuchen Sie, aus den Fehlern der Maschine zu lernen.*

◆ *Probieren Sie aus, bei welchen Gegenständen eine KI gut funktioniert (Bäume) und bei welchen sie fast völlig versagt (Computertastaturen).*

◆ *Erwarten Sie auf keinen Fall, dass ein Algorithmus die Realität präzise abbildet (Stichwort: Piccadilly Circus).*

◆ *Sehen Sie Fehler nicht als Problem, sondern versuchen Sie – auch wenn das oft schwer fällt – das als kreative Ausrutscher zu betrachten.*

Beschreibung: Hier ist eine lebendige und dynamische Darstellung von Piccadilly Circus in London, mit der berühmten Eros-Statue im Zentrum, umgeben von leuchtenden Neonreklamen und Bildschirmen. Menschenmengen beleben den Platz, und die Architektur der umliegenden Gebäude reflektiert die historische und moderne Natur Londons. Die Szene ist von der Dämmerung beleuchtet, was eine magische Atmosphäre verleiht.

KI: DALL-E & ChatGPT

Beschreibung: Hier ist das Bild eines Bildhauers, der nachdenklich vor einem großen Quader aus Stein in seiner Werkstatt steht, umgeben von seinen Werkzeugen und Skizzen. Die sanfte Beleuchtung hebt seinen inspirierten Ausdruck und die Textur des Steins hervor, während Skizzen und Entwürfe seiner Arbeit den kreativen Prozess andeuten. Ich hoffe, dieses Bild fängt den Moment der Inspiration, wie Sie ihn sich vorgestellt haben, gut ein!

KI: DALL-E & ChatGPT

ENTSTEHUNGSGESCHICHTEN

Ich habe kein schlechtes Gewissen dabei, wenn statt technischer Erklärungen und konkreter Tipps, wie die bildgebende KI effizient gebändigt und auf hübsche Bilder dressiert werden kann, im folgenden Kapitel zuerst ein ganz anderer Aspekt der schönen bunten Bilderwelt beschrieben wird: Und zwar geht es jetzt erst einmal um die Entstehung der Originale mit allem Drum und Dran!

Sicherlich haben Sie schon das Making-Of eines Blockbusters gesehen. Diese spannenden Reportagen mit einem ausführlichen Blick hinter die Kulissen der Filmemacher machen dem Zuschauer den gigantischen Aufwand bewusst, der oft hinter 90 Minuten Film steckt.

Der geistige Sprung von hart arbeitenden Special-Effects-Teams, Bühnenbauern, Maskenbildnern und Stuntmen zum Film fällt schwer. Das liegt unter anderem daran, dass unser Gehirn visuelle Eindrücke pauschal für *wahr und richtig* hält. Deswegen können wir so herrlich tief in Thriller und Science-Fiction Geschichten eintauchen und sind am Ende beinahe traurig, dass alles doch eine Illusion gewesen ist.

Auf der anderen Seite verbaut uns diese Leichtgläubigkeit unseres Kopfes den Weg, der bis zum fertigen Film (oder Foto) gegangen werden muss.

Konsumieren (sehen und erkennen) und dann im Geiste abhaken und über das nächste tolle Foto staunen. Das ist die übliche Arbeitsweise unseres Kopfes. Was an Aufwand heute schon bei unbeweglichen Fotos hinter den Kulissen getrieben wird, können sich die meisten Menschen gar nicht vorstellen!

Und bitte stellen Sie sich jetzt nicht vor, dass sowieso alles am Computer gemacht wird. Trotz elektronischer Helfer gilt immer noch der Grundsatz, dass so viel wie möglich bereits vor der Aufnahme durch den

Bildsensor perfekt sein sollte. Nachbearbeitung bedeutet Verlust von Qualität und Steigerung der Künstlichkeit.

Besonders beeindruckend ist das bei aufwändigen Filmproduktionen (zum Beispiel dem berühmten britischen Zauberjungen), wo Maskenbildner und Special-Effekts immer noch nicht-digital gemacht werden – bis auf die unmöglichen Effekte natürlich.

Der Griff zur Maus und einem daran angeschlossenen Hochleistungsrechner ist reizvoll, weil sich die Kreativen ständig Gedanken darüber machen müssen, wie sie ähnliche oder sogar bessere Ergebnisse erzielen als das, was sie täglich und überall zu Gesicht bekommen. Und es ist nicht immer ein gewaltiges Budget vorhanden, mit dem echte Kulissen und Kostüme gemacht werden können.

Die Konkurrenz ist hart im Geschäft mit visuellen Medien – erst recht, weil jetzt auch noch die künstlichen Intelligenzen beim Wettrennen um die guten Bilder mitmischen! Im digitalen Weltall ist tatsächlich *alles* möglich – und der erforderliche Aufwand besteht nur aus ein paar Watt für die erforderliche Rechenleistung.

In meinem Studium hatte ich einen Kurs über Kameraführung. Nach einem sehr praktischen Semester mit einer sperrigen TV-Kamera, die mindestens hundert Jahre alt sein musste, hat sich mein Blick auf die Mattscheibe völlig verändert. Ich war in der Lage, beurteilen zu können, ob Schwenks, Schnitte und Szenen, die freihändig und ohne Stativ gefilmt wurden, gut oder schlecht waren. Als technisch ungebildeter Zuschauer waren mir diese Aspekte vorher gar nicht aufgefallen. Und wenn, dann konnte ich nicht sagen, warum eine Szene nicht so gut aussah oder wirkte. Der Kurs hatte mir den Blick auf das Entstehen dieser Szenen ermöglicht.

Bildermacher (von statischen Bildern) lassen sich im Vergleich zum Film selten und wenn, dann ganz und gar ungern hinter die Kulissen schauen. Vielleicht weil die Königsklasse der Bildwelten die kommerzielle Werbung ist, deren Glaube an die Wahrheit dieser Darstellungen von Unternehmen teuer bezahlt wird. Das ist vergleichbar mit einem Zauberer, der seinen Trick nicht verraten will.

Allerdings ist es auch gar nicht so schwer, sich vorzustellen, wie Fotos entstehen! Aber warum sollten Sie sich damit beschäftigen? Die Antwort ist einfach: Es wird Ihnen extrem helfen, bessere Bilder zu generieren.

Stellen Sie sich vor, mit welchen Wörtern und Begriffen Fotografen, Zeichner, Drucker und Computer-Künstler ihre Werke beschreiben?

Wer sich auf Seiten von Foto-Profis und engagierten Amateuren umsieht, der wird dort auch viele Fachbegriffe und technische Details entdecken: Die Namen der Kameras, mit denen die Bilder aufgenommen wurden, verwendete Objektive, Beschreibungen der Beleuchtung, der Aufnahmezeit, Daten über Blenden, früher das verwendete Filmmaterial und so weiter und so weiter.

Und diese technischen Angaben sind nicht nur bei Fotografen zu finden, sondern auch bei allen anderen Kreativen dieser Branche. Um ein wenig Struktur in den Prozess der Entstehung eines Bildes zu bringen, werden in den folgenden Kapiteln die einzelnen Schritte beschrieben, die bei der Entstehung eines Bildes gegangen werden müssen.

Und keine Sorge: In jedem Abschnitt werden wir die KI beauftragen, uns passende Bilder zu liefern und beweisen, dass das gelernte Wissen auch in der digitalen Welt gut anzuwenden ist. Je tiefer Sie dabei in die echte Technik einsteigen, desto gezielter werden Sie ausgezeichnete Bilder berechnen können.

Ein Beispiel zum Ausprobieren als Einstieg in die endlose Welt der Verfahren, mit denen Bilder erzeugt werden können: Eine faszinierende historische Randerscheinung in der Kunst ist der *japanische Farbholzschnitt* (langes Wort und gleichzeitig tolle Motive). Auf den ersten Blick sehen die Drucke, die in der zweiten Hälfte des 18. Jahrhunderts erfunden worden sind, fast modernen Mangas ähnlich. Typisch für diese Bilder sind kräftige Farben, klare Konturen und das Fehlen von Lichtquellen und Schatten.

Die japanische Bezeichnung für diese Technik ist *"Nishiki-e"* oder – damit es prompt-tauglich wird – auf Englisch: *"japanese woodblock printing"*. Weil es sich um eine alte Kunst handelt, kommt die KI voll auf ihre Kosten, wenn sie diesen Stil mit einem modernen Gegenstand kombinieren soll. Das Ergebnis ist garantiert nicht in irgendeiner Online–Bildsuche zu finden:

Nach ein paar Durchläufen wird der japanische Einfluss dieser Kunstform spürbar (sichtbar): Auf vielen Bildern tauchen asiatische Gesichter, Kimonos, Strohhütten und Samurai-Schwerter (präzise besteht das Waffenset aus drei scharfen Teilen: *Katana, Wakizashi* und *Tanto*) auf.

Das Mitschwingen der Kultur lässt sich beim Einsatz solcher Bezeichnungen im Prompt nicht vermeiden. Natürlich lernt die KI nicht nur, den virtuellen Pinsel zu schwingen, sondern schluckt gleichzeitig auch die Objekte, die in diesem Stil abgebildet sind. Es braucht viel Prompt-Geschick oder ganz andere Beschreibungen, wenn Sie diese Form und Farbgebung ohne jeglichen japanisch-traditionellen Charakter des Bildes erzeugen wollen.

Prompt: cyborg. japanese woodblock printing. strong colors. high contrast.
KI: Stable Diffusion

Werfen Sie auch gleich einen Blick auf das doppelte Stil-Ende des Prompts oben. Erste Versuche waren sehr blass und ihnen fehlte das, was ich bei diesem Stil im Kopf hatte. Deswegen habe ich zwei ganz klassische Veränderungen eingebaut, die das Basisbild stärker in Sachen Farbe und Kontrast machen sollen.

Aber Achtung: Viele Anfänger denken manchmal, dass die künstliche Intelligenz sich an vorige Prompts erinnern kann und sind überrascht, wenn durch das Hinzufügen von Begriffen nicht das passiert, was sie erwarten – nämliche das vorige Bild zu verändern oder zu verbessern. Die KI hat kein Gedächtnis. Wird der Seed verändert – und so sollte ihr Programm im Moment eingestellt sein – wird jedes Mal ein komplett neuer Kreativlauf gestartet.

In der Regel drehe ich an Farbe, Sättigung, Kontrast, Helligkeit und so weiter erst, wenn ich sicher bin, dass alle produzierten Bilder mit dem selben Prompt diese Nachbesserungen brauchen – und das ist eben erst nach ein paar Durchläufen möglich und wenn sie zehn oder zwanzig Bilder gesehen haben. Schwanken die Ergebnisse stark in dieser Hinsicht, macht ein Eingreifen keinen Sinn, weil dann ein Parameter verändert wird, der in den Ergebnissen gar nicht konstant und durchgängig abgebildet wird.

WICHTIG

- *Wechseln Sie von der Position eines Betrachters in die Rolle der kreativen Macher, wenn Sie gute Prompts erstellen wollen!*

- *Finden Sie heraus, wie ein Bild gemacht wurde. Stellen Sie sich folgende Fragen: Was ist auf dem Bild alles zu sehen? Wie wurde es aufgenommen oder gemalt? Und: Wurde es nachbearbeitet oder nachträglich verbessert oder verfremdet?*

- *Je mehr Wissen Sie über technische Verfahren haben, desto besser können Sie Begriffe aus diesen Verfahren in Ihre Prompts einbauen. Dazu gehören (unter anderem) Fotografie, Druck, Malerei und Animation (kurz "CGI" / übersetzt: "computer-generated imagery").*

Beschreibung: Für ein Bild, das einen Star in Abendkleidung zeigt, der von Fotografen verfolgt wird, stelle ich mir eine elegante und stilvolle Szene vor. Der Star, gekleidet in ein atemberaubendes Abendkleid oder einen schicken Smoking, bewegt sich mit Anmut und Selbstbewusstsein durch die Straßen einer beleuchteten Stadt bei Nacht. Trotz der Verfolgung durch die Fotografen behält der Star eine ruhige und kontrollierte Ausstrahlung, umgeben von der Eleganz der Abendgarderobe, die seine Prominenz und den Glamour des Moments unterstreicht.

KI: DALL-E & ChatGPT

DAS BESTE STÜCK

Eigentlich muss kein Gedanke an das Hauptmotiv verschwendet werden. *Eigentlich...* Denn meistens genügt es nicht, *Hund, Katze* oder *Maus* ohne irgendwelche Zusätze im Prompt zu erwähnen.

Aber bleiben wir einen Moment beim Hauptwort, mit dem das Zentrum des Bildes definiert werden soll. Statt an dieser Stelle zu schnell zu denken und die entsprechenden Tasten zu drücken, lohnt es sich, statt einem allgemeinen eher einen spezielleren Ausdruck zu verwenden.

Sie erinnern sich an die Hai-Sorte *"thresher"* von oben?! Dort war das Wort im Prompt leider *zu* speziell (kann passieren!), aber der Ansatz vom Sammelbegriff *"dog"* (übersetzt: *"Hund"*) zum spezielleren *"bergamasko"* (eine zottelig-verfilzte Rasse aus Italien mit dem deutschen Namen *"Bergamasker Hirtenhund"*) zu wechseln, macht durchaus Sinn. Die KI kann die Rassen unterscheiden und so ganz unterschiedliche Tiere abliefern, bevor sie sich zufällig ein Exemplar unter dem Sammelbegriff *"Hund"* heraussucht. Es gibt übrigens 367 offiziell anerkannte Hunderassen. Es ist also in allen Größen, Formen und (Fell-)Farben für jeden etwas dabei!

Genauso liefert die sehr seltene Katzenrasse *"ocicat"* genau das Tier, was auch bei Wikipedia unter dem gleichen Begriff abgebildet ist (bei Katzen sind es nur 40 Rassen, deswegen aber gleichzeitig mit höheren Chancen, dass die KI passend zu Ihrer Wahl ein treffendes Bild liefert).

Hund, Katze... Anders läuft es beim Begriff *"deomyinae"* (ein Sammelbegriff für verschiedene Mäusearten aus Afrika, darunter zum Beispiel die *"ägyptische Stachelmaus"*. Hier überschreibt offensichtlich ein feenähnliches Fabelwesen das Nagetier. Aber nicht aufgeben! Denn mit dem kleinen Zusatz *"deomyinae mouse"* kriegt der Nutzer wieder das richtige und erwartete Tier zu sehen.

Zweite Stufe ist die *Ausprägung* des virtuellen Supermodels im Zentrum ihres privat-digitalen Foto-Shootings. Schließlich soll mit einem Bild meistens eine Geschichte erzählt werden. Und niemand erzählt eine gute Story mit Hilfe langweiliger Passbilder!

Das Aussehen eines Gegenstands kann mit Hilfe von zwei Sorten von Begriffen gezielt beeinflusst werden: Der Stylist sorgt für eine perfekte Frisur und ein eindrucksvolles Make-Up. Der Fotograf spornt sein Model mit Zurufen wie *»Jetzt mal ganz cool!«* an.

Selbst die Beschreibung eindeutiger Eigenschaften kann zu überraschenden Ergebnissen führen. Erwarten Sie nicht, dass der Prompt *"man with long nose"* im Anblick eines armlangen Riechorgans endet.

Die ähnliche Formulierung (*"big nose"*) führt zu fast identischen Ergebnissen. Machen Sie sich klar, dass selbst Begriffe wie *"lang"* oder *"groß"* subjektive Beschreibungen sind, die nicht wie vermutet in einem übertriebenen Ergebnis enden.

Andererseits spielt es keine Rolle, ob Sie den einen oder anderen Begriff verwenden – zumindest nicht in Kombination mit der Nase des Mannes. Die produzierten Herren haben auf allen Bildern ein überdurchschnittlich großes Riech-Organ – aber eben keine gewaltige Nase wie *Cyrano de Bergerac* oder so richtig lang wie bei *Pinocchio*. Das ist übrigens eine gute Übung: Versuchen Sie selbst, einen Menschen mit langer Nase zu berechnen!

Für alle Sorten und Arten von Karikaturen sind passende Prompts nicht leicht zu finden (erinnern Sie sich an die grinsende Schlange mit Sonnenbrille auf der Nase von oben).

Damit hängen wir wieder etwas an den so genannten *vagen Begriffen*, die funktionieren können oder auch nicht! Gegenbeispiel gefällig? Der Prompt *"blue man"* funktioniert bombensicher – und zwar in Ihrem Gehirn genauso gut wie bei allen bildgebenden Modellen.

Aber ehrlich gesagt, sind die Ergebnisse bei *"green man"* oder *"red man"* immer noch gut, aber trotzdem sichtbar schlechter als im Vergleich zum blauen Original. Besser funktioniert da eher der Prompt *"man with green skin"*, während *"man with red skin"* eher Krankheiten auswirft (Hautausschläge und Sonnenbrand en masse).

Wer wühlt, findet auch dafür einen guten Grund: Beim ersten Prompt handelt es sich um weltweit recht prominente Performance-Künstler, die genauso aussehen, wie sie heißen (*Blue Man Group*) und bei der Online-Suche die obersten Plätze belegen.

Allerdings kann nicht bei jedem Thema und Begriff im Voraus oder durch Suchen im Internet klar definiert werden, ob die KI sich damit zu konkreten Aussagen bewegen lässt oder nicht.

Ein gutes Beispiel dafür sind Begriffe, die für die Intensität der Farben zuständig sind. Unten sehen Sie eine Liste mit ein paar Bezeichnungen von schwachen hin zu intensiven Farben, die weder vollständig noch sauber abgestuft ist, sondern an dieser Stelle nur als Beispiel dienen sollen, wie eine KI gesteuert werden kann.

SCHWACHE FÄRBUNG

- *black and white*
- *no color / without colors / colorless*
- *fading colors*
- *decent colors*

BUNTE BILDER

- *rich colors*
- *strong colors*
- *intense colors*
- *colorful*
- *rainbow colors*
- *neon colors*

Die Wirkung der aufgelisteten Begriffe kann extrem unterschiedlich ausfallen. Auch hier gibt es Wörter, auf die Modelle besonders stark reagieren, während andere nahezu unbeachtet bleiben.

Die Bezeichnung *"neon"* liefert immer und exakt eine ganz bestimmte Färbung des Motivs. Am anderen Ende der Skala steht zum Beispiel *"colorful"*, was je nach Objekt ganz unterschiedlich stark zu wirken scheint: Mit dem Prompt *"tree. colorful"* liefert die KI Bilder, die aussehen, als hätte jemand mit Farbwahn den Wald bunt angestrichen, während der gleiche Begriff in Kombination mit Spielzeug ("toys. colorful") praktisch keine Wirkung zu haben scheint, weil Spielzeug ohnehin schon bunt ist.

Unterschätzen Sie dabei nicht die subjektive Wirkung von Farben – nicht nur in ihrem Kopf, sondern auch bei der Beschreibung von Bildern (bitte also wieder kurz an das Trainingsset denken): Ein bunter Baum sticht so stark heraus wie der sprichwörtliche bunte Hund. Dagegen wäre Spielzeug eher auffällig, wenn es *nicht* farbenfroh wäre.

Ein weiterer Unterschied bei der Verwendung solcher Wörter durch die künstliche Intelligenz besteht darin, dass entweder das Objekt in der Farbgebung geändert wird, während es manchmal auch das gesamte Bild betrifft, ähnlich einem Filter vor der Linse der Kamera oder in digitaler Form in der Foto-App.

Ein neonfarbener Baum in einem schwarzweißen Wald ist übrigens so gut wie gar nicht machbar! Widersprüchliche und gegensätzliche Begriffe sorgen für unterhaltsame Überraschungen oder für Frust beim Benutzer. Aber bei dem Wunsch nach einem bunten Baum bietet sich das nachträgliche Pinseln in einem Bildbearbeitungsprogramm an.

Kleiner Exkurs an dieser Stelle: Sie sind der KI nicht ausgeliefert. Ich habe oft User erlebt, die vollständig perfekte Bilder aus den Modellen herausholen wollten. Vergleichen Sie das aber mit anderen Werkzeugen: Ein Tischler hat mehr Gerätschaften an der Wand als nur eine Säge.

Programmierer benutzen heute oft mehrere Sprachen für unterschiedliche Zwecke (C# oder Python für das Hauptprogramm, SQL für die Arbeit mit den Daten sowie HTML und Java für das Online-Userinterface). Genauso liefert das bildgebende Modell meistens nur die Basis, der später weitere Arbeitsschritte in anderen Programmen folgen. Eine große E-Book-Plattform fragt heute schon die Autoren ab, ob sie KI-generierte Abbildungen in ihren Büchern verwenden. Die Auswahlmöglichkeiten reichen dort von »wenig bearbeitet« bis »stark bearbeitet«. Die Option »gar nicht bearbeitet« taucht in der Liste gar nicht auf.

Zum Schluss dieses Kapitels aber noch einmal zurück zu den harten (eindeutigen) und weichen (unberechenbaren) Attributen, mit denen Sie Dinge im Bild beschreiben können: Gerade wenn Englisch nicht ihre Muttersprache ist, dann wählen Sie mit Hilfe eines guten Wörterbuchs passende Begriffe aus und testen Sie deren Wirkung (immer ein paar mehr Bilder rechnen lassen).

Eine weitere Möglichkeit, um den Effekt eines Wortes zu testen, ist neben den Beschreibungen im Wörterbuch tatsächlich die Online-Bildsuche. Dort finden Sie zwar keine grammatikalisch korrekte Beschreibung, aber dafür sehen Sie, welche Abbildungen am häufigsten mit dem eingegebenen Begriff beschrieben worden sind. Und das ist – wie bereits mehrfach unterstrichen – das visuelle Basiswissen, mit dem die bildgebenden Modelle trainiert worden sind.

Ein gutes Beispiel dafür sind drei englische Begriffe für übersteigerte, komische Darstellungen. Im Deutschen wird oft gesagt: *»Der Typ sieht aus wie eine Karikatur!«* Womit zum Beispiel übertrieben große oder kleine Gesichtszüge gemeint sein könnten (wie bei Pinocchio oder Cyrano). Das Wörterbuch liefert dafür drei Begriffe: *"burlesque"*, *"caricature"* und *"cartoon"*.

Sie werden es ahnen: *"cartoon of a man with a long nose"* liefert störrisch (unerwünschte) vereinfachte Strichzeichnungen von Männern mit langen Nasen (immerhin). Gleicher Prompt aber mit *"caricature"* präsentiert nach der entsprechenden Wartezeit künstlerische und altmodische Zeichnungen und Skizzen (unerwünscht) und auch der abgebildete Mann hat oft seltsame Gesichtszüge, aber sehr selten eine lange Nase (ebenfalls unerwünscht).

Letzte Versuch mit *"burlesque"* – und ich ahne, dass Sie bei dem Wort auch nicht an eine Karikatur denken – liefert teilweise unkenntliche Bilder, teilweise Fragmente, die an den gleichnamigen Film erinnern, aber hauptsächlich signalisiert die KI, dass der Prompt eher ungeeignet für ein aussagekräftiges Bild zu sein scheint.

WICHTIG

◆ *Das Hauptwort sollte bereits so präzise wie möglich formuliert sein: "Nelke" statt "Blume"! Wenn Sie einen "Dackel" im Kopf haben, würden Sie auch niemals "Hund" eintippen und erwarten, das spezielle Tier zu Gesicht zu bekommen!*

◆ *Faustregel für das zentrale Element des Bildes ist die Kombination von [präzise bezeichnetem Objekt] plus [zusätzlich Attribute und Beschreibungen], also "man holding flowers" oder "dog playing with a cat".*

◆ *Beschreibende Teile des Prompts sollten präzise gewählt werden – leider ohne dass es ein zuverlässiges Patentrezept dafür gibt. Versuchen Sie sich vorzustellen, welche Begriffe zu einer vorhersehbaren Reaktion führen ("neon") und welche Wörter das Ergebnis nur wenig beeinflussen könnten ("colorful" in Kombination mit "toys").*

Beschreibung: Hier ist der Cartoon eines Mannes mit einer langen Nase, charakterisiert durch übertriebene Merkmale und einen humorvollen Stil. Seine lange Nase steht im Mittelpunkt der Illustration, ergänzt durch einen spielerischen Ausdruck und ein farbenfrohes Outfit. Ich hoffe, diese Darstellung bringt ein Lächeln auf Ihr Gesicht!

KI: DALL-E & ChatGPT

Beschreibung: Hier ist das Bild, das einen Stuntman zeigt, der von einem Gebäude springt. Er befindet sich in der Luft mit einem Ausdruck von Entschlossenheit und Konzentration. Unten sind Sicherheitsausrüstungen wie Luftkissen oder Netze zu erkennen, die für seine Landung vorbereitet sind. Der Hintergrund mit dem Stadtbild trägt zur Intensität des Moments bei. Ich hoffe, dieses Bild fängt die Spannung und Gefahr des Stunts ein!

KI: DALL-E & ChatGPT

UND ACTION...!

B edienungsanleitungen und Handbücher für bildgebende KIs empfehlen häufig, ein Objekt *immer* mit einem Verb ins Verhältnis zu
etwas anderem zu stellen. Ein Grund dafür, dass es dieses Buch gibt, ist
die Tatsache, dass ausführliche Beschreibungen kaum zu finden sind
und die meisten, wenigen Tipps sich in endlosen und leider kurzen On-
line-Texten wiederholen.

Trotzdem handelt es sich hierbei um einen Rat, der besonders häufig
zu lesen ist! Denn diese Vorgehensweise beim Formulieren eines
Prompts hat zwei Vorteile auf dem Weg zum perfekten Bild-Ergebnis:
Erstens passiert auf den Bildern mehr, als dass Gegenstände nur lieblos
herumstehen. Übersetzt und mit Kino verglichen, wäre das die Entscheidung zwischen *Actionfilm* und *Art House Streifen*!

Zweitens scheint die Verbindung mit einem Verb bei der Berechnung
grundsätzlich zu besseren Ergebnissen zu führen. Ist demnach *"woman
holding a candle"* (übersetzt: *"Frau hält eine Kerze"*) besser als *"woman
with candle"* (übersetzt: *"Frau mit Kerze"*)? Stellen Sie sich bei solchen
Vorschlägen auch immer vor, wie Sie ein entsprechendes Bild mit Text
beschreiben würden, denn das ist die Grundlage, mit der die KI ihre Fähigkeiten erlernt hat.

Können Sie sich vorstellen, welcher der beiden Prompts besser funktioniert? Im Beispiel oben macht es tatsächlich *keinen* Unterschied, ob mit
"with" (übersetzt: *"mit"*) oder mit *"holding"* (übersetzt: *"halten"*) gearbeitet wird. Unten sehen ein Ergebnis vom Prompt mit der schwächeren
"with"-Verbindung.

Solche Verbindungen sind mit dem Appell aus den Anleitungen nicht
gemeint, weil es sich dabei um eine *schwache Verbindung* handelt, die
von der Sprache zum Bild fast keinen Unterschied macht.

Das gilt auch für ein anderes Beispiel von oben: Der Prompt *"man ha-ving blue skin"* (übersetzt: *"Mann, der blaue Haut hat"*) oder schwächer *"man with blue skin"* (übersetzt: *"Mann mit blauer Haut"*) kommt sogar zu gleich guten Resultaten wie die ursprünglich verwendete Phrase *"blue man"* (übersetzt: *"blauer Mann"*) – und dazwischen passt irgend-wo noch *"blue skinned man"* (übersetzt: *"blauhäutiger Mann"*).

Prompt: woman holding a candle
KI: ICBINP

Wirkungsvoller wird diese verbale Verbindungs-Technik, wenn es um sichtbare Handlungen und nicht um Eigenschaften oder statische Zu-stände (Halten eines Gegenstands wie *"holding a candle"* oder *"standing on table"*) geht.

Der Prompt *"man and woman"* (übersetzt: *"ein Mann und eine Frau"*) hat natürlich eine ganz andere Wirkung auf die KI als *"man holds the hand of a woman"* (übersetzt: *"ein Mann hält die Hand einer Frau"*) oder *"man hugs woman"* (übersetzt: *"Mann umarmt Frau"*) oder sogar *"man kisses a woman"* (übersetzt: *"Mann küsst Frau"*).

Sie können sich die Ergebnisse für alle Befehle oben sicher gut vorstellen. Wobei schon bei der ersten, ziemlich un-emotionalen Phrase in den Ergebnissen haltende Hände und angedeutete Umarmungen stattfinden. Nicht verwunderlich, denn natürlich haben Abbildungen von Paaren häufig etwas mit einer Beziehung zu tun, wo solche Gesten einfach dazu gehören. Das sind Wort-Kombinationen, die im Ergebnis mehr Auswirkungen haben, als die bloße Bedeutung.

Nutzen Sie starke Verben, um Elemente ihres Bildes stärker zu verbinden, die Aussage präziser zu formulieren und sichtbare Handlungen einzubauen! Die Wirkung wird im Bild sofort sichtbar werden.

Schauen Sie sich an, wie ein harmloser prompt so zu einem gezielt, guten Bild wird: *"boy on sofa"* ist definitiv nicht so bildhaft klar wie die mit einem Verb verbesserte Version *"boy standing on sofa"* oder noch ausgefeilter als *"boy jumping on sofa"*.

Während im Kopf die geistige Vorlage ungeduldig auf ein gleichwertiges Ergebnis wartet, sollten Sie in so einem Fall unterschiedliche Varianten durchprobieren. Hier eine Reihenfolge, wie ich sie für diesen Bilderwunsch durchgespielt habe (immer mit jeweils ungefähr zehn Aufträgen pro Prompt):

- ◆ *"boy on sofa" produziert – wie nicht anders zu erwarten – eine harmlose Szene in der ein Junge brav auf einem Sofa sitzt*

- ◆ *"boy sitting on sofa" kommt zu den gleichen Ergebnissen wie der erste Prompt und wurde nur zum Vergleich herangezogen, ohne ein ganz anderes Ergebnis erwartet zu haben*

- ◆ *"boy jumps on sofa" ergibt endlich das, was geplant war und ist nah dran am finalen Prompt*

- ◆ *"laughing boy jumps on green sofa" (zwei kleine Ergänzungen bei den Eigenschaften von Junge und Möbelstück) produziert das finale und gewünschte Ergebnis*

- *"boy salto on sofa" ein eigentlich verstümmelter Prompt (das Verb fehlt), der einen Jungen in artistischen Posen erzeugt, der über dem Sofa zu schweben scheint*

- *"boy making a salto on a sofa" wurde zum Schluss aus Neugier probiert, führt aber zu den gleichen Ergebnissen wie der vorige Versuch*

Prompt: laughing boy in red pullover jumping on green sofa.
KI: ICBINP

Mit so einem ausführlichen Beispiel will ich Sie nicht langweilen oder nerven. Es ist gut zu sehen, dass auch bei einer KI der erste Prompt selten eine Punktlandung ist. Wenn Sie trotzdem schneller bessere Ergebnisse im Umgang mit solchen Modellen haben wollen, sollten Sie einen Blick in die alte Welt der Bilder riskieren.

Was glauben Sie, wie oft ein Fotograf bei einem Fashion-Shooting auf den Auslöser drückt? Seit dem Wechsel hin zum unbegrenzten Speicherplatz in digitalen Kameras werden pro Session sicher tausende von Bildern gemacht. Selbst zu Zeiten des analogen Films (maximal 36 Aufnahmen pro Rolle oder bei Mittelformat noch weniger) wurden hunderte von Belichtungen bei der Arbeit im Studio angefertigt.

Und auch ein Reportage-Fotograf (heute meistens als *Street-Photography* bezeichnet) konnte mit einer schnellen Kamera in den 90er-Jahren eine Filmrolle in ein paar Sekunden mit Schnappschüssen füllen.

Das eine und einzige *Klick* gab es, ist aber bereits etwa 150 Jahre her. Zu der Zeit waren Kameras klobige Kästen aus Holz und der Film eine mit lichtempfindlicher Chemie beschichtete Glasplatte, für die der Fotograf seine Dunkelkammer in der Nähe haben musste. Für Außenaufnahmen bauten sie sich kleine Verschläge aus Holz, die wie eine Kutsche von einem Pferd gezogen werden konnten.

Die Personen standen für die Aufnahme ein paar Minuten bewegungslos still. Tatsächlich gab es Gestelle und Bügel, die Köpfe und andere Körperteile während der Aufnahme stützten und am Wackeln hinderten – oder die Bewegungen zumindest minderten. Schauen Sie sich auf alten Fotos die Gesichter von Babys an, die fast immer ordentlich verwackelt oder unscharf sind.

Aber auch diese Hilfsmittel sorgten nicht immer für ein gutes Bild. So musste der Fotograf im Nachhinein nachbessern. Bei manchen alten, verblichenen Aufnahmen wird heute die aufgetragene Farbe sichtbar, weil diese sich im Laufe der Zeit nicht bräunlich-hell verfärbt hat. Einige solcher Aufnahmen bestehen fast mehr aus Farbe als aus Fotografie.

Und auch bei Grafikern sitzt nicht jeder Strich auf Anhieb. Wenn Sie die Gelegenheit haben, einem Zeichner über die Schulter zu schauen: Viele Künstler tasten sich zuerst mit leichten und dann mit immer deutlicheren Strichen an die endgültige Form heran, die sie zu zeichnen versuchen. Und auch das Radiergummi liegt grundsätzlich direkt neben dem Zeichenblock, um den einen oder anderen Fehler wieder verschwinden zu lassen.

Aber zurück zu den Verben, die das Bild aussagekräftig machen sollen: Dieser Rat wird vermutlich gegeben, weil Prompts häufig mit Objekten überfrachtet und die Aktionen vergessen werden! Wir neigen dazu, zu beschreiben, was für Gegenstände wir erkennen: Hund, Katze, Maus... Was in einem Bild vor sich geht, hat ganz klar eine niedrigere Priorität. Oder würden Sie sagen *»Sitzender Hund, stehende Katze, fliehende Maus«*? Obwohl Sie das einer KI *genau so* sagen sollten!

Zum Schluss dieses Kapitels katapultieren Sie sich bitte mental noch einmal in ein Fotostudio, in dem gerade die neuesten Trends aus Paris, getragen von den schönsten Models, von Ihnen für eine weltberühmte Modezeitschrift abgelichtet werden sollen. Sehen Sie sich dabei zu, wie Sie einem Heer von Helfern Anweisungen geben, damit am Schluss fantastische Bilder dabei herauskommen.

Und dann wird es ernst: Es gibt nur noch Sie, die Kamera und das Model. Neben dem Drücken auf den Auslöser, ist es Ihr Job, das Model mit den richtigen Worten zu Höchstleistungen zu bringen: *»Achtung, Baby!«*

So lautet auch der Titel eines sehr erfolgreichen Musikalbums der Band U2 (der Megahit *One* stammt unter anderem von diesem Album). Die Worte soll der Tontechniker bei den Aufnahmen des Albums in Berlin der Band immer wieder zugerufen haben!

Das ist zwar keine gute Phrase für einen Prompt, aber Sie können sich sicher vorstellen, warum der Mann das bei der Arbeit im Tonstudio den Musikern gesagt hat.

WICHTIG

- *Die perfekte Kombination für einen starken Prompt ist immer OB-JEKT, EIGENSCHAFTEN und HANDLUNGEN, sofern es sich um starke und eindeutige Begriffe handelt.*

- *Prüfen Sie jedes Wort im Prompt so genau wie möglich, vor allem dann, wenn Sie englische Wörter einsetzen, die Sie vielleicht nicht so gut kennen.*

- *Versuchen Sie sich immer vorzustellen, mit welchen Wörtern andere Bilder beschreiben oder welche Begriffe Sie benutzen würden, wenn Sie einem Zeichner Anweisungen für ein Bild geben müssten.*

- *Oder Sie versetzen sich in die Rolle eines Fotografen, der seinen Mitarbeitern (Friseur, Makeup-Artist, Schneider und Model) Anweisungen für die perfekte Aufnahme gibt.*

Beschreibung: Hier ist das Bild eines Mannes, der ein Puppenhaus einrichtet. Er arrangiert sorgfältig die Miniaturmöbel und Dekorationen, wobei jedes Stück mit großer Sorgfalt an seinen Platz gesetzt wird. Das offene Puppenhaus zeigt mehrere Zimmer, jedes mit einer eigenen Auswahl an winzigen, detaillierten Möbeln, die ein echtes Zuhause widerspiegeln. Die Szene strahlt Wärme und Einladung aus und hebt die Kreativität und Fürsorge hervor, die in das Einrichten der Miniaturwelt fließen.

KI: DALL-E & ChatGPT

DRIN UND MIT DABEI!

Die Erstellung eines Bildes beginnt niemals in einer leeren Welt. Solange die KI freie Hand hat, füllt sie die digitale Leinwand mit beliebigen Dingen, die ihr in den Sinn kommen.

Was von Ihnen unausgesprochen und nicht genau beschrieben wird, bleibt unsichtbar oder wird von der unkontrollierbaren Kreativität des Modells bestimmt.

Das ergibt auf jeden Fall interessante Ergebnisse. Ob diese erwünscht sind oder auch noch gut aussehen, das steht auf einem anderen Blatt. Besser aus Sicht des Nutzers ist es, mindestens die wichtigsten Elemente des gewünschten Motivs so gut wie möglich zu definieren. Obwohl sich bei der Arbeit manchmal das Gefühl einstellt, KIs sind so störrisch wie Esel und so eigenwillig wie junge Hunde...

Typische Elemente, an die Sie auf jeden Fall denken und die Sie unbedingt im Prompt erwähnen sollten, sind neben dem Hauptmotiv auch Vordergrund, Hintergrund und das Aussehen aller Dinge, die dort auftauchen oder mit Hilfe des Negativ-Prompts gezielt unterdrückt werden sollen (aber dazu kommen wir erst später).

Und beim Hintergrund sollten Sie nicht an eine Auswahl zwischen weiß, grau und schwarz denken. Der Computer kann – im Vergleich zur wirklichen Welt – wirklich alles herbeizaubern (*"car in aquarium"*).

Denken Sie sich eine Szene hoch in den Wolken oder tief unter Wasser. Kleiner Ausflug in die Sterne? Ein langsamer Walzer auf den Ringen des Saturn? Bei bildgebenden Modellen ist das alles inklusive und ohne Aufschlag bestellbar.

Der Unterschied zu dem, was gerne »*früher*« genannt wird, ist gewaltig: Selbst bei der Arbeit mit der elektronischen Bildbearbeitung hieß der Wechsel von der *Wüste* in die *Arktis* noch eine Menge Aufwand. Zuerst musste der neue Hintergrund gefunden und gekauft werden. Dann hieß es, die Wüste gründlich zu entfernen und gegen Eis und Schnee zu ersetzen. *Und dann fehlen auch noch die Pinguine für den Hintergrund...*

Ich erinnere mich gut an so einen *Versuch* in der alten Welt der Bildprogramme und digitalen Collagen! Und die Betonung liegt hier auf dem Wort »*Versuch*«, denn Sie können sich vorstellen, wie unterschiedlich eine Wüstensonne die Personen im Zentrum des Bildes beleuchtet hatte.

Es war eine langwierige Quälerei, alles von warmem auf kaltes Licht umzufiltern. Und dann ist uns erst aufgefallen, dass Shorts und T-Shirt eine völlig unpassende Kleidung für diese neue Landschaft waren. In Stable Diffusion und Co. muss nur ein einziges Wort ausgetauscht werden und – wenn nicht explizit beschrieben – wechselt die KI auch selbstständig die Garderobe hin zu warm oder kalt oder umgekehrt.

Wenn Sie alle Tipps von oben berücksichtigen, dann ist ein Prompt damit schon sehr ausführlich und lang: *"woman with red hair, colorful makeup and tattoos on her arms waiting at a bus station at night. flowers in the foreground"* (übersetzt: *"Frau mit roten Haaren, buntem Make-Up und Tattoos auf den Armen wartet bei Nacht an einer Bushaltestelle. Blumen im Vordergrund"*).

Auf einem Kasernenhof werden eher knappe Kommandos gebrüllt. Genauso sind Programmiersprachen mit den darin enthaltenen *Befehlen* nicht gerade wortreiche Sprachen. Wird der Umgang mit dem Computer umfangreich und wir plappern scheinbar unaufhaltsam und unkontrolliert mit dem Gerät, stellt sich ein seltsames Gefühl ein.

Kann so ein langer Prompt funktionieren? Er kann! Die Resultate für das Prompt-Monster oben sind zum größten Teil ziemlich gut. Gelegentlich wird der Blumen-Vordergrund ignoriert und die Gewächse werden von der KI auf den Tattoos der Frau gezeigt, aber ansonsten sind die meisten Bilder tadellos und fehlerfrei.

Was ich Ihnen an dieser Stelle nicht verraten habe: Der Prompt ist die reduzierte Fassung einer tatsächlich viel längeren Beschreibung, die ursprünglich so ein Bild wie oben erzeugen sollte: *"woman with red light hair, colorful makeup, blue lipstick and dragon-tattoos on her arms and a yellow back-pack waiting at a bus station at night. white flowers in the foreground."* (übersetzt: *"Eine Frau mit hellroten Haaren, buntem Make-Up, blauem Lippenstift, Drachen-Tattoos auf den Armen und einem gelben Rucksack wartet nach an einer Bus-Station. Weiße Blumen sind im Vordergrund zu sehen"*).

Prompt: woman with red hair, colorful makeup and tattoos on her arms waiting at a bus station at night. flowers in the foreground.
KI: ICBINP

Trotz aller Wortgewalt und Ausführlichkeit waren die Ergebnisse nicht schlecht. Manchmal weigerte sich der Rucksack, gelb zu sein. Manchmal waren die Lippen der Frau nicht blau. Und die Blumen im Vordergrund schienen vom Algorithmus völlig ignoriert zu werden.

Um die wichtigsten Elemente des Bildes dennoch als Ergebnis präsentiert zu bekommen, habe ich alles entfernt, was weniger wichtig war, bis die Wortreihe endlich zahlreiche stabile Ergebnisse ablieferte, die der Beschreibung und meiner Erwartung weitgehend korrekt entsprachen.

Nebenbei: Manchmal entsteht das Gefühl, dass besonders lange Prompts sehr (foto)realistische Bilder erzeugen. Prinzipiell mag das richtig sein. Genauso wie bei kurzen Prompts, die nicht einmal unspezifisch sein müssen (*"man and woman"*), Zeichnungen oder Gemälde produziert werden, die tatsächlich einen recht hohen Anteil der Ergebnisse ausmachen können.

In der Praxis sieht es allerdings so aus, dass Sie den Stil eines Bildes immer selbst festlegen sollten (dazu kommen wir weiter unten). Der KI die Entscheidung zu überlassen, welchen grafischen Stil sie auswählt, ist nur dann zu empfehlen, wenn es für Sie entweder keine Rolle spielt oder Sie sich inspirieren lassen wollen.

Gerade das Ausformulieren dieses Kerns des Prompts sollten Sie üben! Finden Sie die richtige Menge an treffenden Begriffen, die Ihnen konstant und stabil ansehnliche Ergebnisse auf den Bildschirm zaubert? Wenn Sie so weit sind, dann haben Sie die erste Stufe zum Bild-KI-Meister erfolgreich erklommen.

Oben sind zwei unterschiedliche Arbeitsweisen beschrieben: Eine einfache Beschreibung so lange erweitern, bis die Ergebnisse schlechter werden oder einen umfangreichen Prompt durch Weglassen kürzen, bis das Modell ihn richtig (gut) zu verstehen scheint.

Andererseits müssen Sie nicht immer die Grenze der akzeptierten und umgesetzten Begriffe haargenau treffen. Auch ein guter Bild-Befehl kann durchaus kurz sein. Sobald Sie stabile Ergebnisse nach dem Klicken auf die Generieren-Schaltfläche zu sehen bekommen, können Sie mit der Arbeit aufhören.

Der französische Schriftsteller (und außerdem ausgebildeter Pilot) Antoine de Saint-Exupéry hat gesagt: »*Perfektion ist nicht dann erreicht, wenn man nichts mehr hinzufügen, sondern wenn man nichts mehr weglassen kann.*« Übertragen auf dieses Thema könnte das heißen: *Der Prompt ist perfekt, wenn nichts mehr hinzugefügt werden muss und nichts mehr weggelassen werden kann!*

Wenn das Motiv passt, nehmen Sie die Hände von der Tastatur und gönnen sich eine kleine, kreative Pause. Denn damit ist tatsächlich nur der Kern des Bildes beschrieben. Bisher haben wir nur über die Dinge gesprochen, die im Motiv zu sehen sind, inklusive welche Eigenschaften diese haben.

Aber es gibt noch sehr, sehr viel mehr Möglichkeiten, die Resultate zu beeinflussen. Davon haben Sie oben bereits am Rande erfahren: So kann der KI zum Beispiel gesagt werden, ob sie ein Foto oder eine Zeichnung generieren soll.

Was eine künstliche Intelligenz noch alles versteht – und das ist wirklich eine Menge – werden Sie in den folgenden Kapiteln erfahren.

WICHTIG

- *Lange und ausführliche Befehle müssen nicht unbedingt schlechte Ergebnisse liefern.*

- *Allerdings besteht bei umfangreichen Beschreibungen die Gefahr, dass diese ab einem bestimmten Punkt äußerst empfindlich auf Veränderungen reagieren.*

- *Wenn Sie trotzdem viele Informationen benutzen müssen, dann braucht die KI vielleicht ein paar mehr Versuche, bis sie ein gutes Ergebnis liefert. Aber es kann auch sein, dass auch nach Stunden nichts Verwertbares in Sicht ist.*

- *Sie können sich auch rückwärts von einem sehr ausführlichen Prompt durch Entfernen von Wörtern zu einer Fassung hinarbeiten, die stabile Ergebnisse liefert.*

- *Hören Sie auf, wenn Ihr Prompt konstant die erwarteten Ergebnisse liefert!*

Beschreibung: Hier ist das Bild eines Fotoshootings in einem Studio, das einen Fotografen und Modelle zeigt. Der Fotograf ist darauf konzentriert, den perfekten Schuss zu erfassen, während die Modelle posieren. Das Studio ist mit Beleuchtungsausrüstung, Hintergründen und verschiedenen Geräten gut ausgestattet, was die professionelle Atmosphäre unterstreicht.

KI: DALL-E & ChatGPT

DRUMHERUM

Die Szene steht! Ab jetzt werden Sie erfahren, wie Sie gezielt Änderungen am Bild vornehmen können, die nichts mehr mit dem unmittelbaren Inhalt (Menschen, Tieren, Gegenständen) zu tun haben. Um es gleich vorweg zu nehmen: Dieser Bereich ist sehr viel größer als das, worüber Sie bisher gelesen haben, weil es unendlich viele Möglichkeiten gibt, weiteren Einfluss auf das Erzeugen des Bildes auszuüben.

Stellen Sie sich die Beschreibungen von fünf Milliarden Bildern vor und welche Wörter diese enthalten. Da spielen übrigens die 80 Millionen Abbildungen, die wegen Copyright-Ansprüchen zahlreicher Künstler kürzlich entfernt werden mussten, keine so ganz große Rolle.

Aber die Frage muss gestellt werden, ob Inhalte oder sogar künstlerische Stile geschützt sind und vielleicht doch nicht so frei verwendet werden dürfen. Aber darüber werden Sie weiter unten mehr erfahren.

Sicher haben Sie schon generierte Bilder im Stil alter Maler, moderner Buchcover oder im Wahlplakat-Design gesehen. Weltbekannt ist der sogenannte Hope-Style eines Wahlplakats des amerikanischen Ex-Präsidenten Barack Obama, das mit wenigen Farben von dem Künstler *Shepard Fairey* kreiert worden ist. Wenn Sie das Design nicht kennen, dann probieren Sie einfach *"dog in the style of obama hope poster. art by shepard fairey."* als Prompt aus!

Beginnen wir geistig wieder im Fotostudio: Ein tolles Motiv besteht nicht nur aus dem Zusammenspiel des gestylten Models in einer passenden Kulisse und einem Profi-Fotografen, der Befehle für Pose und Gesichtsausdruck erteilt. Können Sie sich vorstellen, was drumherum noch so alles passiert?

Für eine Aufnahme wird jede Menge Technik benutzt, die auch Ihre KI als Befehle mit sichtbaren Auswirkungen versteht. *Licht* ist ein wichtiger Aspekt, denn ohne würden wir keine Augen, keine Fotos und schließlich auch keine aufwendigen mathematischen Modelle haben, die uns Bilder präsentieren, in denen Licht eigentlich nur noch eine theoretische Rolle spielt.

Ringblitze waren seit Ende der 90er Jahre und sind jetzt wieder bei Social Media Bloggern (dort allerdings mehr in Videos als bei Fotos) ein rasender Trend. Sie erzeugen Portraits, die frei von jedem Schatten sind, weil das Licht aus fast der exakt gleichen Richtung kommt, wo sich die Linse für die Aufnahme befindet. Kennen Sie nicht? Aber die KI kennt das! Mit dem Prompt *"face of a woman. ring flash."* können Sie sich nach wenigen Sekunden einen Eindruck von der intensiven Wirkung dieser sehr speziellen Beleuchtung machen.

Echte Bilder, die mit so einem Blitzgerät gemacht wurden, sind daran zu erkennen, dass sich in den Augen ein heller Kreis spiegelt und kein Lichtpunkt wie bei einfachen Blitzgeräten oder Studiolampen. Dieses Detail zeigen alle digitalen Rechnungen so gut wie nie. Da muss dann schlimmstenfalls mit der Bildbearbeitung nachgeholfen werden. Es ist aber kein großes Problem, zwei weiße Kreise über die Augen nahe der Pupille zu legen.

Es gibt viel zu viele weitere Varianten, mit Licht und Beleuchtung in einem Bild zu spielen, um diese hier alle auflisten zu können. Weiches Licht (erzeugt mit sogenannten *Soft-Boxen*) oder indirektes Licht, reduzieren ebenfalls harte Schatten, während *"lightspots"* für kräftige Konturen sorgen.

Dramatische Effekte lassen sich mit Gegenlicht (*"backlight"* oder *"backlighting"*) erzeugen. Insgesamt sehr helle oder sehr dunkle Bilder werden in der Fotografie als *"high-key"* oder *"low-key"* bezeichnet. Sie werden es bereits ahnen: Die KI saugt solche Kommandos gierig in sich hinein und begeistert danach den Betrachter der Resultate.

Hier nur am Rande erwähnt: Wer zu bequem ist, sich mit der tatsächlichen Umsetzung einer bestimmten Lichtstimmung auseinandersetzen zu wollen, greift gleich zu Sammelbeschreibungen. Das ist zwar etwas weniger kontrollierbar, aber dafür kann das Überraschungsmoment auch mal genossen werden: *"dramatic lighting"* oder *"soft lighting"* funktioniert wunderbar, ohne im Geiste eine einzige Studiolampe irgendwo aufbauen zu müssen. Umgekehrt kann genauso *"no shadows"* oder *"hard shadows"* befohlen werden.

Prompt: blues-guitar player. dust. low key. backlight.
dark. black and white.
KI: Stable Diffusion

Noch ein bisschen Staub in der Luft oder Nebel dazu? Kein Problem! Oder vielleicht ein paar Experimente mit Glitzer-Konfetti, das durch das Bild fliegen soll?! Was Sie in wenigen Sekunden an der Tastatur erledigen, hat »damals« Fotografen und ihre Helfer in den Wahnsinn getrieben. Und jetzt reisen Sie in Gedanken in eine Zeit vor der Digitalkamera, die sofort die Ergebnisse angezeigt hat. Da wurden während der Fotosession nebenbei die Filme entwickelt, um zu sehen, ob die Konfetti-Partikel passend in der Aufnahme verteilt waren. Was Sie heute dafür tun müssen? Kurz einen Prompt schreiben: *"woman in confetti storm"* – und schon ist die Sache erledigt.

Mein Vater hat mir etwas Wichtiges beigebracht, als ich in den 80er Jahren von meinen Eltern eine Sofortbildkamera geschenkt bekommen habe: Aufnahmen auf Augenhöhe sind langweilig, weil die Betrachter diese Perspektive gewohnt sind. Leider scheinen die KI-Modelle das nicht gelernt zu haben.

Um den nicht-existierenden virtuellen Fotografen auf eine Leiter zu jagen oder auf den Boden zu zwingen, muss die Perspektive durch Prompt-Erweiterung fast immer gezielt befohlen werden. Sonst ist alles, was an Ergebnissen geliefert wird, leider auf Augenhöhe. Der Frosch wird im Englischen allerdings zum Wurm (*"worm's eye view"*), während die Vogelperspektive identisch übersetzt wird (*"bird's eye view"*). Um den Fotografen mehr springen zu lassen, können Sie Begriffe wie *"closeup"*, *"close"*, *"front view"*, *"side view"* und *"distanced"* benutzen. Weichere Begriffe für Abstand, Haltung und Perspektive wie *"intimate"*, *"denying"*, *"cool"* (Achtung: ähnlich wie bei *"empty"*) oder *"welcoming"* sind ebenfalls möglich, bilden allerdings wieder eine diffuse Mischung, die besser in Kommnado-Einzelteile zerlegt werden sollte.

Extremer Blickwinkel gefällig? Den Fotografen senkrecht von unten oder vom Helikopter hängend von oben Aufnahmen machen zu lassen, ist allerdings nicht so leicht zu kommandieren. Prompts wieder dieser brauchen ein paar (oder eher viele) Versuche, bis etwas Brauchbares dabei herauskommt: *"dancing woman. top view looking downwards. intense colors. wind"* wäre als Prompt einen Rechenversuch wert. Hier ist Geduld gefragt, weil die Trainingssets der Modelle nicht unbedingt viele solche Ansichten beim Lernen konsumiert haben.

Im nächsten Kapitel geht es weniger um Bewegung, sondern mehr um die wichtigsten Einstellmöglichkeiten, die an einer Kamera zu finden sind, und die tatsächlich die wesentlichen Stellhebel eines Fotografen für eine Aufnahme darstellen. Schauen wir uns dafür eine Profi-Kamera aus der Nähe an...

WICHTIG

- *Neben sichtbaren Elementen kann das Bild im Prompt optisch stark geprägt werden.*

- *In vielen Prompts werden Beschreibungen von Stimmung, Licht, Farbe, Perspektive und so weiter weit mehr Wörter gewidmet als den dargestellten Objekten.*

- *Wenn Sie sich mit der Technik nicht auskennen, können als Alternative auch immer emotionale Beschreibungen benutzt werden. Dabei ist allerdings immer etwas Überraschung mit im Spiel.*

Beschreibung: Hier ist das lustige Bild eines Fotografen, der mit einer gigantischen Kamera und einer übertriebenen Menge an Ausrüstung überladen ist. Der Fotograf kämpft darum, die übergroße Kamera zu balancieren, während er mit verschiedenen Objektiven, Stativen, Blitzen und Taschen voller Ausrüstung behängt ist. Die übertriebene Menge an Ausrüstung macht die Szene komisch, da der Fotograf versucht, mit einem entschlossenen, aber überwältigten Ausdruck durch das Durcheinander zu navigieren.

KI: DALL-E & ChatGPT

EIN WENIG TECHNIK
MUSS SEIN/REIN!

*D*rei Werte sind es, die an einer Kamera und dem Objektiv eingestellt und verändert werden können. Vier, wenn Sie die Schärfe mitrechnen, aber ich gehe davon aus, dass Sie meistens messerscharfe Abbildungen berechnen wollen. Und wenn nicht, dann probieren Sie *"blurry"* oder *"out of focus"* als Ergänzung im positiven oder *"sharp"* als Zusatz für den negativen Prompt aus.

Als die Apparat-Hersteller mehr Amateure mit ihren Geräten erreichen wollten, die keine Lust auf Technik hatten, wurden zahllose *Programme* erfunden, mit denen scheinbar komplizierte Effekte komfortabel auf Knopfdruck erzeugt werden konnten: Sport, Porträt, Landschaft, Makro und so weiter und so weiter.

Eigentlich – schon wieder dieses Wort – waren das nur Einstellungen, die an diesen drei Parametern ein wenig gedreht haben: *Blende, Belichtungszeit* und *Brennweite.* Wobei die Veränderung der Brennweite teilweise den Wechsel der Linse erforderte, also von einem so genannten Programm gar nicht beeinflusst werden konnte. Damit blieben der eingebauten Elektronik nur noch zwei Stellschrauben, an denen etwas gedreht werden konnte. Aber auch da ist nicht viel Spielraum, denn Blende und Belichtungszeit sind untrennbar miteinander verbunden, sonst drohten zu helle oder zu dunkle Bilder.

Jede Bild-KI verarbeitet diese technischen Parameter zuverlässig und präzise. Es lohnt sich wirklich, die folgende kurze und pragmatische Einführung in das Thema zu lesen.

Wer den Algorithmus mit seinen Prompts richtig herausfordern will, der kann darüber hinaus sogar Namen von Objektiv-Herstellern und bestimmten Linsen angeben. Funktioniert, macht aber – ehrlich gesagt –

kaum einen Unterschied, weil hauptsächlich die technischen Werte dieser Geräte, aber nicht unbedingt die Firma dahinter für das Ergebnis wichtig ist.

Genauso tauchen immer wieder Prompts auf, in denen bestimmte Kameras benannt werden. Der Einfluss des Kameraherstellers auf ein künstliches Motiv ist in der Praxis sehr gering. Ausnahme sind allerdings bestimmte Spezialkameras, über die Sie im nächsten Kapitel mehr erfahren werden.

Und jetzt nicht die Nachrichten, sondern die Technik: Die *Brennweite* beschreibt eigentlich nur die Länge eines Objektivs (und wird in Millimeter angegeben). Je kleiner der Wert, desto größer der Sichtwinkel. So genannte Weitwinkel verkleinern das aufgenommene Objekt im Vergleich zum Auge und schaffen Abstand zwischen Motiv und dem Fotografen. Bei größeren Brennweiten ist es genau umgekehrt. Sie zielen auf einen kleinen Bereich und holen das Motiv näher zu sich heran, als die menschlichen Augen es sehen.

Zwischen Fischauge (ganz kurze Brennweite) und Fernglas (langes Teleobjektiv) gibt es ein paar Stufen, die bestimmten Bild-Genres ein typisches Aussehen geben.

Landschaftsaufnahmen werden oft mit Weitwinkel-Objektiven aufgenommen. Das sind Brennweiten mit Längen-Werten zwischen 14 und 28 Millimeter. Reportagefotografen arbeiten oft und gerne mit solchen Objektiven, weil sie für Tiefe im Bild sorgen und gleichzeitig schnell scharf zu stellen sind, als dafür noch am Ring um die Linse mit der Hand gedreht werden musste.

Als Weitwinkel wird übrigens alles bezeichnet, was einen größeren Blickwinkel als das Auge hat. In der Mitte stehen die Normal-Objektive mit 50 Millimeter Länge. Alles mit mehr und viel Millimeter sind Tele-Objektive, die ein Objekt näher heranholen und einen sehr engen Blickwinkel haben, sodass bei Portraits der Hintergrund kaum zu sehen ist und in starker Unschärfe verschwindet.

Wie bereits gesagt, sorgen Linsen mit wenig Länge für einen großen Blickwinkel und einen starken Tiefen-Effekt, während Teleobjektive sehr konzentriert sind und auch den Raum um das fotografierte Objekt herum verschwinden lassen.

So werden Porträts fast immer mit leichten Teleobjektiven um die 90 Millimeter Länge aufgenommen. Das sorgt für einen freundschaftlich-engen Abstand und Ruhe im stark verschwommenen Hintergrund. Kopfbilder mit kleinen Brennweiten zu machen, führt zu comichaften Verzerrungen mit unnatürlich langen Nasen. Mit so einer Linse entsteht absolut kein Gefühl von Nähe im Bild.

Brennweiten können Sie ganz einfach mit der Angabe *"mm"* in den Prompt einfügen. Bessere Ergebnisse erhalten Sie dabei, wenn Sie sich an Standardgrößen von echten Objektiven halten, weil diese weit öfter erwähnt werden, als eine beliebige Zahl, die es in der wirklichen Welt nicht als Objektiv gibt. Weit verbreitete Standards, die hervorragend funktioniert, sehen Sie hier:

- *16mm Ultra-Weitwinkel*

- *24mm oder 28mm Weitwinkel*

- *35mm Weitwinkel, wird auch als Standardobjektiv bezeichnet, weil es eine Art Universallinse für jeden Zweck ist*

- *45mm oder 50mm Normalobjektiv*

- *70mm, 85mm und 90mm Portrait-Teleobjektive*

- *200mm, 300mm und 400mm Teleobjektive*

Experimentieren Sie mit diesen Werten, um einen Eindruck davon zu bekommen, welche Auswirkungen das auf bestimmte Motive hat. Ich füge eine Brennweite immer dann in einen Prompt ein, wenn mir die Standard-Ansicht nicht gefällt (was fast immer der Fall ist). Brauche ich eine nahe und intensive Ansicht, wähle ich eine große Brennweite. Wenn das Bild zu wenig Tiefe hat und eine offenere Ansicht zeigen soll, ergänze ich den Prompt meist um *"28mm"* oder für etwas mehr Dramatik im Bild gehen Sie runter auf 24 oder sogar 16 Millimeter.

Im Zusammenspiel mit der Brennweite kann die *Blende* wichtig sein. Der Einfluss dieses Werts auf das Motiv ist stark abhängig von der gewählten Brennweite. Weitwinkel zeigen generell mehr Schärfe vom Vorder- bis zum Hintergrund, während Teleobjektive hinter dem zentralen Motiv schnell und stark an Schärfe verlieren.

Technisch bedeutet Brennweite die *Öffnung der Linse im Verhältnis zur Länge*. Klingt kompliziert, ist aber ganz einfach: Ein Objektiv mit einer maximalen Öffnung von f/1 ist genauso lang wie der Durchmesser seiner Öffnung. Solche Objektive sind selten, weil sie technisch sehr schwer herzustellen und damit sehr teuer (fast unbezahlbar sind).

Maximale Öffnung bedeutet, dass mit Hilfe einer Blende die Öffnung auch kleiner gemacht werden kann, was gleichzeitig zu mehr Schärfe von vorne bis hinten im Bild führt. Andersherum können Sie durch offene Blenden ein Objekt freistellen (also den Hintergrund unscharf erscheinen lassen).

Viele Linsen auf modernen Wechselsystem-Kameras haben Öffnungen von f/4,5 oder f/5,6 – also ist die Linse 4,5 oder 5,6 mal so lang wie die kleinste Öffnung im Innern. Typische Werte für die Blende sind:

- *1,4*
- *2*
- *2,8*
- *4*
- *5,6*
- *8*
- *11*
- *16*
- *22*

Auf den ersten Blick erscheint diese Reihenfolge willkürlich, kann aber tatsächlich logisch erklärt werden: Die Öffnung eines Objektivs ist rund. Also dringt das Licht durch eine *kreisförmige Fläche* durch das Glas auf den Film oder den elektronischen Bildsensor. Diese Fläche halbiert oder verdoppelt sich mit jedem Schritt auf der oben gezeigten Blenden-Skala. Bei einer Blende von 4 dringt also genau doppelt so viel Licht durch die Blende wie bei einem Wert von 5,6 – je größer der Wert, desto kleiner die Öffnung, denn es handelt sich eigentlich um eine Bruchzahl, also ist 1/4 größer als 1/22.

In der Praxis ist der Sprung von Stufe zu Stufe nicht so relevant! Was Sie jedoch einprägen sollten: Die Schärfentiefe wird mit größerer Blende geringer. Bei Porträts sollte der Hintergrund unscharf sein, deswegen werden solche Aufnahmen häufig mit einem leichten Teleobjektiv gemacht, das zum Beispiel eine Brennweite von f/2.8 hat. Mit einer Blende von 11, 16 oder sogar 22 würde der Hintergrund klar erkennbar sein.

Bei Weitwinkelobjektiven spielt es dagegen kaum eine Rolle, mit welcher Blende aufgenommen wird, weil dieser Effekt der Unschärfe des Hintergrunds dort viel weniger sichtbar ist (unter anderem auch wegen des breiten Blickwinkels).

Meine Empfehlung ist, dass Sie den Blenden-Wert nur angeben, wenn Sie bewusst den typischen Charakter einer Szene durchkreuzen wollen. Aufnahmen von Gesichtern, bei denen nicht nur der Bereich von der Nase bis zu den Wangenknochen scharf ist, können Sie mit *"f/32"* versehen, um auch die Haare, den Oberkörper und den Hintergrund scharf zu stellen. Umgekehrt können Sie Angaben von *"f/1"* oder *"f/1.4"* bei Weitwinkelbrennweiten ergänzen und hoffen, dass der Hintergrund ein wenig verschwommener berechnet wird.

Anders herum sollte eine eher größere Brennweite gewählt werden, um den Hintergrund verschwimmen zu lassen. Wollen Sie das Gegenteil im Ergebnis zu sehen bekommen, dann wählen Sie besser eine kürzere Brennweite. Starke Unschärfe ist in etwa bei Brennweiten ab 70 Millimeter sichtbar. Komplett scharfe Bilder erhalten Sie fast immer bei Brennweiten unter 35 Millimeter.

Die Belichtungszeit entschied zu Zeiten richtiger Kameras darüber, ob ein Bild aus der Hand gemacht werden konnte oder ob der Fotograf sein Stativ aufbauen musste. Faustformel für Handaufnahmen war, dass die Brennweite im Teiler der Belichtungszeit ein scharfes Bild ergab und die Kamera in der Hand gehalten werden konnte.

Sollte ein Bild mit einem 50mm-Objektiv aufgenommen werden, dann war die längste Zeit für die Aufnahme ohne Stativ 1/50 Sekunde. Bei Werten darunter, wenn es zu dunkel war, würden die Aufnahmen mit Sicherheit verwackelt – also bewegungsunscharf – sein.

Andererseits entscheidet die Dauer der Belichtung bei bewegten Objekten darüber, ob sie scharf oder unscharf dargestellt werden. Ein laufender Hund wird bei Zeiten von 1/125 Sekunde oder noch kürzer garantiert komplett klar zu sehen sein. Bei 1/4 Sekunde oder noch längeren Zeiten erzeugt das Tier schon einen verschwommenen Streifen auf der Abbildung.

An dieser Stelle müssen Sie beachten, dass bei kleinen (kurzen) Brennweiten ohne Probleme mit längeren Zeiten gearbeitet werden kann, während Teleobjektive ziemlich empfindlich auf lange Belichtungszeiten reagieren.

In der wirklichen Welt hängen alle drei Werte also zusammen (und sind noch von anderen Parametern wie der Empfindlichkeit des Filmmaterials abhängig), während Sie eine künstliche Intelligenz im Gegensatz dazu mit beliebigen Werten füttern könnten, ohne Über- oder Unterbelichtungen zu riskieren.

Prompt: highway at night. 35mm. 2.5s.
KI: Stable Diffusion

Die Verwendung von Belichtungszeiten und Blendenwerten wird in der KI-Praxis viel zu selten genutzt. Mit solchen Werten kann eine Berechnung gezielt zu bestimmten Ergebnissen gebracht werden. Aber die Software weigert sich manchmal, Prompts mit solchen Angaben immer physikalisch korrekt umzusetzen. Probieren Sie einmal *"running dog.*

28mm. 1/2 s." was leider meistens messerscharfe Hunde anzeigen wird. Besser funktioniert das bei anderen Szenen, wo Unschärfe häufiger in richtigen Aufnahmen zu sehen ist (wie der Highway oben).

Bis auf die wirklich praktische und wirkungsvolle Angabe der Brennweite für den Blickwinkel können Sie in der täglichen KI-Praxis zu anderen Begriffen greifen, um die Effekte leichter erzielen zu können – auch ohne sich Gedanken über technische Angaben machen zu müssen.

Es gibt eine Reihe von Stichwörtern, die solche Effekte genauso gut erzeugen und vielleicht noch ein paar weitere hübsche Eindrücke mit ins Bild schieben:

- *"motion blur"* = Bewegungsunschärfe

- *"out of focus"* = optische Unschärfe

- *"long exposure"* = Langzeitbelichtung

- *"blurry background"* = unscharfer Hintergrund

- *"totally sharp image"* / *"no motion blur"* = alle Unschärfe entfernen

- *"sharp background"* = scharfer Hintergrund

Statt nur über scharf oder unscharf zu entscheiden, gibt es weitere Variationen dieses Bild-Effekts: Aus dem Japanischen stammt der Begriff *Bokeh*, mit dem Unschärfe in ein schönes Wort gekleidet beschrieben werden kann. *"beautiful bokeh"* als Prompt sorgt für weiche, stimmungsvoll verschwommene Hintergründe im Bild und ist wahrscheinlich einer der stärksten Begriffe überhaupt, um intensive Abbildungen von Personen zu erzeugen, die nach einem Profi hinter der Kamera aussehen.

Ein anderes Phänomen geht fast in den Bereich der optischen Täuschung. Wenn Motive eine starke Unschärfe im Vordergrund *und* im Hintergrund aufweisen, denkt das Team aus Auge und Gehirn automatisch an die Ablichtung sehr kleiner (kurzer) Objekte und eine Aufnahme im Nahbereich.

Sicherlich haben Sie schon Aufnahmen von Städten gesehen, die wie Szenen aus einer Modelleisenbahn-Landschaft ausgesehen haben. Erst beim genauen Hinsehen ist erkennbar, dass es sich doch um eine reale Szenerie handelt.

Prompt: woman in big city. beautiful bokeh.
KI: Stable Diffusion

Dieser Effekt kann auch im Prompt bestellt werden: KIs reagieren sowohl auf die Stichwörter *"tilt-shift effect"* als auch auf *"miniature effect"*.
In der wirklichen Welt wird – um diesen Eindruck bei normalen Aufnahmen zu erzeugen – die Linse des Objektivs geneigt, sodass sie nicht
mehr parallel zur Filmebene liegt. Diese Technik wurde und wird auch
oft eingesetzt, um bei Aufnahmen von Architektur sogenannte *stürzende
Linien* zu vermeiden.

Beachten Sie dabei, dass bei den Ergebnissen häufig eine extreme Vogelperspektive zu sehen sein wird, denn in der wirklichen Welt kommt
dieser Effekt am besten zur Geltung, wenn die Stadtszenen hoch aus der
Luft aufgenommen werden.

Auch liefern die meisten Modelle keine perfekt parallele Tiefen-Unschärfe, wie sie mit Photo-Software und wenigen Klicks hergestellt werden kann. Auch hier gilt die Empfehlung: Besser woanders machen und nicht in der Bild-KI, wenn es nicht unbedingt sein muss!

WICHTIG

◆ *Es lohnt sich, auch technische Daten im Prompts zu erwähnen.*

◆ *Die Brennweite ist dabei die wichtigste Variable, weil sie stark zur Wirkung eines Bildes beiträgt.*

◆ *Faustformel für bessere Bilder ist die genaue Beschreibung einer (extremen) Perspektive und einer Brennweite.*

◆ *Teleobjektive werden meistens bei Bildern von Personen oder in der Tierfotografie eingesetzt.*

◆ *Bei Portraits können Sie als Standard "85mm, f/2.8" oder "50mm, f/1.4" hinzufügen.*

◆ *Extreme Weitwinkel haben dagegen den Nachteil, dass gerade Linien verzerrt dargestellt werden (bei Brennweiten unter 24 Millimeter).*

◆ *Als bequeme Alternative zu diesen technischen Werten können aber auch weiche Wörter eingefügt werden, zum Beispiel "blurry background" oder "beautiful bokeh" anstelle von "f/1.4".*

Beschreibung: Hier ist das Bild einer Gruppe von Supermodels, die mit einer Holga-Kamera fotografiert werden, was einen vintage und künstlerischen Vibe einfängt. Die Supermodels posieren dynamisch, zeigen ihre Eleganz und ihren Stil vor einem minimalistischen Hintergrund. Die Holga-Kamera, bekannt für ihre Low-Fidelity-Ästhetik, verleiht dem Bild eine einzigartige und charmante Qualität. Die Szene vermittelt ein Gefühl von Zeitlosigkeit, indem sie moderne Mode mit dem nostalgischen Gefühl der Filmfotografie verbindet.

KI: DALL-E & ChatGPT

WILDE KISTE

Neben den technischen Daten gibt es außerdem technische Ausreißer unter den Kameras, die meistens durch ihre schlechte Qualität oder andere Eigenarten teilweise richtigen Kultstatus erreicht haben. In den späten 90er Jahren gab es eine Phase, wo Top-Fotografen nicht mehr mit sündhaft teurem Equipment, sondern mit billigen Plastik-Kameras ihre Aufnahmen gemacht haben, um Auftraggeber wie Konsumenten mit richtig schlechten Bildern zu schockieren.

Technisches Wettrüsten und der Wettkampf um das (technisch) perfekte Bild halten bei Fotografen immer noch an. Es gibt Geschichten über Profi-Fotografen, die bei Sportveranstaltungen oder Konzerten nur zugelassen wurden, wenn Sie mindestens eine Liste im Koffer hatten, die einen fünfstelligen Betrag kostete. Auch heute sind Megapixel, Stabilisatoren und Anzahl der Linsen knallharte Verkaufsargumente für teure Smartphones. Andere Eigenschaften liegen bei der Kaufentscheidung mit großem Abstand dahinter.

Zugpferd der Anti-Technik-Bewegung damals war die *Lomographie*, benannt nach dem Namen eines russischen Herstellers (*Leningradskoje optiko-mechanitscheskoje obedinenije* und im Original auf Kyrillisch: Ленинградское оптико-механическое объединение), der Kameras gebaut hat, die kaum teurer als der Film darin waren, aber nur selten als einen einzigen Wochenendausflug durchhielten.

Bilder im *"lomo style"* zeichnen sich durch knallige Farben und jede Menge optische Fehler aus (Unschärfe und Lichteinfall auf den virtuellen Film in Form von Streifen an den Rändern).

Weil zwischen der Aufnahme und dem fertigen Foto die (lange) Zeit für die Entwicklung liegt, war das Fotografieren mit diesen Kameras ein reines Glücksspiel gewesen, was auch einen Großteil des Reizes ausgemacht hat. Heute ist dieser Stil in *jeder* Foto-App zu finden, um das künstlich-perfekte der Smartphone-Linsen etwas zu durchbrechen.

Eine ganze Liga unter den ohnehin schon billigen russischen Knipsen rangierte die in China gefertigte *Holga 120*. Der niedrige Preis hat dabei tatsächlich seinen Preis: Ein Objektiv aus Plastiklinsen, kaum Möglichkeiten zur Einstellung, feste Belichtungszeiten sowie Ritzen und Öffnungen im Gehäuse machen die Arbeit damit zum reinen Glücksspiel.

Prompt: landscape. holga style.
KI: Stable Diffusion

Aber gerade Unvorhersehbarkeit und jede Menge optische Fehler, die vorher für fotografische Perfektionisten unvorstellbar waren, machten den Reiz dieser Bilder aus. Auch heute wirken die verschwommenen und falsch belichteten Aufnahmen immer noch magisch im Vergleich zu den perfekt-gestylten Aufnahmen, die Kameras und Smartphones mittlerweile fast automatisch auf den Bildschirm zaubern.

Die Ergänzung *"holga style"* im Prompt liefert zuverlässig unzuverlässige Abweichungen von der eigentlich anspruchsvollen Norm fehlerfreier Bilder, wobei die Modelle sich leider einen Rest von Perfektion nicht verkneifen können.

Da bleibt das analoge Original weiterhin unübertroffen. Übrigens können die Kameras immer noch für 30 bis 40 Euro gekauft werden. Aber Vorsicht: Das Teil verlangt nach speziellem Filmmaterial mit der Bezeichnung *Mittelformat*. Das ist noch exotischer als der fast ausgestorbene Kleinbildfilm, schwer bis gar nicht zu bekommen und nach der Aufnahme ebenso mühevoll in ein Foto aus Papier zu verwandeln.

Bei solchen Stilen – und bei ganz vielen anderen, über die Sie weiter unten noch lesen werden – gehen die Rechenmodelle meistens nicht den ganzen Weg bis zum schrägen Ende.

Konkret: Einerseits wirken diese Effekte in der berechneten Welt eher abgeschwächt im Vergleich zum Original, andererseits ist das Spektrum der Stile, die mit solchen Kameras erzeugt werden können, extrem groß: Das Ergebnis hängt nämlich zusätzlich vom benutzten Film, der Beleuchtung und der Arbeit im Fotolabor ab.

Den einen und unverwechselbar typischen Holga- oder Lomo-Stil gibt es also nicht wirklich. Also statt mit einem Prompt unzufrieden zu sein, der diese Stichwörter enthält, sollten Sie zusätzlich weiter erklären, was genau Sie zu sehen bekommen wollen. Zur Orientierung gibt es jede Menge Bücher, in denen verschiedenste kreative Werke dieser Trash-Fotografen bestaunt werden können (empfohlener Suchbegriff *"lomography book"* oder *"lomography style"*).

Prägender und im Stil definitiv einzigartig sind dagegen die alten *Lochkameras (Camera Obscura)*, die gar kein Glas, sondern reine Luft in der Linse haben. Moderne Nachfahren mit ähnlichen Aufnahmen sind *Actioncams* und *360-Grad-Kameras*.

Typisch für alle diese Aufnahmegeräte sind extreme Weitwinkel-Perspektiven mit stark gekrümmten Horizontlinien. Bei den frühen Aufnahmen fehlt die Farbe, dafür rauschen die Abbildungen stark (bezeichnet als »körniger Film« in der Fotosprache) und die Belichtungszeiten betragen teilweise mehrere Stunden, weil nur durch ein winziges Loch fotografiert wird, durch das kaum Licht auf den Film dringt.

Wer einen Eindruck davon bekommen will, wie emotional und eindrucksvoll Bilder mit einer Lochkamera sein können, der sucht im Internet nach dem Fotografen *Volkmar Herre*, der Landschaftsbilder auf und um die Insel Rügen mit dieser Technik gemacht hat.

In der Praxis liefern *"pinhole-camera"* (für viel Vintage im Bild), *"actioncam"* und *"360-degree-cam"* (modern-farbig) relativ gute Ergebnisse. Leider weigert sich Stable Diffusion bei dem Begriff *"camera obscura"* (also *nicht* verwenden), was vermutlich auf zu wenig bis gar kein Bildmaterial beim Lernen schließen lässt.

Wer einen ähnlichen Effekt erzeugen möchte, kann dem Prompt eine Wort-Kette wie *"super wide-angle. grainy. black and white. dark. dusty. vignette. low contrast."* oder auch Teile davon hinzufügen.

Eine Kombination aus Fotoapparat und Filmmaterial sind Sofortbildkameras, bei denen eigentlich die Chemie im Vordergrund der optischen Wirkung steht. Obwohl es sich dabei nur noch um ein Nischenthema für echte Retro-Fans handelt, kennt fast jeder den bekanntesten Vertreter dieser spontanen Spaßfoto-Gattung.

Das *Polaroid* hat bis in die digitale Welt hinein überlebt. Es gibt kaum eine Foto-Filter-App, die den kontrastreichen, dunklen Filter mit den ungleichen weißen Rändern nicht anbietet. Im breiten, unteren Rand war beim Original die Chemie für die Entwicklung untergebracht, die nach dem Auslösen durch Walzen zwischen zwei Folien im Bild gedrückt wurde. Es dauerte knapp eine Minute und brauchte etwas Wärme der Hände, bis das Motiv endlich sichtbar wurde.

Wundern Sie sich nicht, wenn der weltbekannte Rand nicht in den Ergebnissen der KI zu sehen ist. Es gab auch Versionen, wo der Entwicklungs-Chemie-Cocktail wie ein Aufkleber von der Schutzfolie abgelöst wurde (Recycling- und Umweltfreunde wären heute erschüttert über die Menge an Chemieabfall, die diese Technik produzierte). Charakteristisch für diese Sorte Sofortbilder ist trotzdem der weiße und nicht ganz präzise-gerade Rand.

Es gibt noch viele weitere Kamera-Exoten, die auch von den Modellen für virtuelle Aufnahmen benutzt werden können. Ob Ihnen eine hohe Perspektive, eine Luftaufnahme oder der Schnappschuss einer Drohnenkamera besser gefällt, müssen Sie entscheiden.

Damit ist die Auswahl aber lange noch nicht am Ende. Wärmebilder ("thermal image") oder der militärische Look eines Nachtsichtgerätes ("night vision") sind ebenfalls möglich. Und sogar einen Ausflug in die

Medizin können Sie problemlos mit Hilfe Ihres Modells machen. Endo-skop- und Röntgenaufnahmen sind möglich, aber nicht unbedingt origi-nalgetreu und sogar Röntgenbilder und unbezahlbare Kernspintomo-graphien ("*magnetic resonance image*") lassen sich mit Hilfe künstlicher Intelligenz anfertigen.

Prompt: x ray image of a dog
KI: Stable Diffusion

WICHTIG

◆ Spezial- und Kultkameras lassen sich als Stilmittel in den Prompt einfügen.

◆ Die Bandbreite möglicher Bilder ist allerdings größer als zum Beispiel bei Mal- oder Drucktechniken, deswegen ist die Variation bei den Ergebnissen größer.

◆ Spezielle Kameras kennen spezielle Objekte besser als andere Gegenstände. Erwarten Sie deswegen bei exotischen Anfragen keine wirklich überzeugenden Ergebnisse ("x ray image of a coffee mill").

◆ Stellen Sie die Namen der Kameras eher ans Ende des Prompts, dass der Apparat selbst nicht im Bild auftaucht.

Beschreibung: Hier ist ein altes Röntgenfoto einer Kaffeemühle, das den Look früher Röntgenfotografie mit charakteristischer Körnigkeit und begrenztem Kontrast simuliert. Das Bild erfasst die komplizierten internen Komponenten der Kaffeemühle, wie die Mahlwerke, den Motor und die Zahnräder, aber mit dem Vintage-Charme älterer radiografischer Techniken. Dies verleiht dem Bild eine historische und fast geheimnisvolle Qualität, als würde man ein längst vergessenes Stück Technologie durch das Objektiv der Vergangenheit enthüllen.

KI: DALL-E & ChatGPT

Beschreibung: Hier ist das Bild eines Fotografen in der Dunkelkammer beim Entwickeln von Fotos, eingetaucht in das rote Licht der Sicherheitsbeleuchtung. Sie konzentriert sich auf den Prozess, handhabt sorgfältig das Fotopapier und bewegt es durch die verschiedenen Chemikalienbäder. Die Dunkelkammer ist mit Ausrüstung wie Vergrößerungsgeräten, Schalen mit Entwickler, Stoppbad und Fixierer sowie Regalen, die Flaschen mit Chemikalien und Fotopapier halten, gefüllt.

KI: DALL-E & ChatGPT

DIE CHEMIE STIMMT

Filmmaterial und die Arbeit in der Dunkelkammer entsprechen zwar nicht mehr ganz den kreativen Freiheiten, die eine Software zur Bildbearbeitung heute bietet, aber die Arbeiten nach der Aufnahme (Filmentwicklung und das Belichten des Negativs auf Fotopapier) boten viele Möglichkeiten, das Endergebnis noch massiv zu beeinflussen, lange nachdem die Aufnahme *im Kasten* war.

Gehen wir zurück ins vorletzte Jahrhundert und ganz an den Anfang der Malerei mit Licht: Die ersten Fotografien trugen den Namen ihres Erfinders. Der französische Maler Louis Daguerre begründete Anfang des 19. Jahrhunderts die moderne Massenfotografie.

Mit dem Wort *"daguerreotype"* (*Achtung:* komplizierte Schreibweise) im Prompt können Sie sich einen Eindruck davon machen, wie die ersten Fotos ausgesehen haben. Nicht wundern: Der goldene Rahmen, der oft zu sehen ist, gehörte tatsächlich zu den Bildern dazu, die hinter Glas in aufwändigen Etuis mit Samt-Einlage aufbewahrt wurden, weil die Oberfläche der Bilder empfindlich war und nicht berührt werden durfte.

Das *"modern"* im Prompt unten wurde übrigens eingefügt, weil sonst zu viele Stilelemente der damaligen Porträts von der KI auf die Abbildung übertragen werden und der Roboter nach den ersten Versuchen viel zu sehr wie ein 200 Jahre altes Stück Technik ausgehen hatte.

Das gleiche werden Sie mit ernsten Gesichtern erleben, wenn Sie auf diese Weise Motive mit Personen berechnen lassen. Denn Lächeln, Lachen und Grinsen wurden erst viel später beim Fotografieren modern.

Das ist ein Effekt, den Sie an verschiedenen Stellen beobachten werden und auf den sich der KI-Nutzer einstellen muss: Nicht nur die optischen Aspekte eines Schlagworts werden auf das Bild übertragen. Wie Sie oben bereits gesehen haben, erzeugt *"tilt-shift"* häufig Luftaufnahmen. Paris im Prompt zaubert den Eiffelturm herbei. Und Sehenswürdigkeit ohne Menschenmassen ist kaum berechenbar.

Hier ist es genauso: Daguerreotypien stecken nicht nur in einer kleinen Schachtel mit einem hübschen Rahmen, sondern die abgelichteten Personen schauen mit viel Ernst in die Kamera. Das ist – sofern Sie nicht mit passenden Begriffen gegensteuern – in den Ergebnissen deutlich und häufig zu sehen.

Prompt: modern robot. daguerreotype.
KI: Stable Diffusion

Ich bin ein Riesen-Fan historischer Fotos. Stimmungsvolle farblose Szenen und kaum Perfektion im Vergleich zu heute – das übt einen magischen Reiz aus. Von solchen Bildern kann man sich kaum abwenden.

Vor über hundert Jahren wurden zahlreiche Verfahren zum Übertragen der Negative auf Papier entwickelt. Leider funktionieren davon nur
wenige in den künstlichen Intelligenzen. Vermutlich, weil es einfach viel
zu wenige dieser Bilder im Vergleich zum digitalen Massenprodukt gibt.

Hier ein paar Empfehlungen, wenn Sie antike Stimmungen ins Bild
bringen wollen: Der *Bromsilberdruck* ist ein Verfahren zwischen Fotografie und Druck und erzeugt einen sehr künstlerischen Stil ins Bild. Das
Prompt hierfür lautet *"bromide print"*, braucht aber vermutlich ein paar
Rechendurchläufe mehr, bis Sie ein richtig gutes Ergebnis auf dem Bildschirm zu sehen bekommen.

Prompt: landscape. bromide print.
KI: Stable Diffusion

Wegen der knalligen, intensiv-blauen Farbgebung sind *Cyanotypien* Geschmackssache (Prompt-Zusatz: *"vintage cyanotype"*). Das *"vintage"* ist unbedingt erforderlich, weil das Modell sonst eine ganz andere Sorte von Abbildungen auswirft, denn technische Blaupausen (Prompt: *"blueprint"*) werden in der Fachsprache ebenfalls als Cyanotypien bezeichnet. Damit kennen Sie gleich ein Druckverfahren, mit dem Sie beispielsweise tolle technische Pläne von Flugzeugen und Autos erstellen können.

Für stimmungsvolle Bilder von Personen eignet sich neben der Daguerreotypie auch die damals weiter verbreitete – weil viel günstiger herzustellende – *Ferrotypie.*

Prompt: modern elegant woman. tintype
KI: ICBINP

Auf Volksfesten boten Fotografen diese kleinen Fotos auf Metall an (Englisch *"tin"* für Blech), deren Qualität nochmals weit unter der anderer Verfahren lag. Die Bilder waren oft ein nettes Andenken und zeigten meistens Kinder, Pärchen oder die ganze, große Familie in einer düsteren Umgebung.

Für solche befremdlichen wie intensiven Portraits benutzen Sie am besten die Ergänzung *"tintype"* im Prompt. Schon bekommen Sie Ansichten von Menschen aus der virtuellen Vintage-Kamera.

Blechbilder sind in meinen Augen der ultimative Vintage-Stil, um stimmungsvolle Bilder zu berechnen. Die Originale sind oft auf einem Rasen mit Bäumen im Hintergrund aufgenommen worden. Düstere Fotos trotz strahlendem Sonnenschein. Wenn Sie historisch authentische Abbildungen erzeugen wollen, muss das Grün im Prompt extra erwähnt werden. Ein *"garden in background"* erzeugt meistens ein schwach erkennbares Gras um die Füße der abgebildeten Personen oder nur vage angedeutete Bäume, die kaum als solche zu erkennen sind.

Für Landschafts- und Naturaufnahmen besser geeignet ist ein anderes Verfahren, das am Ende des 19. bis ins frühe 20. Jahrhundert populär war. Vor Erfindung des Fotodrucks kauften Touristen statt Postkarten echte Fotografien, um Souvenirs von ihrer Reise mitzubringen.

Albumin-Fotos sind benannt nach dem Eiweiß, das zum Beschichten des hauchdünnen Papiers benutzt wurde. Probieren Sie *"egypt. vintage albumen print"*, um einen Eindruck von den hellbraun gefärbten Bildern zu bekommen, die diese Stichwörter erzeugen.

Nebenbei: Das Verfahren war besonders populär in Italien, Ägypten und auch in Japan, wo Verkäufer die Abbildungen zusätzlich mit zarten Wasserfarben koloriert haben. Probieren Sie *"japanese samurai. colored albumen print"*, was diesen Stil fast naturgetreu imitiert.

Albumin-Originale aus diesen Ländern sind übrigens heute noch für bezahlbares Geld zu kaufen (zum Beispiel in Online-Aktionshäusern auffindbar mit den gleichen Begriffen). Für 25 Euro können bereits faszinierende Originale ersteigert werden.

Wer grafischere Ergebnisse sehen will, kann eine Technik erwähnen, die ebenfalls uralt und zwischen Foto und Druck angesiedelt ist. Die Photogravüre (Stichwort: *"photogravure"*) erzeugt körnige Bilder mit schwachem Kontrast aber reichlich Stimmung im Bild. Bei Personen ist die Menge an Weichzeichner im Bild von kaum einem anderen Stichwort zu überbieten.

Moderne Verfahren lassen sich natürlich genauso gut imitieren, wobei viele Fotografen einen individuellen Stil entwickelt haben (dazu mehr im nächsten Kapitel), der selten zum Generalbegriff in der Dunkelkammer geworden ist.

Prompt: japanese samurai. colored albumen print.
KI: ICBINP

Angesagt war am Ende der analogen und zu Beginn der digitalen Fotografie die möglichst detailgetreue Abbildung und aus Ausreizen der Technik bis an die Grenzen und darüber hinaus (zum Beispiel der maximal mögliche Kontrastumfang von düsteren Schatten bis zum hellsten Licht). In Schwarzweiß werden solche Bilder mit dem Prompt *"fine art print. black and white."* erzeugt.

Auch auf das verwendete Papier (für analoge Belichtung als auch digitalen Druck) reagieren bildgebende Modelle. Mit *"baryta print"* und *"fiber-based photo paper"* lassen sich vor allem in Kombination mit *"black and white"* oder kurz einfach nur *"b&w"* recht schöne Motive in fein abgestuften Graustufen erzeugen. Der Effekt ist allerdings nicht so stark sichtbar. Schwarze Ränder, die früher durch das Belichten entstanden, sind ein typisches Merkmal für diese Art von KI-gerechneten Fotos.

In Farbe wurden Top-Fotografien mit dem so genannten Cibachrome Verfahren hergestellt, das für Papier-Abzüge von Diapositiven entwickelt worden war. Der Zusatz *"cibachrome print"* führt leider oft zu übertriebenen Farbstimmungen, die mit dieser damals herausragenden Technik nicht viel zu tun haben. Der gezeigte Stil erinnert stark an vergilbte Farbfotos aus den 70er-Jahren und hat auch definitiv seinen Reiz.

In zahlreichen Foren wird beschrieben, dass auch konkrete Namen von Filmmaterial als Stilmittel in den Prompt eingefügt werden können. Das funktioniert am besten, wenn Sie die Charaktereigenschaften der Produkte selbst kennen oder erlebt haben.

An dieser Stelle möchte ich nur ein Beispiel erwähnen, das ich in meiner Zeit als Fotograf für eine Tageszeitung selbst benutzt habe: Der Schwarzweißfilm *Kodak Tri X 400* (manchmal auch als *Kodak TRI-X Pan 400 TX* bezeichnet). Das war ein günstiger Film, der in der Dunkelkammer gut zu verarbeiten war. Zahllose Reportagefotografen nutzen dieses Material, nicht nur, weil der Film günstig und unkompliziert zu verarbeiten war, sondern auch, weil damit ein ganz spezieller Bild-Stil erzeugt werden konnte.

Die Ergebnisse sind körnig, haben starke Kontraste und jeder, der Erfahrungen mit diesem Film hat, erkennt damit gemachte Bilder sofort. Auch bei extremen Lichtsituationen, besonders wenn es sehr dunkel war, konnte der *"tri-x pan"* (Stichwort im Prompt) mit der Entwickler-Chemie trotzdem zu recht guten Ergebnissen gebracht werden.

Das Stichwort ist für alle Arten von Motiven gut geeignet, wenn ganz viel Stimmung ohne Farbe gebraucht wird: Fotos von Menschen, Reportage-Motive und Landschaften bekommen ein ganz bestimmtes Aussehen, das optisch nicht perfekt ist, aber gerade deswegen so herrlich realistisch wirkt.

Versuchen Sie *"modern train station at night. tri-x pan"*, um sich selbst einen Eindruck zu machen. Auch hier muss mit dem Hinweis *"modern"* die Vergangenheit aus den ursprünglich gelernten Motiven geräumt werden, sonst werden jede Menge Stil-Elemente aus den 70er- und 80er-Jahren mit eingerechnet.

Ein weiterer Stimmungs-Kracher waren bis Ende der 90er Jahre die aufwendigen und teuren Platin-Prints (der Name ist Programm), die zum Beispiel von *Albert Watson* und *Richard Avedon* benutzt wurden, um feine Schwarzweiß-Fotografien herzustellen.

Die Ergänzung "platinum print" führt nicht unbedingt zu dem, was der Betrachter eigentlich live und Auge in Auge mit einem echten Bild erleben sollte. Bessere Ergebnisse liefert die konkrete Erwähnung tatsächlicher Nutzer, wie zum Beispiel durch das Hinzufügen von *"style of albert watson platinum print"*.

Für weiche und wärmere Brauntöne statt eiskaltem Schwarz kann eine ganze Batterie von Begriffen benutzt werden:

- *brown tone, brown toning*
- *selenium toning*
- *van dyke tone/toning*
- *van dyke brown print*
- *gold tone*
- *sepia toning*

Wenn die KI auf diese knappen Beschreibungen damals ungesunder und langwieriger Prozesse in der Dunkelkammer nicht gut anspricht, kann können Sie ebenfalls etwas längere Formulierungen dafür wie in etwa *"gold toned b&w print"* in den Prompt einsetzen.

WICHTIG

◆ *Fotografische Verfahren (alte und moderne) kennen KIs durch die Beschreibung der Bilder.*

◆ *Ganz frühe Methoden sind für düstere Szene ohne Farbe hervorragend geeignet (Tintypes für Personen, Albumin-Prints für Landschaften).*

◆ *Film-Materialien und Fotopapiere können ebenfalls im Prompt erwähnt werden.*

◆ *Diese Namen und Begriffe sollten Sie am besten erst verwenden, wenn Sie sich vor der Wirkung ein eigenes Bild gemacht haben (zum Beispiel in Museen oder im Internet).*

Beschreibung: Hier ist eine humorvolle Darstellung eines "verrückten" Grafikdesigners, der intensiv an einem Pixelbild auf seinem Computerbildschirm arbeitet, wobei er eine Maus verwendet. Der Grafikdesigner ist mit einem übertriebenen Ausdruck von Fokus und Entschlossenheit gezeigt, möglicherweise mit wildem Haar und eigenwilliger Kleidung, was seine kreative und exzentrische Persönlichkeit symbolisiert. Der Computerbildschirm zeigt eine lebendige und komplexe Pixelkunst-Kreation, mit der der Designer winzige Pixel mit Präzision manipuliert.

KI: DALL-E & ChatGPT

DIGITAL DUNKEL

D ie digitale Dunkelkammer – also eigentlich der Personalcomputer in Kombination mit einem guten Bildbearbeitungsprogramm – bietet heute endlose Möglichkeiten ein Bild zu verändern. Genauso umfangreich ist das Angebot in den zahllosen Filter-Apps, die für das Smartphone angeboten werden.

Schauen Sie sich die Namen solcher Filter an und fügen Sie diese in den Prompt ein. Die meisten davon reagieren deutlich erkennbar mit den Motiven bei der Berechnung. Das gilt vor allem für Farbfilter, Verläufe, Rahmen, Vignetten und so weiter.

Unten sehen Sie eine Liste, was bekannte Programme zu bieten haben und was in den Prompt für den Algorithmus als Stil-Futter übernommen werden kann:

- *"drama effect"* – eher eine weiche Beschreibung, die (vielleicht) für dramatische Lichtstimmungen sorgt / besser *"dramatic lighting"* benutzen

- *"vintage effect"* – unkontrollierbar, aber ganz sicher Fotos aus einer alten Stil-Welt und Zeit / interessant dabei ist, dass die Bilder eher künstlich auf alt gemacht erscheinen (vor allem im Vergleich zu den oben erwähnten Prompts, die alte fotografischer Verfahren beschreiben)

- *"glamour effect"* oder auch *"beauty filter"* – eine Hommage an den Boom der Beauty-Apps / glättet die Haut der abgebildeten Personen und mischt reichlich Kosmetik und intensiv-farbige Kleidung mit ins Bild / nicht wundern, wenn Augen unnatürlich groß ausgegeben werden / ein *"beautiful"* oder *"handsome"* ist im Vergleich die bessere Wahl im Prompt

◆ *"dispersion effect"* – erzeugt eine Art farbige Partikel-Wolke, mischt sich aber gelegentlich auch gerne tief in die abgebildeten Objekte ein

◆ *"glitch effect"* – fügt dem Bild technische Störungen hinzu / ähnelt einem teilweise kaputten Monitor oder Fehlern auf dem Bildsensor der Kamera / damit ist eine Vielzahl optischer Entgleisungen gemeint und entsprechend abwechslungsreich ist die Reaktion der KI auf diese Ergänzung im Prompt

Ein Experiment – extra und ganz speziell für dieses Buch durchgeführt – ist leider gescheitert: Fast jede Social-Media-App verfügt heute über eine Menge eingebauter Effekte für Fotos und Videos und hat diesen auch Namen gegeben. Allerdings reagieren die Modelle darauf nicht. Zum Beispiel *"instagram x-pro II effect"* zeigt keine Ähnlichkeit mit dem, was das Original am Bild verändert.

Die Filter anderer Social-Media-Apps sind der KI genauso unbekannt oder die Effekte sind mit Namen bezeichnet wie *"Ludwig"* und *"Paris"*, die im Prompt garantiert nicht die gewünschte Wirkung haben dürften.

Ein anderer Grund dafür dürfte sein, dass die Benutzer die Stile zwar reichlich anwenden, das aber nicht in der Beschreibung der Bilder in irgendeiner Weise vermerken. Wenn die Spuren der Filter ohne die dazugehörigen Wörter existieren, haben die neuronalen Netze leider nichts, was sie erlernen und danach anwenden könnten.

Der bekannteste digitale Stil in der Fotografie ist das *High Dynamic Range Image* (kurz: *"HDR"*). Während analoge Bilder ihre Grenzen an den physikalischen Eigenschaft der Silber-Beschichtungen auf dem Film hatten, konnte der Kontrast von Bildern in der digitalen Welt über alle Maßen erweitert werden.

Moderne Smartphone-Kameras kombinieren für diesen Effekt ein stark belichtetes und ein schwach belichtetes Bild, um mehr Kontrast in einem einzigen Foto zu vereinen und damit die normalen technischen Grenzen zu überschreiten.

Der Prompt *"HDR"* oder *"HDR image"* spricht bei der Berechnung gut an, allerdings kollidiert bei den Ergebnissen die Vorstellung der Benutzer häufig mit der eigentlichen Absicht, die dieses Verfahren ursprünglich bewirken sollte.

HDR ähnelt der Funktionsweise eines biologischen Auges mehr als der einer Kamera. Wir sind an einem hellen Sommertag in der Lage, den Blick auf eine schattige Stelle zu richten und dort etwas erkennen zu können. Obwohl die Netzhaut einen relativ geringen Kontrastumfang erfassen kann, erkennt der Blick einen Moment später zum Beispiel die Struktur einer viel helleren Wolke.

So sollte bei dem Effekt eigentlich der Kontrastumfang des Bildes nur erweitert werden: In den Schatten und den hellen Stellen sind gleichermaßen Strukturen zu erkennen, was ein richtiger Film in der Regel nicht mehr abbildet. Dort muss entschieden werden, ob die hellen oder die dunklen Stellen noch richtig belichtet sind.

Die ersten HDR-Bilder und diese Einstellung an manchen Smartphones sind kaum als ein richtiger Effekt zu erkennen. Das Foto sieht aus wie ein ganz gewöhnliches Bild, nur dass es besser belichtet ist. Einige Fotografen und später auch Apps haben dieses Stilmittel aber so stark übertrieben, dass viele Menschen bei dem Stichwort an knallbunte, farblich völlig übertriebene Fotos denken.

Diese knallbunte Wunschvorstellung erfüllt die KI nur bedingt. Die meisten Rechen-Ergebnisse weisen eher einen schwachen HDR-Effekt auf. Manchmal schlägt das Ergebnis aber auch um und die Bilder wirken fleckig und wie mit durchscheinender Farbe übermalt.

Wer HDR kontrolliert auf sein Bild anwenden will, sollte nicht unbedingt die künstliche Intelligenz bemühen, sondern eher in die digitale Dunkelkammer umziehen. Mit der Foto-App (am Smartphone oder am Computer) kann die Dosis viel besser reguliert werden.

Selbst mit Zusätzen wie *"decent"*, *"medium"*, *"strong"* oder *"extreme"* lässt sich das Ergebnis zwar auf den ersten Blick etwas in die gewünschte Richtung bringen, aber wirklich unter Kontrolle hat der Benutzer nicht, was die KI als Ergebnisse präsentiert.

Aus der Smartphone-Bildbearbeitung *Snapseed* von *Google* stammt der Begriff *"hdr scape"*, der tatsächlich zu einem gut kontrollierbaren und insgesamt schöneren HDR-Effekt führt. Die Wirkung liegt dabei weit über einer natürlichen Farbgebung, aber gleichzeitig ist sie weder total übertrieben noch weist sie die oben erwähnten Fehler und unschönen Nebeneffekte auf.

WICHTIG

◆ Digitale Bildeffekte verstehen die Modelle problemlos, sofern
  Sie einen markanten Namen tragen ("hdr scape" statt
  "San Francisco").

◆ Die Bezeichnungen in Bildbearbeitungs-Software, Foto-Apps und
  technische Bezeichnungen wirken besser als Namen in Applikati-
  onen, mit denen Social-Media-Bilder bearbeitet werden.

◆ Der Trend geht hin zu Filterpaketen ("beauty filter" oder
  "drama"), wo eine ganze Reihe technischer Änderungen vorgenommen wird, die aber nicht einzeln erwähnt werden. Solche Filter wirken in den KIs eher wenig kontrollierbar, sind aber dennoch im Ergebnis sichtbar.

Beschreibung: Hier ist das Poster eines Skateboarders mit einem Glitch-Effekt, der das Bild verzerrt und lebendig mit unerwarteten Farbwechseln und digitalen Artefakten erscheinen lässt. Der Skateboarder wird mitten in der Aktion erfasst, während er einen Trick mit dynamischer Bewegung und Ausdruck ausführt. Der Glitch-Effekt verleiht dem Poster ein modernes und kantiges Gefühl und betont die Energie und Kühnheit der Skateboardkultur.

KI: DALL-E & ChatGPT

Beschreibung: Hier ist das Bild eines Starfotografen und eines Supermodels in der Wüste bei einem exotischen Modefotoshooting. Die Szene fängt die karge Schönheit der Wüstenlandschaft ein, mit weiten Sanddünen und einem klaren blauen Himmel als Hintergrund. Der Fotograf, ausgestattet mit einer hochwertigen Kamera, ist dabei, das Supermodel zu fotografieren, das eine dramatische Pose einnimmt. Das Supermodel trägt ein atemberaubendes, fließendes Designerkleid, das sich wunderschön von den natürlichen Tönen der Wüste abhebt.

KI: DALL-E & ChatGPT

NAME-DROPPING

Manchmal fällt es schwer, den Namen eines Effekts herauszufinden. Einen Grund dafür haben Sie bereits im vorigen Kapitel erfahren: Gerade bei Bildern in den Social-Media-Kanälen ist nicht angegeben, wie und mit was die Fotos aufgehübscht worden sind. Ein anderer Grund kann sein, dass Fotografen zwar einen unverwechselbaren Stil haben, es aber gar keinen Namen dafür gibt.

Einer der berühmtesten Fotografen überhaupt hat das sogenannte *Zonensystem* (mit-)entwickelt. Das ist für die analoge Fotografie, was HDR bei digitalen Bildern ist. Damit kann – vor allem bei Schwarzweißbildern – der Tonwertumfang durch genaue Messung der Belichtung in Kombination mit einer gezielten Filmentwicklung gespreizt werden.

Ins Englische übersetzt heißt das *"zone system"*, was die digitalen Modelle ganz und gar nicht in eine bestimmte Richtung treibt, weil das so ziemlich alles bedeuten kann, aber nicht nach einem Stilmittel der Fotografie klingt. Mit etwas Phantasie sind in den Bildern Landkarten, Tabellen oder Schaubilder zu erkennen. Es ist aber definitiv keine Kunst, die da zu sehen ist!

Wird der Prompt um den Namen des Erfinders ergänzt, ist der Effekt dieser Technik dagegen sofort im Ergebnis sichtbar. Entweder *"ansel adams effect"* oder auch *"in style of ansel adams"* kreiert wunderbare Bilder mit vielen Details und feinen Abstufungen in den Grautönen.

Ein weiterer Klassiker und besonders gut für eindringliche Abbildungen von Personen geeignet: *Albert Renger-Patzsch* fotografierte mit einem unverwechselbaren Stil, den künstliche Intelligenzen herausragend gut imitieren können – sofern Sie auf der Suche nach eindringlichen Motiven sind, die den Zuschauer Schauer über den Rücken jagen werden.

Ebenfalls unverwechselbar sind die Porträts zahlreicher Stars des niederländischen Fotografen und Regisseurs *Anton Corbijn*. Kräftige Kontraste und eine mystische Unschärfe zeichnen seine Bilder aus (bestes Beispiel und per Suchmaschine zu finden ist das Porträt von *Luciano Pavarotti* aus dem Jahr 1996). Der Stil ist allerdings so markant, dass digitale Kopien dieses Stils am kreativen Werk des Urhebers kratzen könnten. Aber über juristische Aspekte werden Sie weiter unten mehr lesen.

Wenn Sie Namen im Prompt abwerfen, dann sollte es sich um Künstler handeln, die durchgehend einen gleichen Stil benutzen. Probieren Sie den Prompt *"coast. photograph by sebastião salgado"*, der Ihnen für den Künstler ganz typische Naturaufnahmen liefert, die Schwerpunkt und Leidenschaft des brasilianischen Fotografen sind.

Bei Aufnahmen von Personen hat der Name (leider) starke Nebeneffekte, denn Salgado lichtet hauptsächlich Menschen aus Völkern ab, die tief im Dschungel oder in anderen abgelegenen Teilen der Welt leben.

Die Spuren und Kennzeichen dieser Naturvölker sind aus den Abbildungen kaum herauszubekommen. Um sich davon einen Eindruck zu machen, probieren Sie *"woman. photograph by Sebastião Salgado"* und ersetzen Sie bei weiteren Versuchen das Wort *"woman"* gegen *"modern, young woman"*, was kaum veränderte Ansichten berechnet.

Hat ein Fotograf keinen festgelegten Stil, sind die Ergebnisse natürlich weniger prägnant. Probieren Sie dafür zum Beispiel *"Ellen von Unwerth"* als ergänzende Stilvorlage für ein paar Durchläufe. Die Deutsche fotografiert viele Stars und für Modemagazine, so dass bei den künstlichen Imitaten oft eher die Motive durchscheinen (Models in Fashion-Posen / vielleicht am besten beschrieben mit »*Madonna in den 90er Jahren*«), als eine klar erkennbare visuelle Stilrichtung.

Generell funktionieren Namen von Fotografen bei den Berechnungen eher nicht so gut. Ein paar Berühmtheiten mit unverwechselbarem Stil lassen sich einfach ins Bild mischen. Aber probieren Sie *"sports car in style of peter beard"* – legendärer Künstler mit ganz eigenem Stil, aber unsichtbar auf den gerechneten Ergebnissen. Auf *"jan saudek"* reagieren die Modelle, aber der einzigartige Stil des tschechischen Fotografen bleibt den Originalen vorbehalten (etwas besser wird es übrigens mit *"style of jan saudek. delicate. colorized. mystic atmosphere. less green, more brown"*). Auf viele andere reagieren die Modelle gar nicht, was unterschiedliche Gründe haben kann.

Statt Namen von Fotografen zu verwenden, würde ich Ihnen tendenziell eher raten, die gewünschten Effekte mit Worten zu beschreiben – wozu auch Bild-Laien in der Lage sind (wie bei Jan Saudek oben).

Bei grafischen Abbildungen (Gemälde und Zeichnungen) fällt es uns dagegen leichter, den Namen eines Künstlers zu nennen, dessen Stil wir gerne berechnet haben wollen. Aber davon werden Sie in einem der nächsten Kapitel weiter unten lesen.

WICHTIG

◆ *Verwenden Sie Namen von Fotografen nur, wenn diese konstant mit einem unverwechselbaren Stil gearbeitet haben (was selten der Fall ist).*

◆ *Stattdessen sollten Sie besser zur detaillierten Beschreibung der gewünschten Effekte greifen.*

◆ *Denken Sie daran, dass die Übernahme eines einzigartigen Stils eine Verletzung der Rechte des Künstlers bedeuten kann.*

Beschreibung: Hier ist eine humorvolle Szene einer Druckmaschine, die außer Kontrolle geraten ist und Papier in einer chaotischen, aber komischen Art und Weise überall verstreut. Die Maschine ist überlastet, mit Papier, das in alle Richtungen fliegt und ein Chaos im Druckraum verursacht. Einige verwirrte Arbeiter versuchen, die Kontrolle zurückzugewinnen, mit übertriebenen Ausdrücken von Schock und Verwirrung. Die Szene ist mit lebendigen Farben gefüllt, was die Absurdität der Situation unterstreicht.

KI: DALL-E & ChatGPT

DRUCK MACHEN

Über Blaupausen (*"blueprint"*) haben wir bei den historischen fotografischen Verfahren bereits gesprochen. Bei Bauplänen hat das früher nichts mit künstlerischer Fotografie zu tun, sondern war ein Verfahren, um diese Pläne und Zeichnungen schnell und günstig zu vervielfältigen, bevor der Fotokopierer erfunden worden war..

Moderne Druckverfahren sind deutlich weniger auffällig als historische Techniken, weil es heute wieder eher um realistische Verfahren der Abbildung geht, die sich keine künstlerischen Aspekte mehr leisten können – das übernimmt heute voll und ganz der Fotograf im Studio oder am Computer.

Stich und Schnitt gehören zu den ersten Methoden, um Bilder in der Druckerpresse zu erzeugen und in größeren Mengen herzustellen. Der Schnitt (zum Beispiel auf Holz- oder Linoleum-Platte) ist die gröbere Technik und erzeugt wunderbare grafische Ansichten der beschriebenen Motive.

Fügen Sie "woodcut print style" in Ihren Prompt ein und schauen Sie sich die Ergebnisse an. Für den noch einfacheren Kartoffeldruck habe ich bisher noch keine guten Reizwörter gefunden, die so etwas auf den Bildschirm zaubern können (freue mich unbedingt über Anregungen ganz unten im Kapitel Kontakt). Noch reduzierter geht es nur mit Prompt-Ergänzungen wie *"cave painting"* (übersetzt: *"Höhlenmalerei"*), was allerdings nicht in dieses Kapitel gehört, weil das keine Drucktechnik ist.

Am Bild unten – so einfach es aussehen mag – wird wieder die große Stärke bildgebender KIs gegenüber anderen Formen der Bildbearbeitung und -erzeugung sichtbar: Obwohl es mittlerweile gute Filter- und Effektprogramme gibt, lässt sich so eine Grafik nicht mit Hilfe eines Aus-

gangsbildes und ein paar Veränderungen daran erzeugen. Die KI rech-
net tatsächlich völlig eigenständige Bildwelten zusammen, wo Nicht-KI-
Benutzer nur noch zu Stift und Papier greifen können.

Prompt: diver. woodcut print style.
KI: Stable Diffusion

Das professionelle Pendant des simplen Stichs wird mit der Ergänzung
"etching print style" oder *"highly detailed etching print"* im Prompt erzeugt, wobei Stiche wegen ihrer altertümlichen Anmutung im Moment
nicht sehr gefragt sind.

Kinderbuch und Magazin-tauglich dagegen ist die so genannte *Risographie ("risograph print"* im Prompt). Das Zylinder-Druckverfahren erzeugt herrlich bunte und grafische Abbildungen. Das einfarbige

(schwarze) Pendant dazu ist der Linoldruck. In der Schule hat sicher jeder an den zähen, braunen Platten herumgekratzt. Wunderbare, scharfe und klare Drucke in diesem Stil erzeugt *"linocut"* als Prompt-Gewürz.

Prompt: flower. linocut
KI: Stable Diffusion

Angesagt dagegen ist diese Technik in einem anderen Zusammenhang: Motive im Stil von Banknoten mit feinen Linien und leuchtenden Farben (Ausnahme ist die immergrüne amerikanische Dollarnote) lassen sich *leider* mit *"paper money style"*, *"on dollar bill"* (die besten Ergebnisse) oder *"on bank bill"* nur bedingt berechnen. Vielleicht liegt es an juristischen Einschränkungen, dass (zumindest) in Deutschland Banknoten auch als Spielgeld dem Original nur sehr entfernt ähnlich sehen dürfen.

Hier können die Programmierer definitiv nachbessern, denn wer sich die wunderschönen Zeichnungen auf dem aussterbenden Papiergeld jemals aus der Nähe und in Ruhe angesehen hat, würde sich eine Möglichkeit wünschen, diesen Druckstil in hoher Qualität nachahmen und auf andere Motive übertragen zu können.

Ein weiteres Relikt aus den 70er und 80er Jahren ist der Nadeldrucker - zwar keine industrielle Drucktechnik für hohe Auflagen, aber mit dem Charme einer Keilschrift aus dem frühen Computerzeitalter.

Fast ausgestorben, rattert er nur noch gelegentlich in Arztpraxen, wo Rezepte für Medikamente und Durchschläge benötigt werden. Vermutlich liegt es auch hier wieder am Mangel von Lernmaterial, denn ein Prompt, der *"dot matrix printer style"* enthält, braucht einige Durchläufe, bis das eine oder andere vernünftige Ergebnis angezeigt wird. Auch Experimente, Bilder im ähnlichen Kassenzettel-Stil (*"cash receipt style"* oder *"thermo print. black and white"*) zu erzeugen, scheiterten leider bisher an den geringen Kenntnissen der KI von solchen Themenfeldern.

Ein weiterer Grund dürfte sein, dass KIs mit sehr symmetrischen Inhalten – und das sind diese Linien-Bilder – nicht besonders gut umgehen kann (Stichwort: *"Tastatur"*). Auch weiter unten im Kapitel über Computer-Grafik werden wir uns nochmal diesem Problem widmen.

Es würde den Umfang dieses Buchs sprengen, alle kreativen Druckverfahren in diesem Kapitel aufzulisten. Ich kann Ihnen empfehlen, mit offenen Augen durch Antiquariate und Kunstbuchhandlungen zu stöbern und nach besonderen und besonders auffälligen Abbildungen Ausschau zu halten.

Nebenbei: Ein Bekannter von mir, der ebenfalls intensiv mit bildgebenden KIs arbeitet, hat sich auf seinem Smartphone ein Album angelegt, das er treffend als *Style-Book* betitelt hat. Darin sammelt er Abbildungen mit auffälligen und einzigartigen Stilen.

Außerdem gibt es bereits Möglichkeiten, Stile von Bild zu Bild mit Hilfe von KIs zu übertragen. Auf YouTube sind zahlreiche Videos zu finden, wo dies mit der *Image2Image*-Funktion von Stable Diffusion und bestimmten Einstellungen zumindest rudimentär umgesetzt wird.

Einen ganz fremdartigen Still sollten Sie zum Schluss dieses Kapitels unbedingt ausprobieren: Mit der Ergänzung *"batik"* entsteht eine Textil-Maltechnik aus Indonesien, die nichts mit verknoteten und eingewickelten T-Shirts in grellen Farben zu tun hat, mit denen Sie diesen Begriff vielleicht auf den ersten Gedanken verbinden.

Prompt: rabbit. batik.
KI: Stable Diffusion

Beim genauen Vergleich werden Sie beim Ergebnis oben – wie bei vielen anderen Stilen auch – feststellen, dass die Original-Drucktechnik in Farben und Formen von der KI-Version abweicht. Das hat auch seinen Reiz, kann allerdings dann stören, wenn Sie eine exakte Übernahme einer Vorgabe brauchen. Andererseits müssen Sie bei Online-Bildsuchen zum Vergleich beachten, dass diese immer verhältnismäßig wenige und populäre Ergebnisse präsentiert.

Das können Sie bei einem anderen Thema gut ausprobieren: Geben Sie in das Suchfeld den Namen einer bekannten Sehenswürdigkeit ein, zum Beispiel *Ayers Rock* in Australien. Sie werden seitenweise die exakt gleiche Ansicht zu sehen bekommen. Obwohl – und das können Sie sich ebenfalls gut vorstellen – könnte der Berg auf so viele unterschiedliche Arten, Stile und aus tausenden von Perspektiven abgebildet werden.

Auch KIs leiden darunter, dass bestimmte Motive auf diese Weise mit diesen klischeehaften Bildern überfrachtet trainiert worden sind. Wie im Kapitel oben bereits gezeigt, kommt zum Beispiel die Stadt Paris fast niemals ohne das Motiv des Eiffelturms aus dem Modell heraus. Gleiches gilt für optische Stile und grafische Techniken. Zumindest dann, wenn diese selten sind oder durch ein einziges Motiv geprägt worden sind.

WICHTIG

◆ *Traditionelle Druckverfahren funktionieren besser im Prompt, weil diese noch weit weg von der realistischen Wiedergabe eingesetzt wurden und einen unverwechselbaren Stil haben.*

◆ *Bei Druckverfahren mit symmetrischen Mustern (Banknoten, Matrix-Drucker) versagen KIs, weil regelmäßige Linien und Punkte selten gut berechnet werden.*

◆ *Bestimmte Druckverfahren erzeugen sehr grafische Ergebnisse, wie zum Beispiel der Linolschnitt ("linocut") oder die Risographie ("risograph print").*

Beschreibung: Hier ist ein humorvolles Bild einer Frau, die auf chaotische, aber lustige Weise Farben mischt. Sie ist umgeben von zahlreichen Farbdosen und Pinseln, mit Farbspritzern, die ihr Gesicht, ihre Kleidung und die Umgebung bedecken. Ihr Ausdruck ist einer der Überraschung und Freude, als sie versehentlich unerwartete Farbkombinationen kreiert. Die Szene ist lebendig und farbenfroh, erfüllt von einem Gefühl der Freude und einer wild gewordenen Kreativität.

KI: DALL-E & ChatGPT

Beschreibung: Hier ist das Bild eines alten Künstlers, der den Eiffelturm abzeichnet. Mit großer Sorgfalt und Detailtreue fängt er die ikonische Struktur ein. Der Künstler, dessen jahrelange Erfahrung in seinem nachdenklichen Ausdruck und geschickten Händen erkennbar ist, sitzt auf einem Hocker vor dem Eiffelturm und ist tief in seine Arbeit vertieft. Er hat ein Skizzenbuch auf seinem Schoß und eine Vielzahl von Bleistiften und Kohlestiften an seiner Seite, mit denen er die Schönheit des Turms auf Papier zum Leben erweckt.

KI: DALL-E & ChatGPT

STRICH FÜR STRICH

Bei Zeichnungen und Grafiken übertrifft die KI die Fähigkeiten der Filter-Apps – jedenfalls solange typische Eigenschaften nicht überschrieben werden müssen. Kinderzeichnungen im Designer-Look oder Bleistift-Skizzen ohne Schraffuren sollten Sie von den KIs nicht abverlangen und gleichzeitig zu hohe Erwartungen an die Ergebnisse haben.

Probieren Sie *"drawn with crayons. rich colors"* für eine farbintensive Darstellung, die – wenig überraschend – wie eine Kinderzeichnung aussieht. Wer dagegenhalten und einen reiferen Stil mit den gleichen Mitteln erreichen will, muss mit der erweiterten Fassung *"drawn with crayons by an adult"* gezielt virtuelle Erwachsene ans Zeichenbrett lassen.

Werke in Wasserfarben (*"painted with watercolors"*) stammen dagegen an der virtuellen Staffelei wiederum eher aus der Hand von erwachsenen Malern. Wobei das auch stark abhängig vom Motiv sein kann: Bei einer *Brücke* ist eher ein digitaler ausgewachsener Künstler am Werk, während bei *Schneemännern* die Stifte von digitalen Kinderhänden geführt werden. Also gilt: Haben Sie keine Hemmungen, dem Modell zu sagen, wer den Stift über das Papier ziehen soll, dann gibt es nach der Wartezeit keine Überraschungen und keine Enttäuschungen.

Wenn der Algorithmus scharfe Skizzen mit feinen und präzisen Linien hervorbringen soll, wird es wieder leichter: Bleistift und Tusche lassen sich einfach herstellen. Entweder mit *"drawn with pencil"* oder *"drawn with ink"* als Ergänzung im Prompt und ganz nach Bedarf spezieller künstlerischer Leistung.

Wir müssen für die fantastischen Ergebnisse vermutlich den zahllosen Hobby-Zeichnern danken, die ihre Werke digitalisieren und ins Internet einstellen. Diese Bilder sind die Grundlage dessen, was die künstliche Intelligenz uns so wunderbar perfekt präsentiert.

Prompt: snowman. drawn with watercolors.
KI: Stable Diffusion

Netter Nebeneffekt, der vermutlich aus den Sozialen Medien stammt:
Auf manchen Bildern ist nicht nur die Zeichnung, sondern auch die Ränder des Blattes auf einem Tisch und der Malstift abgebildet. Eine klassische Szene aus dem Alltag eines Zeichners, mit eingerechnet in eine künstlich erzeugte Wirklichkeit.

Bei der Tusche (*"ink drawing"*) sind die Ergebnisse im Vergleich zur Bleistiftzeichnung nicht so gut. Der Grund dahinter mag die Tatsache sein, dass die düstere Flüssigkeit in zahlreichen Teilen der Welt für Zeichnungen in ganz unterschiedlichen Stilen benutzt wurde. Denken Sie sowohl an kratzende, spitze Feder europäischer Präzisionszeichner gegen die weichen Pinsel chinesischer Tusche-Maler.

Prompt: man. drawn with pencil.
KI: Stable Diffusion

Die Vielfalt ist schon bei der Übersetzung des Wortes ins Englische zu erkennen, denn es wird im Wörterbuch von *"black ink"*, von *"indian ink"* oder von *"chinese ink"* gesprochen.

Vergleichen Sie im Selbstversuch, wie stark sich die Stile beim Einsatz dieser drei Varianten voneinander unterscheiden. Vor allem chinesische Tuschebilder mit ihren typischen, roten Signaturen der Künstler weichen stark von dem ab, was in Europa unter einer Skizze mit Tusche in Verbindung gebracht wird. Dagegen wurde (offensichtlich erkennbar) bei der indischen Variante auch die Verdünnung mit Wasser praktiziert, was Bilder erzeugt, die wie eine Mischung aus Wasserfarbe, Strichzeichnung und Schwarz-Weiß-Foto aussehen.

Prompt: skateboarder. india ink drawing.
KI: Stable Diffusion

WICHTIG:

◆ *Zeichnungen sind eine der großen Stärken von KIs, allerdings wird der Stil eines (Bleifstift-)Bildes im Geiste des Betrachters oft rasch im Bereich der Hobby-Künstler eingeordnet.*

◆ *Zeichenwerkzeuge haben häufig bestimmte Altersgruppen (Wachsmalkreide, Tuschefeder) und entsprechend sehen die Resultate aus. Wenn Sie trotzdem einen Erwachsenen oder ein Kind malen lassen wollen, dann muss das im Prompt erwähnt werden.*

- *Häufig benutzen Künstler Mischungen verschiedener Techniken (Tuschezeichnungen werden mit Aquarellfarbe koloriert oder mit Bleifstift vorgezeichnet). Auch solche Kombinationen können reizvolle Bilder ergeben.*

- *Der Linoleumschnitt ist auch hier wieder eine gute Alternative, wenn Sie vereinfachte Bilder mit klaren Konturen und hohem Kontrast benötigen (Prompt-Stichwort "linocut").*

Beschreibung: Hier ist das Bild eines Bildhauers, der eine abstrakte Skulptur erschafft. Der Künstler ist fokussiert und vertieft in seine Arbeit, nutzt Werkzeuge, um das Material in eine einzigartige und faszinierende Form zu bringen. Die Skulptur selbst ist eine Mischung aus organischen und geometrischen Formen, die traditionelle Kunstwahrnehmungen herausfordert und Betrachter dazu einlädt, ihre Bedeutung zu interpretieren. Die Szene ist in einem mit natürlichem Licht gefüllten Atelier angesiedelt, was die Texturen und Details der Skulptur und des kreativen Prozesses hervorhebt.

KI: DALL-E & ChatGPT

PINSELSTRICH
IN PIXELFORM

B ei bekannten Künstlern haben Sie freie Auswahl mit hoher Treffsicherheit: *Die künstliche Intelligenz kennt sie alle!* Ob Claude Monet, Frida Kahlo, Jackson Pollock, Pablo Picasso, Gustav Klimt und Vincent van Gogh. Ein *"painted by..."* oder *"... style"* genügt, um ein sofort erkennbares Kunstwerk aus prominenter Hand zu erschaffen.

Bedenken Sie, dass Kleidung, Gegenstände, Landschaften und viele andere Dinge aus der jeweiligen Epoche mitgeschleift werden. Das macht durchaus Sinn: Wenn die typischen Elemente der Zeit nicht zu sehen wären, dann würde der Pinselstil vielleicht nicht genügen, um eine so leicht erkennbare Imitation zu erschaffen.

Probieren Sie es selbst! Der modifizierte Prompt vom Berthe-Morisot-Bild unten weigerte sich teilweise, überhaupt etwas Ansehnliches zu zeigen. So braucht auch *"astronaut. painted by berthe morisot"* ein paar Versuche, bis überhaupt ein Astronaut im Bild auftaucht – und der sieht weder gut noch technisch korrekt abgebildet aus. *Die Zeit hat ihren Stil und der Stil hat seine Zeit!*

Weniger konkret auf einen bestimmten Künstler gemünzt, aber immer noch hochgradig richtig ist das Zufüttern von künstlerischen Epochen und Stilen wie zum Beispiel Realismus, Symbolismus, Surrealismus (eher widerspenstig), Jugendstil, Pop-Art und so weiter.

Ob nun mit dem Künstler *"alfons mucha"* oder *"art nouveau"* (übersetzt: *"Jugendstil"*) gearbeitet wird, spielt in dem Fall fast keine große Rolle, weil Mucha wohl der Klischeekünstler dieser Epoche schlechthin gewesen ist. Wobei Bilder mit *"mucha"* im Prompt mehr detaillierte florale Muster aufweisen als bei reiner Verwendung der Epoche.

Prompt: skateboarder. berthe morisot style.
KI: Stable Diffusion

Wer einen persönlichen Stil braucht, kommt natürlich mit der Epoche nicht weit. Der Maler *Oskar Schlemmer* war zwar am *Bauhaus* aktiv, aber beide Begriffe im Prompt verfehlen leider seinen typischen Malstil (Vergleichen Sie mit Hilfe der Suche nach Schlemmers bekannter *Bauhaustreppe*). Ähnliches gilt für die Künstlergruppe *"Der blaue Reiter"*, die zu vielseitig war, um eine konkrete Richtung in die Bilder zu bringen.

Der Prompt *"astronaut like der blaue reiter"* funktioniert zwar, liefert aber eher banale und stimmungsfreie Ergebnisse. Paul Klee, Franz Marc, Gabriele Münter, Lyonel Feininger und alle anderen hatten doch ihre sehr eigene Richtung, die in jedem Fall zu deutlich leichter (wieder-)erkennbaren Bildern führt.

Prompt: astronaut in style of self portrait of albrecht dürer
KI: Stable Diffusion

Versuche, einen Bilderwunsch an ein konkretes Gemälde zu binden, scheitern leider im Moment noch bei den bildgebenden Intelligenzen. Der Prompt *"astronaut like mona lisa of leonardo da vinci"* oder *"astronaut in style of self portrait of albrecht dürer"* zeigen lediglich ein leicht verändertes Original, bei dem nicht der Ansatz des eigentlich gewünschten Motivs zu sehen ist.

Mit ganz viel Geduld habe ich es beim zweiten Prompt irgendwann doch geschafft, Mischlinge aus beiden Motiven zu erhalten. Diese entsprechen allerdings in Stimmung und Anmutung kaum dem Original. Hier kann die KI kein optisch reizvolles Werk erzeugen.

WICHTIG

◆ *In der Malerei ist der Name des Künstlers oft die bessere Wahl. Dies führt allerdings häufig zu einem klar erkennbaren Gemälde.*

◆ *Wer einen bestimmten Stil ins Bild bringen will, muss mit den allgemeinen Bezeichnungen experimentieren. Das funktioniert in bestimmten Fällen ganz gut (Kubismus, "cubism") und bei anderen gar nicht (Surrealismus, "surrealism").*

◆ *Wer einen Stil ohne konkreten Künstler schaffen will, sollte sich auf ausführlichere Beschreibungen fokussieren. Fachbegriffe wie "impasto" (dick aufgetragene Ölfarbe) oder "gouache" (eine spezielle Wasserfarbe) können hier helfen. Versuchen Sie mit solchen Entwürfen: "horse. cubism style. matte impasto oil painting on structured canvas. rough brushstrokes. decent colors".*

Beschreibung: Hier ist das Bild eines Graffiti-Künstlers in San Francisco, der an einem lebendigen und aufwendigen Wandbild auf einer Stadtmauer arbeitet. Die Szene zeigt den Künstler bei der Arbeit, mit einer Spraydose in der Hand, während er farbenfrohe Designs und Botschaften in die städtische Landschaft einfügt. Das Wandbild spiegelt die kulturellen und sozialen Vibes von San Francisco wider, mit Verweisen auf seine ikonischen Wahrzeichen, vielfältigen Gemeinschaften und progressiven Geist.

KI: DALL-E & ChatGPT

Beschreibung: Hier ist ein humorvolles Bild eines Künstlers in einem riesigen Mixer, das den kreativen Prozess auf spielerische Weise übertreibt. Der Künstler, umgeben von Farbtuben, Pinseln und Leinwänden, scheint seine Ideen und Kunstbedarf im Mixer zu mischen, als würde er ein neues Meisterwerk erschaffen. Der Ausdruck des Künstlers ist einer der Überraschung und Belustigung, was zur heiteren und skurrilen Natur der Szene beiträgt.

KI: DALL-E & ChatGPT

ZU ABSTRAKT ZUM BERECHNEN

Besonders reizvoll ist die Idee, Konzepte abstrakter Künstler mit realen Objekten zu vermischen. Wenn auf der Leinwand noch halbwegs etwas zu erkennen ist, zum Beispiel bei *Pablo Picasso*, geht das leicht vom Prompt zu einem sehr ähnlichen Ergebnis.

Auch in den Originalen von *Salvador Felipe Dali* sind noch konkrete Personen und Tiere erkennbar, sodass die mathematischen Modelle Formen in diesem Stil erzeugen können – die denen des digitalen Picasso in nichts nachstehen, obwohl die Gemälde-Menge des berühmteren und produktiveren der beiden Spanier in den Trainingsdaten weitaus größer sein dürfte.

Nebenbei: Beide großen Namen versagen aber auch wieder bei der Kombination mit modernen Motiven. Probieren Sie zum Beispiel den Prompt *"female programmer painted by salvador dali"*, der zwar eine Frau, aber keinerlei Computertechnik im Bild berücksichtigt – was übrigens bei modernen, zeitgenössischen Künstlern auch nicht viel besser funktioniert, weil kaum ein Maler Abbildungen von Computern auf Leinwand und Papier bringt.

Manchmal klappt es aber doch! Richtig interessant sind die Ergebnisse zum Prompt *"sportscar. salvador dali style"*. Obwohl das meiste davon grafisch nicht verwertbar oder gar nicht erkennbar ist, bietet dieser Prompt und ein paar Durchläufe einen interessanten Einblick in die elektrische Denkweise der bildgebenden Modelle.

Ich habe – ohne große Erwartungen – den Prompt *"skateboarder painted by georg baselitz"* versucht, der tatsächlich Ergebnisse geliefert hat, in denen der Stil dieses fantastischen Künstlers mit dem angefragten Sportler zumindest in Ansätzen kombiniert wurde.

Prompt: sportscar. salvador dali style
KI: Stable Diffusion

Und was ist mit den Werken von Künstlern, bei denen auf der Leinwand gar nichts Konkretes mehr zu erkennen ist? Schon beim abstrakten Expressionisten *Marc Rothko* versagt der Wunsch nach einem einfachen Clown (*"clown painted by mark rothko"*).

Zwar ist eine Kombination der intensiven Rechtecke mit den weichen Kanten und ein paar typische Dinge aus den Requisiten eines Clowns zu erkennen, aber wahrscheinlich hätte der amerikanische Künstler so etwas damals völlig anders gemalt, als die KI es heute nachahmt.

Ähnlich störrisch reagieren die Modelle auf andere berühmte Verweigerer erkennbarer Objekte, obwohl sie diese beim Training mit Sicherheit erlebt haben. Joan Mitchell, Gerhard Richter, Jackson Pollock, Wassily Kandinsky und viele andere weigern sich bei der Kombination mit konkreten Begriffen im Prompt.

Was allerdings funktioniert, ist die reduzierte Aufforderung *"painting by..."* ohne jede weitere Ergänzung. Dann hat die künstliche Intelligenz die Freiheit, nur den Stil ohne festgelegte Objekte ins Bild zu bringen.

Die Ergebnisse ähneln den erwähnten Künstlern, kommen aber an die Originale nicht heran, weil immer irgendwelche anderen grafischen Elemente dazu gemixt werden, wodurch die Bilder entschärft oder verwässert aussehen.

Bitte achten Sie darauf, dass Kreativität durch Recht und Gesetz geschützt ist. Imitationen werden von Luxusmarken-Betreibern konsequent mit Legionen von Anwälten verfolgt, weil billige Nachbildungen sonst hochwertiger Taschen und Uhren das Image dieser Firmen schädigen und teuerste Artikel als Fälschung an jeder Ecke von jedermann getragen werden.

Den unverwechselbaren Stil eines Künstlers von einer künstlichen Intelligenz nachahmen zu lassen – auch wenn derjenige das exakte Bild mit Sicherheit niemals gemalt hat – ist ebenfalls die Aneignung der kreativen Leistung eines Menschen.

Ich will und kann an dieser Stelle keinen juristischen Rat geben, aber von der öffentlichen oder sogar kommerziellen Verwendung solcher Fälschungen sollten Sie absehen.

Einfach gesagt: Ideenklau ist Diebstahl! Aber mit einer KI können Sie genauso einfach kreative Werke erschaffen, die nichts und niemandem ähnlich sehen und trotzdem sehr interessant wirken können. Immerhin hat die künstliche Intelligenz beim oben erwähnten Experiment im Wettbewerb gegen Profi-Künstler den Geschmack der Befragten besser getroffen als die kreativen Menschen.

Wirklich außergewöhnliche Werkzeuge stehen Ihnen mit bildgebenden KIs zur Verfügung, die immer neue Varianten von Bildern erstellen können, ohne aus der kreativen Puste zu kommen.

Beschreibung: Das Monster ist farbenfroh und spielerisch, mit übertriebenen Merkmalen wie überdimensionalen Augen und einem breiten Grinsen. Es ist halb auf dem Papier, mit einem Fuß noch in der gezeichneten Landschaft und dem anderen, der in die reale Welt tritt. Die Szene fängt den Moment des Übergangs ein, mit der Zeichnung auf dem Tisch und Kunstbedarf, der verstreut herumliegt, was den kreativen Prozess hinter dem zum Leben Erwecken dieser fantastischen Kreatur andeutet.

KI: DALL-E & ChatGPT

WEG VON FLACH

W er lange mit bildgebenden KIs arbeitet, verfällt schnell in die Gewohnheit, das neuronale Netz zu unterfordern und wie die Mischung aus Kamera und Foto-App eines Smartphones zu nutzen. Machen Sie sich bewusst, dass aber sehr viel mehr möglich ist und sich die KI beim schlichten Nachbilden von Standard-Motiven nur langweilt (obwohl sich KIs in Wirklichkeit natürlich nicht langweilen können).

Denken Sie einfach mal in einer Dimension mehr: Auch Skulpturen berühmter Künstler lassen sich mit den Vorstellungen von eigenen Objekten vermischen. Dabei gibt es allerdings wiederum ein paar Einschränkungen. Neben der oben bereits erwähnten Un-Flexibilität, was die Mischung alter Meister mit modernen Gegenständen betrifft, spielt bei Skulpturen auch die Art der Dokumentation der echten Werke eine große Rolle, denn vieles davon wird in Museen mit entsprechender Beleuchtung und langweiligen Hintergründen abgelichtet.

Probieren Sie zum Beispiel den Prompt *"dancer as giacometti sculpture. bar in the background. people standing around talking"*. Auch wenn die Ergebnisse nicht besonders gut aussehen, so sind sie doch ein gutes Lehrstück, denn die KI schafft es – zumindest in diesem Fall – fast nie, die Beleuchtung der Figuren mit denen des Hintergrunds auf einen passenden gemeinsamen Nenner zu bringen.

Die Ergebnisse bei dreidimensionalen Skulpturen sind insgesamt durchwachsen. Der Standard-Versuch mit *"astronaut as a marble sculpture of michelangelo"* scheitert bei der Verbindung zwischen Renaissance und Weltraumtechnik. Knubbelig bis völlig unkenntlich ist das, was Stable Diffusion auswirft.

Gleiche Schwierigkeiten treten beim Zeitgenossen *Jeff Koons* auf, der eigentlich wunderbare Skulpturen erschafft, die aus metallisch-glänzenden Luftballons in knalligen Farben bestehen (schauen Sie sich unbedingt seine legendären *Balloon Dogs* an). Die Modelle ignorieren Prompts dieser Art völlig. Der Umweg über einen Ballonkünstler funktioniert etwas besser, aber den Bildern fehlt die Coolness des amerikanischen Ausnahmekünstlers. Leider!

Reale Figuren müssen nicht immer Kunst sein. Lustige bis faszinierende Ergebnisse produzieren auch Prompts aus dem Kinderzimmer. Spielzeug-Figuren verschmelzen mit realen Objekten und rufen damit wohlige Erinnerungen unserer Jugend wach, die von der schlauen KI zu wirkungsvollen Motiven gemacht werden.

Bei Markenartikeln sollten Sie wieder auf den Rechtsanspruch der jeweiligen Firmen achten. Deswegen fehlen an dieser Stelle ein paar berühmte Spielzeuge (unter anderem der Name eines dänischen Herstellers für Klemmbausteine und eines Plastikfiguren-Herstellers aus der Nähe von Nürnberg).

- *"...in style of a tin soldier" – klassische Zinnfiguren mal ganz anders*

- *"...in style of green army men" – die grünen Spielzeugsoldaten sind eher ein US-Spielzeug, aber hierzulande mittlerweile auch bekannt durch Auftritte in Kinder-Animationsfilmen*

- *"...as a teddy bear" oder "... as plush toy" – die Flauschig-Fraktion mit deren Hilfe selbst detaillierte Stofftiere erzeugt werden können*

- *"...as a fluffy figure. realistic" – mit etwas mehr Freiheiten bei der Generierung im Vergleich zum vorigen Beispiel*

- *"... as a toy dinosaur" – natürlich sind auch ganz schräge Kombinationen möglich, wobei der Phantasie – und das ist das wirklich gute an dieser Art, Bilder zu machen – überhaupt keine Grenzen gesetzt sind*

Noch ein Hinweis zu den empfohlenen Prompts oben (und auch überall sonst im Buch): Das sind nur ganz wenige Ideen und ein kleiner Ausschnitt von dem, was Sie alles ins Textfeld der bildgebenden Software eintippen können.

Nehmen Sie diese Vorschläge höchstens zur Orientierung und denken Sie sich selbst ein paar kreative und verrückte Sachen aus, die Sie gerne zu Gesicht bekommen wollen.

Auch wenn das Modell eine Ausgabe von dem verweigert, was Sie im Kopf haben, dürfen Sie auf keinen Fall aufgeben. Die Ballon-Figuren von Jeff Koons sind für mich ein gutes Beispiel, dass auch solche Abbildungen machbar sind, nur die Lösung kommt manchmal aus einer ganz anderen Richtung (in diesem Fall über die Ballonkünstler).

WICHTIG

◆ *Abwechslungsreicher als platte Zeichnungen können dreidimensionale Kunstwerke sein.*

◆ *Skulpturen-Künstler sind ein spezielles Genre, deswegen sollten Sie sich selbst Prompts für eindrucksvolle Figuren zusammenbauen.*

◆ *Vertraute 3D-Objekte (Spielzeugfiguren) bieten eine tolle Grundlage für endlos viele lustige Motive.*

◆ *Denkmäler haben auf Menschen eine spezielle Wirkung, deswegen sollten Sie unbedingt mal Gegenstände in Marmor oder Bronze erschaffen ("sportscar as impressive bronze sculpture").*

Beschreibung: Hier ist das Bild eines mittelalterlichen Mönchs, der sorgfältig ein Manuskript in einem Skriptorium illuminiert, umgeben von den Werkzeugen seines Handwerks. Der Mönch, gekleidet in traditionelle Roben, konzentriert sich darauf, komplexe Designs und Beschriftungen auf ein großes, offenes Buch zu malen. Das Buch ist ein Kunstwerk, gefüllt mit lebendigen Farben und Blattgold, das die Schönheit der mittelalterlichen Manuskriptillumination zeigt.

KI: DALL-E & ChatGPT

BUCH-IG

E s war eine zugegeben ungewöhnliche Idee: Das *Voynich-Manuskript* ist ein handgemaltes Einzelstück aus dem Mittelalter. Das Buch gibt seit vielen Jahren Rätsel auf, weil es in einer unbekannten Sprache geschrieben ist und die zahlreichen und ganz unterschiedlichen Abbildungen ebenfalls nicht auf den Inhalt schließen lassen.

Tatsächlich spricht Stable Diffusion auf diesen Buchtitel an (verwendeter Prompt: *"footballer. in style of voynich manuscript"*), braucht allerdings je nach Kombination ein paar mehr Versuche, um Ähnlichkeiten mit der literarischen Rarität zu zeigen.

Wer einen vergleichbaren Stil sucht, der sich wegen der größeren Menge an Vorlagen leichter berechnen lässt, greift auf den niederländischen Maler *Hieronymus Bosch* zurück, einen oder sogar *den* faszinierenden Pionier der Abbildung beklemmender Fantasiewesen.

Nebenbei: Bosch hat wirklich ungewöhnliche Wesen in seinen Bildern abgebildet. Wer seine Gemälde kennt und genügend Varianten mit seinem Namen im Prompt ausprobiert, wird merken, wie gut eine bildgebende KI diesen Stil imitieren kann. Der Algorithmus scheint neue Wesen erschaffen zu können, die der Künstler selbst nie gemalt hat, aber die tatsächlich aus seiner Hand stammen könnten.

Aber zurück zwischen die Buchseiten: Passt gar nicht zusammen, aber die KI liefert beim Prompt *"car race on a medieval book page"* zuverlässig ab (unbedingt ausprobieren). Wer es farblich intensiver und mit noch mehr historischem Charme braucht, wechselt vom Papier auf Glas: Bleiglasfenster (übersetzt: *"leadlight windows"* und bekannter als Kirchenfenster als übersetzter Begriff) ergeben hübsche Szenerien, wenn sie zusätzlich mit ein paar Stimmungsmachern dekoriert werden. Ein passender Prompt wäre *"footballer. leadlight window. sun rays. dark church"* – stellen Sie aber nicht zu hohe Erwartungen an die Ergebnisse. Ein professioneller Grafiker kann da vermutlich bessere Ergebnisse erzeugen, aber der sitzt nicht wartend auf dem eigenen Schreibtisch.

Prompt: footballer in style of hieronymus bosch
KI: Stable Diffusion

In anderen ausgestorbenen und existierenden Sprachen gibt es nicht unbedingt gute Ergebnisse: Auch Stein statt Glas oder Papier liefert leider keine richtig guten ägyptischen Schriftzeichen (ein Prompt dafür wäre zum Beispiel *"table tennis match as egyptian hieroglyphs"*).

Selbst nach vielen Durchläufen lässt sich die Symbolschrift nicht in die moderne Welt übertragen. Ein wenig besser funktioniert ein leicht um- formulierter Ansatz mit dem Prompt *"tennisplayer carved in stone. egyp- tian style"*. Vermutlich ist auch die Menge an Vorlagen in diesem Fall wieder zu gering, um am Ende aussagekräftige Bilder zu erhalten.

Prompt: tennisplayer carved in stone. egyptian style.
KI: Stable Diffusion

WICHTIG

◆ *Der Stil historischer Bücher kann von einer KI gut nachgeahmt werden.*

◆ *Allerdings sollten Sie sich darauf einstellen, dass Schriften nicht lesbar sein werden (hier hilft digitales Radieren und Einsetzen eigener Texte).*

◆ *Statt fertige Druckbilder zu erwarten, kann auch zunächst völlig auf die Schrift verzichtet werden. Also: Leere Seiten berechnen lassen und diese selbst mit einem hübschen Zeichensatz füllen.*

◆ *Bei heute weitgehend unbekannten Sprachen (Keilschrift, Hieroglyphen) dürfte die Lesbarkeit keine große Rolle spielen, deswegen können Vorschläge der KI ohne Bedenken übernommen werden, solange kein Historiker in der Nähe ist.*

Prompt: autorennen im mittelalter

KI: DALL-E & ChatGPT

Prompt: party von pixel-menschen

KI: DALL-E & ChatGPT

DIGITAL NICHT IDEAL

Früher gab es das Computerspiel zum Film. Heute ist es umgekehrt! Die Spiele-Industrie und das digitale Zeitalter haben die Sprache der Bilder an allen Ecken und Enden geprägt. Leider kann die bildgebende KI nicht richtig gut mit Pixeln umgehen. So müssen die Benutzer auf die ganz kantigen Designs aus den ganz frühen Zeiten der Heim-Rechentechnik verzichten.

Stile moderner Spiele werden dagegen gut interpretiert. Der stilistische Zusatz *"steam punk"* verwandelt praktisch alles in eine postmoderne Welt unterschiedlicher Games und Genres. Namen von Auto-Diebstahl-Spielen (ohne ein konkretes Produkt zu nennen) oder bekannte Figuren aus Sprint-und-Renn-Games (Stichwort: *italienischer Klempner mit Bart und Mütze*) für die jüngere Generation werden deutlich erkennbar ins Bild gesetzt.

Für Smartphone-Icons und Symbole für den Desktop ist die Modellvariante *App Icon Diffusion* gut geeignet, die typischen Rahmen mit abgerundeten Ecken erzeugt und das gewünschte Objekt grafisch zentriert dort hinein platziert.

Die populären *Icons* (übersetzt: *selbsterklärende Piktogramme*) sind deutlich schwerer aus der KI zu pressen: Symbole für Toiletten, Dateiordner, Pfeile, Notausgänge und so weiter werden in der Regel hochgradig stilisiert dargestellt.

Wieder einmal scheitern die Modelle, wenn klare und einfache Linien und Formen gefordert sind. Probieren Sie Prompts wie *"castle as black and white icon"*, was zwar Ergebnisse liefert, denen es aber an magerer Prägnanz mangelt. Kurzes Abmalen in der vektororientierten Grafik-Software (zum Beispiel im kostenlosen Klassiker *Inkscape*) führt meistens schneller zum schönen Zielbild.

Retro-Fans können sich durch das gesamte Vokabular von 8- und 16-Bit-Computern hangeln: Atari XL und ST, Commodore C64 und Amiga 500, Sinclair ZX Spectrum (ein ganz altes Stück) sowie unterschiedliche Grafikmodi von MS-Dos-Rechnern (VGA, CGA, EGA / probieren Sie *"ms-dos game graphics"*) oder auch Namen von Spielekonsolen (beispielsweise mit dem Stichwort *"gameboy"* oder *"atari 2600 style"*) können Prompts und deren Ergebnissen einen gewissen Look verleihen, aber echte optischen Zeitmaschinen sind das alles nicht.

Prompt: castle
KI: Retro Diffusion

Höchste Kunst auf der Jagd nach dem Bild vom Bildschirm sind die auf den ersten Blick simplen, beim genaueren Betrachten jedoch sehr anspruchsvollen Pixel-Grafiken. Nicht umsonst wird auf Englisch ausdrücklich von *Pixel-Art* (übersetzt: *Pixel-Kunst*) gesprochen.

Es gibt zahlreiche Versuche, knackige Klötzchengrafiken aus künstlichen Intelligenzen herauszulocken. Wirklich überzeugend schafft das *Retro Diffusion* (Link: https://astropulse.gumroad.com/ l/RetroDiffusion), ein kommerzielles Modell, das Ergebnisse erzeugt, die aus der Hand eines Grafikers zu stammen scheinen. Unten sehen Sie ein Beispiel in der Standard-Konfiguration des Modells beim ersten Versuch (generiert auf der Website https://www.retrodiffusion.ai/home mit einem kostenlosen Test-Account).

Andere Modelle wie *PixHell* oder *AIO Pixel Art* (ein Stable Diffusion Ableger) liefern spiele-typische Stile, aber auch hier fehlt das messerscharfe Quadrat als Grundlage für die Bilder.

Wenn Sie sich nicht die Mühe mit einem speziellen Modell machen oder kein Geld für solche Motive ausgeben wollen (Achtung , dann bleibt der Weg mit Zwischenschritt über ein entsprechendes Grafikprogramm. Online kann *Pixelicious* (Link: https://www.pixelicious.xyz/) benutzten.

Für die Abbildung unten wurde zunächst in Stable Diffusion eine einfache Burg gerechnet, die dann mit Hilfe der Online-Applikation in ein Pixelbild umgewandelt wurde. Speichern, hochladen und als Kachel-Motiv wieder herunterladen. Fertig! Für geübte Maus- und Fenster-Akrobaten kein großes Problem.

Aber auch hier wird wieder einmal der Unterschied zwischen einem nicht intelligenten Algorithmus und der Leistungsfähigkeit einer richtigen KI deutlich. Während die Webseite einfach nur Gruppen von Pixeln in einer Kachel zusammenfasst, schafft die KI es im Gegensatz dazu, die grafische Leistung eines Menschen perfekt nachzuahmen und eine Qualität zu erzeugen, die Programmierer tatsächlich in professionellen Spielen benutzen können.

Prompt: cowboy. ascii art.
KI: Stable Diffusion

Etwas verspielter und mit weniger praktischem Nutzen sind Bilder, die mit Hilfe von Schriftzeichen erzeugt werden. Tatsächlich gab es in den 80er Jahren Spiele, deren Grafik vollständig aus Bindestrichen, Pluszeichen und ein paar Buchstaben für die Monster bestanden. Suchen Sie im Internet nach dem Stichwort *"nethack"* und staunen Sie, wie einfach Games damals ausgehen und trotzdem Spaß gemacht haben.

Auch heute gibt es noch ein Spiel (angeblich das komplexeste Strategiespiel überhaupt), das nur mit der Darstellung von ASCII-Zeichen auf dem Bildschirm auskommt: *Dwarf-Fortress* (tatsächlich eine kostenlose Freeware) verlangt von seinen Spielern maximale Vorstellungskraft ab, bis in der bunten Zeichenwüste irgendetwas zu erkennen ist.

Die von Stable Diffusion generierten ASCII-Art-Bilder leiden ebenfalls wieder unter mangelnder Präzision. Die Ergebnisse der Berechnungen haben zwar einen gewissen Reiz und lassen sich als witzige Schmuckbilder verwerten, kommen aber an die Original-Grafiken nicht heran, die meistens immer noch von Menschen mit viel Zeit und Liebe zum Detail erstellt werden.

Richtig gut kann die KI wieder alles, was Grafikprogramme in zwei und vor allem in drei Dimensionen darstellen können. Die kostenlose Software *Blender* (Link: https://www.blender.org/), mit der sogar Profis fantastische Animationen erstellen und 3D-Modelle konstruieren, kann leicht imitiert werden.

KIs erstellen Bilder in Sekunden, an denen Grafiker Stunden oder sogar Tage arbeiten (ganz abgesehen davon, dass es wirklich lange dauert, bis die oft komplizierte 3D-Software souverän bedient werden kann).

Bevor Sie das Stichwort ins Textfeld tippen, schauen Sie sich die Beispiele von der Blender-Webseite an. Hierbei handelt es sich nämlich um keinen konkreten Stil, sondern die Software kann vom Trickfilm bis zum CAD-Objekt so ziemlich alles liefern, was es als Computergrafik in zwei oder drei Dimensionen gibt.

Deswegen geht die Erweiterung des Prompts um das Wort *"blender"* oder *"blender 3d rendering"* eher in den Bereich der optischen Gewürze, als dass es eine konkrete Vorgabe für ein charakteristisches Ergebnis ist. Es gibt allerdings eine ganze Reihe von Prompt-Erweiterungen, die Ihnen typische 3D-Animationsfiguren und -objekte liefern, die vermutlich so aussehen, wie das, was Sie gerade im Kopf haben:

- *"3d blender render"*
- *"animation character"* oder *"animation figure"*

- *"smooth lighting" – für die typisch weiche Beleuchtung, die in fast allen Animationsfilmen zu sehen ist*

- *"soft pastel colors" – auch ein typisches Stilmittel der Animationsfilme, was die Oberflächen gleichzeitig plastischer erscheinen lässt*

- *"physically based rendering" – für den realistischen Look, wobei Oberflächen und Reflexionen in einer natürlichen Beleuchtung wiedergegeben werden*

- *"ray tracing" – ebenfalls die virtuelle Nachbildung von Reflexionen*

Sobald der Name der Software in der Beschreibung erwähnt wird, sollten Sie unbedingt ein paar Angaben zum Hintergrund machen, denn Objekte in Blender werden vor einer lieblos-grauen Fassade konstruiert, die von der KI prompt mitgeliefert wird und selbst das schönste Objekt insgesamt schlecht dastehen lässt.

Für besonders glatte und fließende Oberflächen wird manchmal auch der Zusatz *"modular constructivism"* benutzt, der eigentlich eine Stilrichtung aus der Kunst in den 50er und 60er Jahren des letzten Jahrhunderts gewesen ist. Bildhauer in den USA schufen dreidimensionale Muster, die in ihrer Wiederholung fließender Formen als Wände oder Fassaden eingesetzt wurden.

Bei vielen Modellen ist der Look von Computeranimation praktisch der voreingestellte Standard und die ausgegebenen Bilder werden erst auf realistisch umgeschaltet, wenn dies im Prompt explizit erwähnt wird. Das macht es häufig einfach, ohne weitere Zusätze solche Motive zu generieren.

Das genaue Gegenteil von realistisch ist im Moment populär als Wandschmuck auf einer Leinwand oder aus mattem Plastik für die Wand oder in der Ecke des Wohnzimmers: Low-Poly-Modelle sind stark reduzierte Figuren, die aus wenigen glatten Oberflächen und wenigen Farben bestehen. Besonders *cool* sind einfarbige Modelle. Pechschwarze Tiger-Köpfe oder weiße Hirsche geben der Design-Wohnung einen ganz besonderes Flair.

Interessant bei der Generierung eines gefalteten Hundes war anfangs, dass der erste Prompt *"dog. low poly model"* weit weniger gut funktionierte als die später abgewandelte Variante mit anderer Reihenfolge der Wörter: *"low poly dog model"*. Wirklich zufriedenstellend waren die Ergebnisse aber erst, als der Prompt massiv erweitert worden ist (wie oben in der Bildunterschrift zu sehen).

Prompt: car. origami. super realistic.
KI: Stable Diffusion

Richtig reizvoll ist die wirkliche Variante von Low-Poly: Bildgebende Modelle sind in der Lage, aus Papier auch Gegenstände zu falten, die in der Realität gar nicht faltbar wären. Richtig gute Ergebnisse, bei denen sich keine un-faltbaren Elemente einschleichen, brauchen ein paar Rechenversuche. Gerade beim Auto von oben waren viele Ansichten dabei, wo Reifen und Felgen aus Papier nicht besonders überzeugend ausgesehen haben.

Dabei haben die unbrauchbaren Zwischenergebnisse fast schon Unterhaltungswert. Manche Resultate sind so gut (oder so seltsam), dass es sich lohnt, ein paarmal auf den Generieren-Button zu klicken und sich einen weiteren Schwung gefalteter, lustiger Tiere anzuschauen!

WICHTIG

◆ *Programmierer können sich mit KIs gute Grafiken für ihre Programme erstellen, ohne einen teuren Designer engagieren zu müssen.*

◆ *Konsistenz über mehrere Grafiken hinweg sowie detailgetreue Pixeldarstellungen dürfen Sie aber nicht erwarten.*

◆ *Pixel-Art lässt sich trotzdem hervorragend darstellen, wenn darauf spezialisierte Modelle eingesetzt werden.*

◆ *Der Stil aus 3D-Animationsfilmen ist eine der ganz großen Stärken der Modelle. Mit den richtigen Zusätzen lassen sich hervorragende Bilder in diesem Stil berechnen.*

◆ *Retro-Computer-Stile können zwar imitiert werden, sind wegen der fehlenden Präzision aber höchstens als Schmuckbild verwertbar.*

Prompt: blumenstrauss aus gefaltetem papier

KI: DALL-E & ChatGPT

Prompt: zwei comicfiguren streiten in sprechblasen

KI: DALL-E & ChatGPT

BLASEN-BILDER

Dieser ganz typische Comic Look kommt vermutlich aus der Kunst: Der Pop-Art Künstler *Roy Fox Lichtenstein* (ein Kollege von *Andy Warhol*) hat die gezeichneten Geschichten seiner Zeit mit Punktmuster kombiniert, das ganze übermäßig auf Leinwand vergrößert und einen zeitlosen und einzigartigen grafischen Stil geschaffen.

Leider spricht dieser Hinweis im Prompt nicht gut auf die generierten Motive an – vermutlich wegen der geringen Anzahl an Werken, aus denen die KIs von diesem Maler lernen können. Mit den Ergänzungen *"pop art style"* oder *"pop art comic style"* kommen Sie da etwas weiter.

Aber die Comic-Größen sind gute Bekannte der KIs. Allerdings ist es nicht immer ganz einfach, gute Ergebnisse zu erzielen, weil die feinen, scharfen Linien der Originale von den Modellen nicht so präzise nachgebildet werden. Ein Grund dafür könnte sein, dass es den Abbildungen im Internet an Auflösung mangelt und die wenigen Pixel delikate Details gar nicht zeigen. Eine KI kann nichts nachmachen, was in ihren Augen (im übertragenen Sinne) gar nicht existiert.

Prompts wie *"monster. frank miller comic style"* liefern auf Anhieb gute Motive. Wer es aber genauer haben will, muss das entsprechende Werk dazusteuern. Miller ist bekannt geworden durch eine Reihe aus den 90er Jahren mit dem Titel *Sin City*, die später in seinem Stil verfilmt wurde. Erweitern Sie den Prompt auf *"frank miller sin city comic style"* und Sie bekommen das, was in dem legendären Film zu sehen ist.

Gleiches gilt für alle anderen Zeichner und Stile. Wenn die Grafiker allerdings zu speziell orientiert sind/waren, wird es schwer, Bilder zu produzieren, die sich von den Inhalten der üblichen Motive entfernen. Probieren Sie, ein Bild im Stil von *Carl Barks* zu produzieren, auf dem *keine* gelben Schnäbel zu sehen sind.

Beachten Sie dabei aber wieder, dass kreative Leistungen von Recht und Gesetz geschützt sind. Sie sollten auf keinen Fall ihren eigenen Comic durch die bildgebende KI von der virtuellen Hand eines dieser Zeichner anfertigen lassen!

Die KIs werden definitiv von den japanischen Bilderbüchern beherrscht, die von hinten nach vorne (zumindest aus unserer Sicht) gelesen werden. Für *Manga* und *Anime* (die Comics als Film) gibt es mittlerweile unzählige Spezialmodelle, die große Augen und ungewöhnliche Kostüme von der digitalen Stange produzieren können.

Prompt: cat-girl in anime style. dark. low perspective. many details.
KI: Stable Diffusion

Auch weil Manga nicht gleich Manga ist und es viele Stile mit kleinen Unterschieden gibt, sollten Sie sich für gute Bilder und die passenden Prompts mehr Zeit lassen. Gerade bei den universellen Modellen funktionieren einfache Prompts wie *"girl. manga style"* nicht besonders gut.

Die KI verkraftet und fordert schon etwas präzisere Beschreibungen vom gewünschten Ergebnis. Ein (immer noch) knapper Ansatz wäre beispielsweise *"girl in mega-city. manga style with many details. black and white"*.

Denn es gibt jede Menge Stile unter den Manga-Zeichnern. Als *"chibi-style"* wird eine der bekannten Gattungen bezeichnet, bei denen die Figuren mit riesigen, wässrigen Augen gezeichnet werden. Weitere Stile sind zum Beispiel:

- *"chibi anime style"*

- *"gakuen anime style"*

- *"gekiga anime style"*

- *"jidaimono anime style"* – unbedingt ausprobieren / eher traditionelle farbgewaltige Abbildungen

- *"kemonomimi anime style"* – Figuren mit Merkmalen von Tieren

Daneben gibt es – wie bei anderen Kunstrichtungen auch – die Zeichner hinter Büchern und Filmen, darunter zum Ausprobieren die Künstlerin *Moto Hagio* oder die Mangaka *Kuniko Tsurita*.

Um die Verwirrung dieses riesigen Themenkomplexes komplett zu machen, wird zusätzlich nach Genres unterschieden: Mangas für Mädchen (*"shojo"*), Mangas für Teenager (*"shonen"*), Mangas für junge Frauen (*"yosei"*), Mangas für junge Erwachsene (*"seinen"*) und so weiter.

Sie müssen aber Kenner sein, um zu erkennen, ob diese Stichwörter im Prompt überhaupt für das gewünschte Ergebnis sorgen. Bis jetzt gibt es leider noch keine KI, die zeigt, für welche Teile des Bildes welches Reizwort im Prompt zuständig gewesen ist, aber das kommt sicher auch bald als weiterer Baustein hinzu.

Versuche, komplette Buchseiten mit mehreren Bildern, Sprechblasen und den typischen Sound-Effekten (»*Boom!*«) zu erstellen, scheiterten bisher. Wer kleine Geschichten, Hefte oder sogar Bücher mit Hilfe einer KI erstellen will, der sollte im Baukasten-System denken, statt zu versuchen, komplette Bilder oder sogar mehrere Bilder gleichzeitig aus den Modellen zu kitzeln.

Hierfür eignet sich wieder das Zusammenspiel aus KI und Grafikprogramm. In der künstlichen Intelligenz werden nur einzelne Elemente generiert und später in der anderen Software zusammengebaut. Auf verschiedenen Ebenen können die Einzelteile in der Größe verändert und verschoben werden. Beim Generieren müssen Sie nur einen einfarbigen Hintergrund befehlen, um die Grafiken schnell freistellen zu können.

So lässt sich relativ unkompliziert eine KI-generierte Bild-Bibliothek aufbauen, aus der dann die Geschichten modular zusammengesetzt werden können. Sogar einen guten Start liefert dafür der Prompt *"blank comic page"*.

Aber Achtung, denn schnell können solche Projekte in der Unmöglichkeit enden: Die gleiche Figur in unterschiedlichen Posen und Perspektiven zu generieren ist kaum machbar, denn KIs sind dafür konzipiert, immer wieder neue und in gewisser Weise völlig unberechenbare Ergebnisse zu liefern.

Meiner bisherigen Erfahrung nach, lassen sich die Modelle nicht so gut kontrollieren, dass systematisch Ansichten von einem gleichen Gegenstand erzeugt werden können. Aber darüber werden Sie später und in einem Kapitel weiter unten mehr erfahren.

Im Internet sind mittlerweile Beschreibungen zu finden, wie ganze Comic-Geschichten mit Hilfe einer Kombination aus *Chat-GPT* (für das Drehbuch) und bildgebender (natürlich künstlicher) Intelligenz für die Illustrationen generiert worden sind.

Was es auf den Seiten zu sehen gibt, das ist eindrucksvoll. Oft wird sogar unterstrichen, dass keine weitere Software für die Kreationen benutzt wurde. Bei einem Blick auf die Ergebnisse ist das allerdings kaum zu glauben, wobei die Entwicklung solcher Modelle sicherlich nicht mehr lange auf sich warten lassen wird.

WICHTIG

◆ *Comic-Prompts erzeugen keine Bildergeschichten, sondern nur einen Stil, der wie Zeichnungen aus Comics aussehen*

◆ *Bekannte Zeichner und Stile können hervorragend von den Modellen imitiert werden.*

◆ *Wenn Sie längere Geschichten erstellen wollen, sollten Sie im Patchwork-Verfahren arbeiten und einzeln erstellte Bilder in einem Grafikprogramm zusammenbauen.*

Prompt: zeitungsjunge in einer großstadt

KI: DALL-E & ChatGPT

WORT FÜR WORT

*N*ein! Für Texte sind bildgebende KIs tatsächlich nicht gemacht. Texte und vor allem lesbare wie sinnvolle Ansammlungen von Buchstaben sind die höchste Form von Struktur und Geometrie – zwei Fähigkeiten, die keine Stärke der bildgebenden neuronalen Netze sind, die ja gerade das Gegenteil digitaler Präzision darstellen sollen, nämlich am Ende Figuren und Formen in einem durchgängigen und konsistenten Bild zu verschmelzen.

Selbst einfachste Prompts (*"poem printed on paper"* oder *"medieval calligraphy book page"*) zeigen die Hilflosigkeit, mit der eine KI das eigene Wissen versucht, in einen Text zu verwandeln. Da die Software aber eben nicht über konkrete Buchstaben, geschweige denn über Wörter oder ganze Texte nachdenkt, sondern nur von vagen Variationen träumt, liefert sie eben keine – aus menschlicher Sicht – guten, tatsächlich lesbaren Ergebnisse bei solchen Anfragen.

Selbst wenn die Linse der virtuellen Kamera sich voll und ganz fokussieren soll, ist das Ergebnis nur Kauderwelsch. Die Prompts *"newspaper front page"*, *"book page"* oder *"medieval book page"* liefern formschöne aber unleserliche Schriften. Beim mittelalterlichen Prompt sieht es dann tatsächlich so aus, wie im oben erwähnten *Voynich Manuskript*, also toll anzusehen, aber völlig kryptisch.

Selbst ein paar intellektuelle Stufen weiter unten steht der Algorithmus scheinbar schon auf totaler Verweigerung: Schilder (in meinem Fall ein *Stoppschild*) sind eine gute Demonstration dessen, was eine KI *nicht* kann. Nicht einmal die Form des Schildes wird bei einem *"closeup"* im Prompt halbwegs akzeptabel berechnet.

Der Beweis für diese Unfähigkeit kommt wieder aus der alten digitalen Welt. Die Suche nach *"stable diffusion stop sign"* zeigt in der Online-

Bildersuche nur ein paar schlechte Ergebnisse. Profis lassen intuitiv die Finger von solchen Berechnungen, und weil es keine guten Resultate ergibt. So tauchen diese beim Bemühen einer Suchmaschine auch nicht in den Ergebnissen auf.

Prompt: newspaper front page.
KI: Stable Diffusion

Die nächste Idee geht runter auf das Minimum der Schriftsprache: Immerhin könnte ein Wort aus Einzelbildern später und in einer anderen Software zusammengestellt werden. Das funktioniert nur theoretisch, denn die Häufigkeit lesbarer Buchstaben geht selbst bei Anfragen einzelner Zeichen gegen null (Test-Prompts: *"letter E made of flowers"* oder *"letter H made of wood"* und unzählige mehr davon).

Wer ein ganzes Alphabet aus der Maschine herausholen will, der braucht vermutlich sehr viel Geduld. Unten ist der Buchstabe *E* so dargestellt, wie Stable Diffusion davon träumt – und das ist weder das erste noch eines der schlechteren Ergebnisse gewesen!

Prompt: stop sign in a big city. closeup.
KI: Stable Diffusion

Doppelt frustrierend, weil die KI so viele tolle Möglichkeiten zur Gestaltung bietet. Das Bild oben lässt ahnen, was möglich wäre und von nichts anderem außer einem Bildmodell erzeugt werden könnte.

Wenn Sie neuen Schwung für einen weiteren Versuch brauchen, dann probieren Sie *"bronze letter A with floral ornaments"* – auch wenn dabei die Ergebnisse nicht wie richtige Buchstaben aussehen: Das Potenzial schöner, von KIs generierter Schriften ist gewaltig, die Modelle lassen sich aber im Moment noch nicht wirklich dafür nutzen!

Es ist schon eine Weile her, als ich bei Versuchen, einem Modell vielleicht doch ein paar Buchstaben zu entlocken, das Gefühl hatte, die Software wollte mich falsch verstehen. Im Englischen haben leider beide Stichwörter für den Begriff Buchstabe eine doppelte Bedeutung: Bei *"character"* erschienen manchmal Figuren im Bild (*"character"* übersetzt mit *"Charakter"* im Sinne von *Figur*) oder teilweise bekam ich auch schriftliche Absagen auf Papier für meine Anfragen (*"letter"* übersetzt als *"Brief"* und nicht als *"Buchstabe"*).

Prompt: letter E made of flowers.
KI: Stable Diffusion

Aber es gibt eine Lösung, die mehr leistet, als alle Webseiten, auf denen grafische Zeichensätze oder professionell erstellte Buchstaben-Vorlagen angeboten werden, auch wenn diese Arbeitsweise etwas mehr Aufwand erfordert und die KI tatsächlich zur Filter-App auf Steroiden macht.

Dafür muss der gewünschte Text zunächst als Pixelvorlage erstellt und anschließend durch das Modell gerechnet werden. Dafür sind allerdings ein paar zusätzliche Einstellungen und Erweiterungen erforderlich (oft wird *ControlNet* in Kombination mit Stable Diffusion dafür verwendet). Tutorials sind mit Hilfe des Prompts *"create text effects using stable diffusion"* in einer Suchmaschine Ihrer Wahl leicht aufzufinden.

Vorteil dieser Vorgehensweise sind ganz klar die kreativen Möglichkeiten, die weit über herkömmliche Filter und Effekte hinausgehen. Texte stehen in Flammen oder Brotbuchstaben stehen wie frisch gebacken auf dem Bildschirm. Besonders interessant ist auch der Umbau der weltberühmten Kultstätte *Stonehenge* in ein uraltes Text-Bauwerk.

Nachteil ist der zusätzliche Schritt zur Erstellung einer Bild-Text-Vorlage. Hier ist auch wieder Experimentieren angesagt, denn bestimmte Effekte funktionieren besser oder schlechter mit dicken, dünnen oder verschnörkelten Schriftarten.

Und auch, wenn das Wort verändert werden soll, muss am Anfang zuerst wieder ein neues Pixelbild erstellt und ins Bildmodell hochgeladen werden. Aber sicher ist es nur eine Frage der Zeit, bis beides miteinander verknüpft und für das breite Publikum zugänglich und nutzbar wird. Für einen Programmierer dürfte es ohnehin kein Problem sein, Text-Erstellung und Bild-KI mit einem Skript zu verbinden und diese Arbeit bereits jetzt vollständig zu automatisieren.

WICHTIG

◆ *Texte können bisher nicht einfach über die Modelle verschönert ausgegeben werden.*

◆ *Machbar ist das jedoch mit einem Zwischenschritt, wo ein Pixelbild mit dem gewünschten Text in einer KI weiterverarbeitet wird.*

◆ *Typographie-Kunst kann über prominente Vertreter wie "david carson" oder "typographie magazine" oder "typography art" hergestellt werden.*

Prompt: supermodel auf einem modernen typografie-magazin

KI: DALL-E & ChatGPT

Prompt: zwillinge betrachten sich im spiegel

KI: DALL-E & ChatGPT

FERTIG FÜR
STUFE ZWEI?!

In den vorigen Kapiteln haben Sie zahlreiche Möglichkeiten kennen gelernt, Ihre Bilder vom Stil in die gewünschte Richtung zu lenken. Natürlich gibt es noch viel mehr Einflüsse, die auf ein computer-generiertes Bild (ein)wirken können.

Mit der Kontrolle über die sichtbaren Inhalte sowie über die optische Anmutung haben Sie ein gutes Rüstzeug, um eine bildgebende KI so steuern zu können, dass Prinzip-Zufall in den Hintergrund tritt und Sie immer öfter und schneller zufrieden mit den Ergebnissen sein werden.

Natürlich können Sie sich immer noch durch immer neu berechnete Bilder treiben lassen. Manchmal fällt es schwer, den Generieren-Button nicht immer wieder zu drücken und sich von wieder ganz anderen Kreationen überraschen zu lassen. Hier trifft das Motto eines KI-Junkies: *»Einer geht noch...!«*

Professionelle Routine entsteht allerdings nicht durch die ständige Neuberechnung immer gleicher Prompts. Viele verschiedene Wortketten und der gezielte Einsatz der angebotenen Einstellungen (über den Negativ-Prompt haben wir zum Beispiel noch gar nicht gesprochen) entstehen immer bessere Bilder – mit mehr Details, mit ungewöhnlichen Effekten, mit einer stärkeren Wirkung auf die Betrachter.

Einfach gesagt: Je öfter Sie Stable Diffusion und andere Modelle benutzen, desto besser werden Ihre Ergebnisse werden. Auch wenn gelegentlich der Zufall ein tolles Bild hervorbringt, macht es doch mehr Spaß, die Höchstleistungen gezielt aus dem neuronalen Netz heraus zu locken.

Im zweiten Teil dieses Buchs werden Sie ganz unterschiedliche Ansätze kennenlernen (und bitte auch unbedingt ausprobieren), mit denen Sie noch mehr aus der KI herausholen können. In den Nischen des elektronischen Gehirns ist viel optisches Wissen gespeichert, auf das auch ein genauer Blick geworfen werden will.

In manchen Kapiteln werden Sie wichtiges Handwerkszeug erlernen (dazu gehören dann auch die Negativ-Prompts) und an anderen Stellen werden wir die Software auf die kreative Probe stellen. Bitte verzeihen Sie mir, wenn nicht alle Ansätze seriös, ernsthaft und professionell sind. Schließlich geht es in der Kunst auch nicht darum, ein Werk zu erschaffen, das sich möglichst teuer verkaufen lässt.

Kreativität findet sich oft in experimentellen oder spielerischen Ansätzen. Mit den Modellen einfach mal ganz anders umgehen, als es in den Anleitungen erklärt wird! Phantasieworte und Fehler im Prompt produzieren immer wieder überraschende und erstaunliche Ergebnisse. Probieren Sie es einfach mal aus!

WICHTIG

- *Die Arbeit mit bildgebenden Modellen teilt sich in zwei Bereiche: kreatives Experimentieren und gezieltes Arbeiten an einer bestimmten Vorstellung.*

- *Beides sollten Sie beherrschen, wobei das gezielte Hinarbeiten auf ein Motiv die kompliziertere Aufgabe ist.*

- *Vergessen Sie dabei aber nicht, auch ungewöhnliche und unkonventionelle Prompts zu probieren, um offen für frische und neue Ansätze zu bleiben.*

Prompt: mann erklärt ein gewaltiges stoppschild. lustig

KI: DALL-E & ChatGPT

Prompt: superheld stoppt ein riesiges glücksrad. lustig

KI: DALL-E & ChatGPT

STOPPT DEN ZUFALL

Anfangs habe ich Ihnen empfohlen, den *Seed* bei jeder Berechnung zufällig und automatisch erstellen zu lassen. Damit haben alle Resultate unterschiedlich ausgesehen und nach jeder Berechnung wurde ein völlig neues Bild präsentiert. Das ist abwechslungsreich, aber eine systematische Arbeit ist so nicht möglich.

Stellen Sie sich vor, Sie haben ein gutes Bild berechnet und wollen dieses nur ein wenig modifizieren, zum Beispiel den Hintergrund austauschen, Dinge hinzufügen oder wegnehmen oder das Licht heller oder dunkler einstellen, während der Rest der Szene genauso erhalten bleibt, wie er eben ist.

Wenn Sie den Prompt umschreiben, dann müssen Sie das Modell neu starten, damit die Veränderungen sichtbar werden. Wird der Seed dabei zufällig gewählt, geht der gute Entwurf verloren.

Aber tatsächlich lassen sich die Berechnung eines Bildes auch exakt wiederholen, weil Stable Diffusion und alle anderen KIs keine zufälligen Ergebnisse erzeugen. Nur der Seed sorgt dafür, dass die Software immer wieder anders arbeitet, indem im Hintergrund auf der Basis dieser Zufallszahl das Rauschen – quasi die Grundstruktur des Bildes – nach einem bestimmten Muster erzeugt wird.

Für gleiche Ergebnisse müssen einfach *alle* Einstellungen in der Oberfläche der Software beibehalten werden. Also auch der so genannte Seed, der sonst den Berechnungen einen zufälligen Wert hinzufügt und so für Abwechslung in den Ergebnissen sorgen soll.

Mit den vollständigen Daten kann sogar auf einem anderen Computer das exakt gleiche Ergebnis erzeugt werden (dabei muss wirklich *alles*, also auch die Version des Modells übereinstimmen). Das kann auch wichtig sein, wenn Sie beweisen wollen, dass es sich bei einem Bild um

Ihre Kreation und nicht um ein irgendwo geliehenes Bild eines anderen Grafikers oder Künstlers handelt.

Probieren Sie es aus und lassen Sie einen Prompt mit einer selbst eingegebenen Zahl im Seed-Feld berechnen. Die *Batch-Size*, also die Anzahl der berechneten Abbildungen pro Durchlauf, können sie auf den Wert eins setzen, da ab jetzt keine Variationen mehr erzeugt werden.

Steht der Seed auf zufällig und die Anzahl der Bilder zu erzeugenden Bilder auf einem Wert größer eins, dann berechnet die KI die Variationen, indem im Hintergrund unterschiedliche Seeds (Zufallszahlen) erzeugt werden. Mehrere Bilder mit dem gleichen Seed zu erzeugen, erzeugt einfach immer wieder das gleiche Motiv.

In der Praxis legen Sie am Anfang einen beliebigen Wert fest (ganz egal, welchen). Gefällt Ihnen das Ergebnis, können Sie sich in aller Ruhe dem Prompt und den anderen Einstellungen widmen und das Bild weiter verfeinern. Sagt Ihnen das Ergebnis nicht zu, wählen Sie einen anderen Prompt.

Weil jede Zahl ein komplett anderes Ergebnis liefert, können Sie den Seed einfach immer wieder um eins erhöhen oder verringern. Es ist ein Gerücht, dass nahe beieinander liegende Zahlen ähnliche Motive erzeugen. Im Internet gibt es zahlreiche User, die damit experimentiert und anscheinend bestimmte Zahlen entdeckt haben, die besser funktionieren als andere.

Der Seed *8002* in Stable Diffusion soll angeblich rot-goldenere Resultate erzeugen. Ein rasch gerechnetes *"monster"* wechselt bei der Nummer tatsächlich in eine rot-gelbe Färbung. Solche Erkenntnisse haben aber eher Unterhaltungswert. Einfacher ist es, den Prompt um *"red and yellow"* zu erweitern, bevor Sie sich ein Verzeichnis von Zahlen und deren Auswirkungen auf das Bild anlegen.

Probieren Sie am besten selbst aus, wie sich ein Bild bei *konstanter Zahl* und *verändertem Text* verhält. Ein guter Versuch ist, ein Haus (*"house"*) mit den Erweiterungen *"spring"*, *"summer"*, *"autumn"* und *"winter"* einmal durch die Jahreszeiten zu schicken. In solchen Versuchsreihen werden Sie sehen, dass das Bauwerk sich von Bild zu Bild zwar etwas verändert, aber die Grundstruktur der Abbildung tatsächlich erhalten bleibt.

Solche Reihen demonstrieren sehr gut, was es in der Zusammenarbeit mit einer KI bedeutet, ein Bild Schritt für Schritt zu verändern oder weiterzuentwickeln. Deswegen sollten Sie unbedingt selbst solche Experimente machen, um ein besseres Gefühl dafür zu entwickeln, wie weit im Prompt verändert werden kann, ohne dass die Ergebnisse völlig vom Vorgänger abweichen.

Wichtig: Die hoch-komplexen neuronalen Netze reagieren durchaus sensibel auf Veränderungen! Und Glück spielt bei der Generierung auch immer eine gewisse Rolle, die sich nicht unterdrücken lässt.

Prompt: im jeweiligen Bild
Seed: 45674567456745
KI: Stable Diffusion

Wenn Sie den Prompt völlig umschreiben, präsentiert die KI auch ganz andere Ergebnisse. Aber auch dabei lohnen eigene Versuche! Je mehr, desto besser! Starten Sie zum Beispiel mit einem *"forest"* und wechseln

Sie bei gleichen Einstellungen danach zur *"family"*. Wenn Sie beide Resultate vergleichen, werden vermutlich an den gleichen Stellen, wo vorher Bäume standen, anschließend Personen zu sehen sein.

Prompt: im jeweiligen Bild
Seed: 8002234523456
KI: Stable Diffusion

Auf den ersten Blick sehen sich die Bilder oben nicht ähnlich, aber schauen Sie bitte *ganz genau* hin. Die drei großen Gebäude und Bäume sind auf den ersten beiden Motiven an den gleichen Stellen platziert. Im dritten Bild stehen an den identischen Positionen zwei Bäume und ein farbenfrohes Spielgerät.

Haben Sie aber bitte nicht zu große Erwartungen, von nun an präzise und mit kleinen Schritten auf Ihr grafisches Ziel hinarbeiten zu können.

Der Seed legt nur fest, auf welcher Basis (Rauschen) das Bild entstehen soll. Viele Schritte dazwischen hängen dann vom Inhalt des Prompts ab. Es kann also genauso passieren, dass nur durch die Veränderung eines einzigen Worts die Anmutung des kompletten Motivs in eine andere Richtung umschlägt.

WICHTIG

◆ *Der Wechsel auf einen konstanten Seed sorgt bei gleichem Prompt für gleiche Ergebnisse.*

◆ *Ändern Sie mit dem ersten Entwurf einer Beschreibung so oft den Prompt, bis das Ergebnis Ihren Vorstellungen entspricht. Fangen Sie danach an, durch kleine Änderungen in der Beschreibung das Bild weiter zu verfeinern.*

◆ *Machen Sie bei jedem Schritt eher kleinere Änderungen, die Sie auch wieder rückgängig machen können. Bei zu vielen Umstellungen und Erweiterungen könnten Sie sonst plötzlich völlig andere, unerwartete Ergebnisse zu Gesicht bekommen.*

◆ *Haben Sie nicht zu hohe Ansprüche an konstant gleiche Bilder, wenn Sie immer den gleichen Seed verwenden. Das neuronale Netz liefert manchmal sehr konstante und dann wieder völlig überraschende Ergebnisse.*

◆ *Wenn Sie mit einer Änderung unzufrieden sind: Wieder zur alten Version wechseln und es mit anderen Begriffen an anderen Stellen der Beschreibung nochmals versuchen.*

Prompt: lange reihe unterschiedlicher satzzeichen

KI: DALL-E & ChatGPT

PUNKT, PUNKT, KOMMA, NICHTS

Tatsächlich werden Satzzeichen in Prompts bei der Berechnung berücksichtigt! Also die Modelle unterscheiden, ob Begriffe direkt nebeneinander stehen oder durch bestimmte Zeichen voneinander getrennt sind. Angeblich besteht kein Unterschied zwischen Punkt und Komma, aber beim Versuch mit diesen beiden Trennungen und im Vergleich zu reinen Leerzeichen ergeben sich tatsächlich sichtbare Unterschiede im Bild.

Die meisten Prompts werden in einer Kombination aus Leerzeichen und Kommas geschrieben. Zusammenhängende Begriffe (*"big apple"*) werden einfach durch Leerzeichen getrennt, bei einem größeren (Themen-)Wechsel wird ein Komma oder ein Punkt gesetzt (*"house, night"*).

Den Zusammenhang zwischen Begriffen scheint aber auch das Modell selbst herzustellen. Bei den Wörtern *"woman"* und *"snowman"* zeigte Stable Diffusion konsequent die nahezu identischen Bilder, egal mit was diese voneinander getrennt werden.

Obwohl die Erwartungen in der eigenen Vorstellung zwischen "snowman woman" und "woman. snowman" durchaus andere sind: Nämlich einmal ein weiblicher Schneemann (eine Schneefrau) und beim anderen eine Frau und ein Schneemann. Besser Sie nutzen stattdessen *"female snowman"* und *"woman besides a snowman"* – dann dürften die Ergebnisse diesen Erwartungen entsprechen. Und *"snowwoman"* sollten Sie auch unbedingt ausprobieren!

Anders sehen die Ergebnisse dagegen bei den drei Begriffen *"woman painting vase"* aus – je nachdem, zwischen welchen der drei Wörter und mit welchen Zeichen getrennt wird.

Prompt: woman painting a vase
Seed: 1241
KI: Stable Diffusion

Aber ehrlich: Diese kleinen oder großen Unterschiede sind reine Theorie! Statt sich auf Satzzeichen zu konzentrieren, sollten Sie starke Ausdrücke nutzen, um das Resultat effektiv zu beeinflussen.

Aus den Kombinationen oben lassen sich nämlich richtige Beschreibungen bilden, bei denen die Wörter den Unterschied machen und die am Ende Bilder mit völlig anderen Aussagen produzieren:

- *Ein Gemälde, auf dem eine Frau und eine Vase abgebildet sind.*

- *Eine Frau malt eine Vase.*

- *Eine Vase, auf der eine Frau und ein Gemälde abgebildet sind.*

- *Eine Frau neben einem Gemälde und einer Vase.*

An dieser Stelle sind Sie dran! Probieren Sie aus, mit welchen Prompts Sie Bilder nach den Beschreibungen von oben erzeugen können.

Und wenn Sie Lust auf solche Experimente mit Ihrem Modell haben, dann starten Sie mit einfachen Kombinationen, die sichtbare Unterschiede ergeben:

- *"dog. cat."*

- *"cat. dog."*

- *"dog cat"*

- *und so weiter...*

Die Ergebnisse so einer Reihe sind sehenswert! Allerdings ist es kompliziert, trotz sichtbarer Unterschiede aus dem schwer fassbaren Zusammenhang zwischen Ein- und Ausgabe etwas über die praktische Bedienung eines Modells zu lernen.

WICHTIG

- *Setzen Sie Zeichen, wenn Sie Teile des Prompts klar vom Rest der Beschreibung trennen wollen. "Hund Katze" erzeugt eine Mischung von beidem, während "Hund. Katze" zwei Tiere als Resultat zeigen wird.*

- *Komma und Punkt sind im Prompt allerdings keine klare Angelegenheit, obwohl die Wahl des Zeichens letztendlich keinen wirklich großen Unterschied macht.*

- *Statt Zeichen kann natürlich auch mit Worten getrennt werden: "Hund und Katze".*

Prompt: endlose warteschlange

KI: DALL-E & ChatGPT

DER REIHE NACH

Ebenso schwer fassbar ist die Reihenfolge der Wörter im Prompt. Die Daumenregel lautet: *Je wichtiger etwas ist, desto weiter am Anfang sollte es erwähnt werden.*

Bei langen Prompts können Begriffe nach hinten und vorne gerückt werden, um diese mehr oder weniger hervorzuheben. Aber auch diese Vorgehensweise ist weniger deutlich sichtbar als unsere Position in der Warteschlange vor der Kasse im Kino, jedenfalls wenn in Prompts mit 20 oder mehr Wörtern einzelne davon eine Position nach vorne oder nach hinten verschoben werden.

Die Denkweise des Algorithmus ähnelt der des Kopfes, weil natürlich Elemente, die weiter vorne in einem Satz stehen, als wichtiger wahrgenommen werden als alles andere. Das funktioniert künstlich intelligent genauso wie wirklich intelligent. Also *"rabbit in garden full of flowers"* (übersetzt: *"Hase in einem Garten voller Blumen"*) sieht ganz anders aus als *"garden full of flowers with rabbit"* (übersetzt: *"Garten voller Blumen mit einem Hasen (darin)"*) und zeigt das Tier winzig im Hintergrund.

Übrigens: Der Trend geht klar in Richtung umfangreiche und ziemlich lange Prompts, weil eine sehr präzise Beschreibung zu besser kontrollierbaren Ergebnissen führt. Knappe Formulierungen sind nicht mehr angesagt. Zwar sind die Ergebnisse beeindruckend, aber gleichzeitig ist ein versuchter Leser meist erschlagen von der Anzahl und der Art der verwendeten Begriffe.

Nachteil dieser Vorgehensweise ist, dass solche Beschreibungen viel Geduld und viel Wissen brauchen. Auf der Seite der Vorteile steht dagegen, dass der Stil eines Bildes besser auf andere Objekte übertragen werden kann.

Maximal 75 Stichwörter sind möglich. Manche Beschreibungen erhöhen auf 77 sogenannte *Tokens* (beachtete Wörter), aber zum Beispiel erweitert Stable Diffusion das eingegebene Kommando um eine Markierung für den Start und das Ende, was dann wieder 75 durch den Benutzer verwendbare Wörter ergibt.

So weitschweifend und umfangreich müssen Sie aber nicht unbedingt in die KI hineinformulieren, um gute Ergebnisse zu erzielen!

WICHTIG

◆ *Je bedeutsamer ein Begriff ist, desto weiter vorne sollte er im Prompt stehen.*

◆ *Wenn Sie umsortieren, dann seien Sie nicht unbedingt zaghaft, sondern räumen Sie Wörter zum Beispiel ganz an den Anfang oder ganz ans Ende.*

◆ *Längere Prompts – wenn die Wörter alle Wirkung zeigen – sorgen für stabilere Ergebnisse (auch über unterschiedliche Modelle hinweg) und der Prompt kann einfacher für andere Motive übernommen werden.*

◆ *75 Wörter sind derzeit die Obergrenze für Prompts.*

Prompt: 75 wörter. Lustig

Beschreibung: Leben führen. "Lachen" kitzelt "Traurigkeit" bis sie lacht, "Springen" hüpft fröhlich umher, und "Schlafen" gähnt und streckt sich auf einem bequemen Kissen aus. Ein Wort "Fragezeichen" schaut um sich, während "Ausrufezeichen" übertrieben erschrocken wirkt. "Essen" und "Trinken" sitzen zusammen an einem kleinen Café-Tisch, genießen Kaffee und Kuchen. Im Hintergrund versucht "Musik" mit Noten als Füße zu tanzen, stolpert aber über "Stille", die ein Schläfchen hält.

KI: DALL-E & ChatGPT

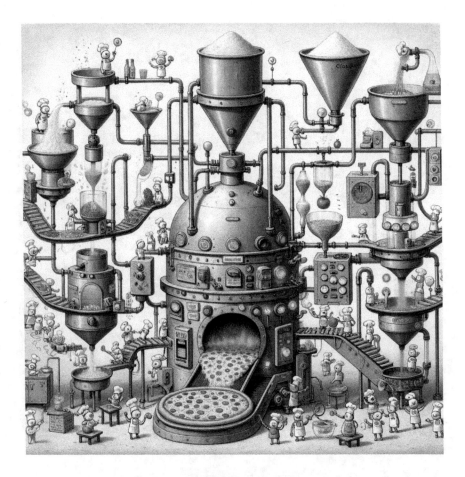

Prompt: maschine produziert pizza. lustig

Beschreibung: Stellen Sie sich eine skurrile und humorvolle Maschine vor, die auf unkonventionelle Weise Pizza produziert. Diese Maschine, ein wirres Konstrukt aus Röhren, Hebeln, Knöpfen und blinkenden Lichtern, führt eine Reihe von übertrieben komplizierten und unnötig komischen Schritten aus, um eine Pizza zusammenzustellen. An einem Ende werden Zutaten wie Mehl, Tomaten und Käse in Trichter geworfen, wo sie durch ein Labyrinth von Rohren navigieren.

KI: DALL-E & ChatGPT

SCHWERWIEGEND

Während der Seed eine tatsächlich unberechenbare Größe im Spiel um das perfekte Bild ist, haben die Programmierer der Modelle weitere (versteckte) Funktionen eingebaut, mit denen für Objekte und Effekte im Bild die richtige Dosis gefunden werden kann.

Im Prompt können bestimmte Elemente gezielt verstärkt oder abgeschwächt werden (auch ohne die Reihenfolge der Wörter zu verändern). Wenn zum Beispiel zu wenig Käse auf der Pizza zu sehen ist bei *"pizza with salami and cheese"*, dann brauchen Sie nur ein Pluszeichen hinter dem Käse einzufügen, schon fertigt der Chefkoch eine neue Scheibe im Holzofen an und das Ergebnis verändert sich zugunsten des Milchprodukts (*"pizza with salami and cheese+"*).

Andersherum können Begriffe mit dem Minuszeichen abgeschwächt werden. Genügt ein Zeichen nicht, können auch mehrere Plus oder Minus hinter dem entsprechenden Begriff eingetippt werden (*"pizza with salami-- and cheese+"*).

Das ist eine unkomplizierte Methode, die Gewichtung im Prompt auf die Schnelle zu verändern, ohne sich neue Formulierungen ausdenken zu müssen, die weniger berechenbar sind als die wohl dosierten Ergänzungen von ein paar Zeichen hinter den Wörtern. Ebenso entfällt das Risiko, dass durch die Umsortierung innerhalb des Prompts das ganze Bild verändert wird.

Alternativ können auch Klammern gesetzt werden, wobei das weniger logisch und schlechter lesbar ist. Runde Klammern (auch mehrere hintereinander) verstärken die Hervorhebung, während eckige Klammern abschwächen: *"pizza with [[salami]] and (cheese)"*.

Vorteil bei dieser Methode ist, dass mehrere Wörter von Klammern eingefasst werden können und nicht hinter jeden Begriff ein Zeichen

(Komma oder Punkt) gesetzt werden muss. Eine mager belegte Pizza würde als Prompt dann so (mathematisch lecker) aussehen: *"pizza with [[[salami and cheese]]]"*.

Prompt: empty park with playground
Seed: 18446744073709519873
KI: Stable Diffusion

Wer mathematisch präzise verstärken oder abschwächen will, kann die Schreibweise mit den Klammern um Zahlenwerte zwischen null und zwei erweitern, wobei die eins in der Mitte dem Normalwert der Wirkung entspricht.

In der Kombination mit Zahlen funktionieren aber nur runde Klammern. Wenn etwas verstärkt werden soll, wird es mit *"(cheese:1.3)"* markiert, also bei der nächsten Rechnung um 30 Prozent verstärkt. In die entgegengesetzte Richtung muss dann *"(cheese:0.7)"* geschrieben werden. Das ergibt 30 Prozent weniger Käse im Bild.

Prompt: empty park with playground++
Seed: 18446744073709519873
KI: Stable Diffusion

Andere Schreibweise, gleiche Wirkung: Der Faktor kann auch ohne Doppelpunkt hinter die Klammern geschrieben werden. Dann wäre weniger Käse *"(cheese)0.7"* und das Gegenteil davon lautet *"(cheese)1.3"*.

Dabei sollten Sie die Werte nicht zu hoch drehen, sonst kommt visuelle Verwirrung ins Bild. Werte zwischen 0.5 und maximal 1.8 werden häufig empfohlen – zumindest solange, wie Sie nicht wissen wollen, wie völlige Übertreibung sich auf das Ergebnis auswirkt (ein Beispiel für dieses sogenannte *"overcooking"* sehen Sie weiter unten).

Aber bevor Sie sich auf die komplizierte Sprache mathematischer Formeln und Prozentrechnung einlassen, können Sie das Ergebnis genauso effektiv mit einfachen Worten beeinflussen (wie auch im Pizza-Vergleich oben zu sehen ist).

Der Prompt *"pizza with less salami and more cheese"* liefert ebenfalls das beabsichtigte Ergebnis – und funktioniert genauso gut bei der Bestellung in der Pizzeria. Wobei Sie der Bedienung sicher keinen Zettel mit Klammern, Zahlen, Plus- und Minuszeichen für die Bestellung der Pizzen vorlegen werden.

WICHTIG

◆ Die Bedeutung von Wörtern im Prompt kann mit Klammern und Prozentwerten gewichtet werden.

◆ So bleibt das Bild in seiner Grundstruktur erhalten, was beim Priorisieren über das Verschieben der Wörter nicht unbedingt der Fall sein muss.

◆ Prompts mit zu vielen Werten und Klammern werden schnell unübersichtlich und sind für andere schwer verständlich.

◆ Alternativ können Sie auch mit Begriffen wie "more" und "less" arbeiten.

Prompt: äußerst negativer mensch. lustig

Beschreibung: Für ein Bild, das einen äußerst negativen Menschen auf
humorvolle Weise darstellt, stelle ich mir eine übertriebene Karikatur
vor. Diese Person könnte mit einem riesigen, überzeichneten
Stirnrunzeln dargestellt werden, während sie von einer dunklen
Gewitterwolke überschattet wird. Trotz dieser düsteren Atmosphäre
sind die Situationen, in denen sie sich befindet, komisch und alltäglich.

KI: DALL-E & ChatGPT

BESSER NEGATIV

A m Anfang dieses Buches haben wir bereits einen problematischen Prompt kennen gelernt: *"empty park"*. Unsere menschliche Logik erwartet zwar automatisch, dass wir ein Bild von einem Park *ohne* Menschen zu sehen bekommen, aber wir können nicht sicher sein, ob die KI das genauso interpretiert, weil *"empty"* auf Englisch einfach nur *"leer"* und nicht *"menschenleer"* bedeutet.

Bei der Interpretation eines Prompts kann es sogar passieren, dass Wörter wie *"no"* oder *"without"* von den Modellen völlig ignoriert werden. Im Park unten verschwinden die Bäume durch die Ergänzung im Prompt nicht. Ganz im Gegenteil! Die Stämme sind viel präsenter als im ersten Bild ganz links.

Prompt: im jeweiligen Bild
Negativer Prompt: trees (nur ganz rechts)
Seed: 6734573453457

Um doch zum gewünschten Motiv zu gelangen, wird der Negativer Prompt eingesetzt. In das entsprechende Textfeld wird alles eingetragen, was im Bild nicht zu sehen sein soll. Der Prompt *"park"* und der Ne-gativer Prompt *"trees"* funktionieren im Beispiel oben ziemlich gut, auch wenn sich am Rand des Bildes dennoch eine kleine Baumkrone unauf-fällig eingeschlichen hat.

Beachten Sie, dass bei starken Verbindungen zwischen Begriffen wie Wald und Bäume die Trennung über den negativen Prompt kaum mög-lich sein wird. Diese Kombination führt zum Beispiel dazu, dass die Bäu-me in den Hintergrund gedrängt werden und eine Art Lichtung in der Mitte des Bildes zu sehen ist.

Aber es lässt sich noch mehr Druck auf die KI ausüben, einen Wald mit weniger Bäumen zu produzieren. Wie Sie vorher bereits gelesen haben, kann ein Begriff gewichtet werden. Der Eintrag *"(trees:1.5)"* im negati-ven Prompt sorgt dafür, dass der Wald zwar nicht verschwindet, aber noch weiter in den Hintergrund gedrängt wird.

Prompt: forest
Negativer Prompt: jeweils im Bild
Seed: 4567
KI: Stable Diffusion

An diesen Bildern wird auch deutlich, was passiert, wenn die Werte für die Gewichtung übertrieben hoch gesetzt werden. In der Fachsprache wird dieser Effekt als »*overcooking*« (übersetzt: »*überkochen*«) bezeichnet. Das Bild fängt bei Werten von 1.8 und darüber an, ein grafisches Aussehen zu bekommen.

Die Experimente oben sind eher theoretische Gedankenspiele, die natürlich gegen die Logik der gelernten Informationen laufen und ein Modell an seine Grenzen und den Bereich von Fehlern führen sollen. In der täglichen Anwendung werden solche Fälle kaum auftreten.

Aber natürlich gibt es auch jede Menge praktische Beispiele. Personen von Architektur- und Stadtaufnahmen vertreiben zu wollen. Im Beispiel unten wurden die Personen Rechenschritt für Rechenschritt aus dem Bild entfernt. Dabei genügte ein schlichtes *"people"* im Negativ-Prompt nicht, um alle gründlich verschwinden zu lassen. Erst als die stärkere Variante mit *"(people:1.5)"* aktiviert wurde, herrschte Ladenschluss im virtuellen Einkaufszentrum.

Prompt: inside a shopping mall. futuristic architecture. glass-walls. colorful light effects. glorious atmosphere. emotional.
Negativer Promt: keiner / people / (people:1.5)
Seed: 572341
KI: Stable Diffusion

Bei Abbildungen mit vielen Gegenständen (*"kids toys"*, übersetzt *"Spielzeug"*) kann so auch gezielt gefiltert werden, ohne sich die Mühe einer positiven Liste machen zu müssen, also ohne alle Gegenstände aufzulisten, die von der KI gezeigt werden sollen. »*Zeig mir alles außer Bälle und Bauklötze!*« lässt kreative Freiheit und ist leichter gesagt als »*Zeig mir Puppen, Spieluhren, Jojos, Puzzlespiele...!*«.

Ein weiteres – allerdings auch eher theoretisches Problem – ist die Möglichkeit, entweder etwas im normalen Prompt zu beschreiben oder das Gegenteil davon im negativen Prompt zu erwähnen. Wirklich stabile Regeln bei diesem Vorgehen können allerdings nicht aufgestellt werden. Lassen Sie sich eine normale Person berechnen und probieren Sie dann folgende Varianten dazu aus:

- ◆ *positiv: "fat man" / negativ: leer*

- ◆ *positiv: "man" / negativ: "skinny"*

- ◆ *positiv: "man" / negativ: "not fat"*

- ◆ *positiv: "not skinny man" / negativ: leer*

Wenn Sie die Ergebnisse zu diesen fünf Versionen vergleichen, werden Sie feststellen, dass die zwar korrekte Logik der Wörter leider nicht in gleichen oder wenigstens ähnlichen Ergebnissen endet.

Bester Rat an dieser Stelle ist, möglichst alle Absichten in den positiven Prompt zu schreiben, sofern sie nicht mit *"not"* formuliert werden müssen. Denn es kann passieren, dass solche Verneinungen von den Modellen ignoriert werden (wie Sie oben bereits gesehen haben, wie in etwa *"no trees"* zu mehr Bäumen im Bild führt).

Allerdings kann es manchmal auch sinnvoll sein, das Gegenteil im negativen Prompt einzutragen. Es gibt Fälle, bei denen die Ergänzung eines einzigen Worts im positiven Prompt zu optisch völlig anderen Resultaten führt. Das ist ärgerlich, aber wenn die ursprüngliche Version des Bildes benötigt wird, dann bleibt nur, das fehlerhafte Wort wieder zu entfernen.

Dann besteht die Option, dass durch Umdrehen des Begriffs und Verschieben in den negativen Prompt das alte Bild beibehalten und trotzdem wie gewünscht verändert wird. Und nur, um es gleich vorweg zu nehmen: Meistens klappt das nicht, ist aber immer einen Versuch wert.

Wie Sie bereits gesehen haben, wirken Angaben im negativen Prompt nicht so stark auf das Resultat wie die Wünsche im positiven Prompt. Es kann sein, dass trotz des Verzichts-Hinweises zum Beispiel ein paar Personen in der Szene übrig bleiben, wie im Einkaufszentrum oben.

Was auf den ersten Blick wie ein Nachteil aussieht, ist aber in der praktischen Arbeit ein Vorteil, denn es können sanfte Veränderungen über den Negativ-Prompt vorgenommen werden, die nicht unbedingt das gesamte Bild in eine völlig neue Richtung bewegen.

Das linke Bild unten zeigt das Ergebnis zum Prompt *"woman. big city in the background"*. Um die Haarfarbe zu ändern, wurde zuerst der positive Prompt geändert in *"woman with blonde hair. big city in the background"*. Das Resultat ist rechts zu sehen. Ein völlig anderes Bild!

Erst das Eliminieren des dunklen Haares im Negativ-Prompt (*"black hair"*) führt zu dem gewünschten Ergebnis (in der Mitte der Reihe).

Der negative Teil der Eingaben kann aber nicht nur für das Ausradieren unerwünschter Objekte und kleinere Änderungen im Bild benutzt werden. Hauptsächlich wird er in der Praxis eingesetzt, um die Qualität des Bildes weiter zu verbessern und gleichzeitig das Hauptmotiv und die Formulierung im positiven Prompt so wenig wie möglich zu stören.

So sammelt sich im negativen Prompt langsam und stetig eine Liste aus unerwünschten Elementen und der verdrehten Formulierung für hinzu-gewünschte Effekte.

Nach der Arbeit an dem Motiv von einer eindrucksvollen Herrscherin sah der Negativ-Prompt für das Bild schließlich so aus: *"blurry. old. smile. fading colors. shadows. front lighting"* – übersetzt in die positiven Aussagen *"scharf, jung, kein Lächeln, kräftige Farben, keine Schatten, keine Beleuchtung von vorne"*.

Schließlich habe ich die wortreiche Konstruktion aus dem Eingabefeld gelöscht, um wieder ganz von vorne mit einem vollständig positiven Prompt zu beginnen. Dabei ließ sich fast alles verbal umkehren (*"glorious queen, young, severe, intense colors, side lighting, clear and sharp."*).

Lediglich die Schatten habe ich im negativen Feld als unerwünschten Gast stehen lassen. Das Ergebnis war besser als alles, was die KI vorher berechnet hatte. Ich musste lediglich auf die gleiche Körperhaltung wie beim ersten Versuch verzichten. Genauso wie in letzter Zeit die Beschreibungen in den Prompts immer länger werden, wächst auch die Textmenge in den negativen Beschreibungen.

Wie oben bereits erwähnt, ist bei einer bestimmten Anzahl an Stichwörtern die Grenze der Ausführlichkeit erreicht (75 sogenannte Token bei Stable Diffusion). Kreative Wort-Bildner machen einfach im negativen Prompt weiter, wenn der positive Teil der Beschreibung vollständig ausgeschöpft ist.

Prompt: hands playing piano. closeup.
Negativer Prompt: poorly drawn hands. unbalanced keys.
KI: Stable Diffusion

Nach dem Motto »*mehr ist besser*« schleicht sich manchmal das Gefühl ein, dass ausführliche Beschreibungen zu besseren Bildern führen. Außerdem ist es leichter, ein weiteres Stichwort hinzuzufügen, als sich von etwas zu trennen, was ausgerechnet für den unschlagbaren Charm der Szene zu sorgen *scheint*.

Andere Anwender glauben, die Schwächen eines Modells dadurch ausmerzen zu können, indem die Fehler einfach im Negativ-Prompt verboten werden. Die Ergänzung *"poorly drawn hands"* ist oft zu lesen. Leider kann einem Affen auch nicht eingeredet werden, dass dieser fließend Latein spricht.

Subjektiv beurteilt wirken die Tasten des Klaviers mit dem Hinweis im negativen Prompt zwar etwas gerader und besser angeordnet, insgesamt aber versagt die KI bei diesem Motiv auch trotz aller zusätzlicher Hinweise, was sie doch bitte richtig machen soll.

Aber der Glaube an solche Tricks ist stark und es haben sich ellenlange Standards für den negativen Prompt herausgebildet, die von manchen Benutzern konsequent in jede Berechnung eingefügt werden. Hier ein mittellanges Beispiel:

"ugly, tiling, poorly drawn hands, poorly drawn feet, poorly drawn face, out of frame, extra limbs, disfigured, deformed, body out of frame, blurry, bad anatomy, blurred, watermark, grainy, signature, cut off, draft"

Tatsächlich wirken Bilder, die mit diesem Stichwort-Monster gerechnet werden, besser aus als die Version ohne den umfangreichen Beipackzettel. Aber die heilende Wirkung ist vermutlich nur auf ein paar wenige Hinweise wie *"blurry"* und *"blurred"* zurückzuführen, während *"extra limbs"* kein Modell davon abhält, gelegentlich ein Bein oder einen Arm zu viel im Bild zu platzieren.

Bei einer frühen Serie von mir über schillernd-schöne Supermodels in schrillen Bars und Clubs störte die Anhäufung von Texten und Andeutungen von Wasserzeichen in den Bildern. Seitdem gehört das Doppel *"text. watermark"* zum Standard in meinen negativen Prompts, das ich fast immer verwende, ohne zu prüfen, ob eins von beidem überhaupt im Ergebnis auftaucht. Vorsorge ist nicht unbedingt ein guter Stil, kann aber auch nicht schaden.

Bei Abbildungen von Personen neige ich dazu, die drei Wörter *"deformed, ugly, disfigured"* ins zweite (negative) Textfeld einzufügen. Vermutlich und ohne es tatsächlich geprüft zu haben, wirken die letzten beiden Wörter mehr als der erste Begriff, aber subjektiv habe ich den Eindruck, damit insgesamt etwas bessere Ergebnisse zu erhalten.

Zum Schluss ein weiterer Trick, den ich online aufgeschnappt habe und dann benutze, wenn ich eine möglichst flache und unspektakuläre Beleuchtung benötige: Mit *"underexposed, overexposed"* (übersetzt: *"unterbelichtet, überbelichtet"*) werden Kontrast-Spitzen aus den Resultaten herausgerechnet, was eine ausführliche Beschreibung der Beleuchtung spart. Dieser Weder-Noch-Ansatz lässt sich auch auf andere Inhalte übertragen, zum Beispiel bei der Haarfarbe einer Person (*"light hair. dark hair."*)

Besonders lästig ist es auch, wenn immer wieder farblose Schwarzweiß-Aufnahmen berechnet werden, obwohl das im Prompt nicht explizit erwähnt worden ist. Ein knappes *"b&w"* (die Abkürzung für *"black and white"*) im negativen Prompt sorgt konstant für farbige Bilder.

Trotzdem würde ich nicht empfehlen, immer wieder die gleiche Batterie von solchen Verbesserungs-Begriffen in den negativen Prompt zu kopieren. Die Wirkung der Wörter sollte, zumindest bei wichtigen und sorgfältig komponierten Motiven, Stück für Stück (Begriff für Begriff) erprobt werden.

WICHTIG

◆ *Mit dem negativen Prompt können Dinge aus dem Bild radiert werden, ohne das Grundkonzept zu verändern.*

◆ *Einträge dort wirken schwächer als im positiven Prompt.*

◆ *Wenn ein Begriff nicht richtig funktioniert, können Sie sein Gegenteil im anderen Prompt-Feld ausprobieren ("dark" im positiven Prompt oder "light" im negativen).*

◆ *Schwächen der KI können ihr nicht verboten werden ("deformed" im negativen Prompt funktioniert leider nicht).*

Prompt: frau hält sich hände vor das gesicht

Beschreibung: Für ein Bild einer Frau, die sich die Hände vor das
Gesicht hält, stelle ich mir eine Szene vor, in der die Emotionen subtil,
aber kraftvoll zum Ausdruck kommen. Diese Geste könnte eine Vielzahl
von Emotionen darstellen, von Schock und Überraschung bis hin zu
Freude oder sogar Scham. Die Körperhaltung und der Kontext um die
Frau herum könnten weitere Hinweise auf ihre Gefühlslage geben.

KI: DALL-E & ChatGPT

Prompt: gemischtes obst. lustig

Beschreibung: Für ein Bild von gemischtem Obst in einer humorvollen Darstellung könnten wir uns eine Szene vorstellen, in der das Obst lebendig wird. Jedes Stück Obst könnte menschliche Züge oder Verhaltensweisen aufweisen, die humorvoll übertrieben sind. Ein Apfel könnte sich mit Sonnenbrille sonnen, und eine Wassermelone könnte sich mit einem Strohhut entspannen, als ob sie im Urlaub wäre.

KI: DALL-E & ChatGPT

MIX-MIX

*E*ierlegende Wollmilchsau! Und in Bayern streift der *Wolpertinger* durch den Wald. Im bergischen Jägerlatein ist das ein Mischwesen, das je nach Alkoholgehalt des Jägerbluts ein Hase mit Flügeln oder ein Wildschwein mit Schnabel oder etwas ganz anderes sein kann.

Nutzer bildgebender künstlicher Intelligenzen sehen auch ohne den Konsum von Bier oder anderer Rauschmittel dauernd solche exotischen Mischungen. Der Prompt *"dog cat"* erzeugt mühelos und weniger gesundheitsschädlich einen Haufen solcher Zwitterwesen.

Diese gezielte Mischung von Objekten lässt sich über eine ähnliche Syntax wie bei der Gewichtung von Wörtern steuern. Dafür gibt es drei geläufige Anwendungen:

- *Gegenstände sollen vermischt werden*
- *Personen verschmelzen oder die Gesichtszüge einer bestimmten Person hinzufügen*
- *Gegenstände ersetzen*

Um diesen Effekt zu erzielen, werden wieder Klammern im Prompt benötigt. Die beiden Begriffe, die in einem Objekt verbunden werden sollen, werden einfach in eckige Klammer geschrieben und mit einem Doppelpunkt voneinander getrennt:

[apple:lemon]

Wenn Sie keine exakte Gleichverteilung wollen, sondern für das Beispiel oben eher eine Zitrone als einen Apfel sehen möchten, dann kann die

Gewichtung entsprechend verschoben werden. Dazu fügen Sie hinter dem zweiten Teil der Formel eine Zahl zwischen 0 und 1 ein. Dieser Wert beschreibt dann den Anteil, wie stark der zweite Begriff berücksichtigt wird bei der Berechnung.

[apple:lemon:0.2]

Wenn der Prompt oben berechnet wird, verteilt das Modell den Anteil des ersten Wortes zu 80 Prozent auf den Apfel und fügt nur 20 Prozent einer Zitrone hinzu.

Prompt:(apple:0.2), (banana:0.7), (cherry:1.1)
KI: Stable Diffusion

Bei Personen funktioniert das genauso und es lassen sich lustige Mischungen konkurrierender Politiker (amerikanische Präsidenten sind wohl das am meisten verwendete Beispiel) oder ein Selbstportrait in Verbindung mit dem favorisierten Superstar mischen.

Das beschreibt auch einen weiteren Trick, um attraktive Abbildungen von Personen zu erzeugen, indem einfach der Star der Wahl zu einem gewissen Anteil beigemischt wird. So entsteht keine Kopie, die Rechte der dargestellten Person verletzt, sondern nur ein Bild, bei dem der Betrachter entfernt an einen Star erinnert wird und so vielleicht eine Sekunde länger hinsieht.

Wenn Sie mehr als zwei Dinge verbinden wollen, können Sie zur normalen Gewichtung zurück wechseln. Das funktioniert allerdings eher mittelmäßig, ist aber auf jeden Fall ein paar Berechnungen (und die dazugehörige Wartezeit) wert (siehe Bild oben).

Wenn Sie einen mühevoll erstellten Prompt vorsichtig verändern wollen, kann diese Methode ebenfalls dafür benutzt werden. Dieses Verfahren hilft auch, wenn Sie die gleiche Ansicht mit leicht verändertem Inhalt benötigen.

Statt einen Begriff komplett zu ersetzen, schreiben Sie an die gleiche Position im Prompt einfach die Mischung aus alt und neu mit einem hohen Anteil des neuen Objekts. Vergleichen Sie die beiden Prompts unten und probieren Sie dieses Verfahren unbedingt selber aus:

man eats apple in train station. Closeup.

man eats [apple:banana:0.9] in train station. closeup.

Bevor Sie sich aber zu sehr in solchen Formeln verstricken, sollten Sie immer und unbedingt auch den einfachen Weg wählen – also Apfel gegen Banane ersetzen – und die Ergebnisse in Ruhe miteinander vergleichen. Sparen Sie also nicht an Rechenleistung und beauftragen Sie zusätzlich den vollständig veränderten Prompt:

man eats banana in train station. closeup.

Sollte das nicht Ihrem Geschmack und Ihren Vorstellungen entsprechen, dann wechseln Sie wieder zurück zur alten Version und versuchen Sie eine neue Berechnung mit der stark hinzu-gemixten Banane, die den Apfel damit ohne größere Veränderungen überschreiben sollte.

WICHTIG

- *Mischen von Wörtern im Prompt ist ein oft benutztes Stilmittel, vor allem bei berechneten Personen.*

- *Statt einen Begriff zu ersetzen und das Motiv damit zu riskieren, kann ein neues Objekt mit einem hohen Anteil dazu gemischt werden.*

Prompt: mann isst eine banane in einem bahnhof. lustig

Beschreibung: Für eine humorvolle Darstellung eines Mannes, der in einem Bahnhof eine Banane isst, könnten wir eine Szene kreieren, in der der Akt des Bananenessens auf übertriebene Weise dargestellt wird. Vielleicht ist der Mann unverhältnismäßig begeistert von seiner Banane, trägt eine lustige Ausdrucksweise und übertriebene Gesten, als ob diese Banane das beste Essen wäre, das er je hatte.

KI: DALL-E & ChatGPT

Prompt: mann arbeitet an einem fliessband. lustig

Beschreibung:Für eine humorvolle Darstellung eines Mannes, der an einem Fließband arbeitet, könnte man sich eine Szene vorstellen, in der die Situation auf dem Höhepunkt des Chaos steht. Der Mann ist vielleicht mit einer übertrieben großen Mütze und einer Schürze bekleidet, die mit witzigen Aufnähern versehen ist.

KI: DALL-E & ChatGPT

WIEDERHOLUNGS-TATEN

Modelle sind unendlich kreativ und liefern – wie ein Fass ohne Boden – immer neue Varianten des gleichen Prompts. Das beflügelt die Kreativität, kann aber oft auch ein lästiger Nachteil sein.

Ich habe mir angewöhnt, zahlreiche Versionen von Bildern und die dazugehörigen Prompts zu speichern. Viele Motive sind *nah dran*, aber trotzdem drücke ich noch ein paar Mal den Generieren-Button in der Hoffnung, das nächste Bild könnte noch besser sein. Dann ist es gut, wenn die Daten von früheren Ergebnissen noch vorhanden sind, um nach der Auswahl gezielt an einem früheren Entwurf weiter arbeiten und diesen verfeinern zu können.

Konstante Ergebnisse zu erzeugen, ist ein viel diskutiertes Thema. Dafür sind die Modelle aber eigentlich nicht konzipiert. Wie schwierig Konstanz in einer Reihe sein kann, hat der amerikanische Produkt-Designer *Ammaar Reshi* vorgeführt: Sein Kinderbuch *"Alice and Sparkle"* wurde im Jahr 2022 mit Hilfe von ChatGPT für die Geschichte und Midjourney für die Illustrationen an einem Wochenende publiziert.

Das Werk entfachte eine Diskussion unter Kreativen. Beim genauen Hinsehen zeigt es aber auch die aktuellen Schwächen bildgebender Modelle, denn die Illustrationen im Buch unterscheiden sich deutlich voneinander. Handgezeichnete und von Menschen erschaffene Produkte sehen (noch) ganz anders aus!

Der Roboter ist von Abbildung zu Abbildung anders konstruiert und auch der Stil der Bilder springt munter hin und her zwischen Zeichnung und Animation. Trotzdem war das Buch ein Erfolg, weil es durch die Art, wie es gemacht worden war, viel Aufmerksamkeit auf sich zog.

Während Fotografen einzelnen Bildern mittlerweile hilflos der kreativen Kraft und mühelosen Flexibilität von scheinbar intelligenten Modellen ausgeliefert sind (und dieses Rennen vermutlich verlieren werden), haben Menschen bei Serien von Bildern und erst recht bei bewegten Bildern noch einen minimalen Vorsprung.

Einen derben Vorgeschmack auf das, was auch im Film in naher Zukunft möglich sein wird, ist auf den Videoportalen unter dem Stichwort *"Barbenheimer"* zu finden. Eine synthetische Mischung aus den beiden Blockbustern *"Barbie"* und *"Oppenheimer"*, die komplett von KIs erstellt worden ist.

Bei Texten ist Kooperation und Abgrenzung zwischen Menschen und KIs schon deutlich intensiver diskutiert worden als bei Bildern und Filmen. Selbst bei Gerichten werden heute schon KIs für die Formulierung von Texten eingesetzt.

ChatGPT und Kollegen haben heute schon keine Probleme, in einem Text die gleiche Person mit identischem Charakter und Aussehen von Szene zu Szene weiter zu reichen und damit ganze Bücher und Drehbücher zu füllen. Deswegen haben im Jahr 2023 Drehbuchautoren und Filmstudios in Hollywood bereits klare Regeln aufgestellt, welche Inhalte eine KI erstellen, wobei sie beim Erstellen eines Drehbuchs helfen darf und was für sie verboten bleibt.

Die Argumentation ist einfach: Wer in Hollywood Drehbücher für Filme schreiben will, muss Mitglied in der Gewerkschaft sein (*»Writers Guild of America«*). Der Rest des Dreisatzes ist einfach: KIs sind keine Menschen, und nur Menschen können der Gewerkschaft beitreten. Also dürfen KIs keine Drehbücher schreiben. Problem gelöst! Aber welche Software genau auf den Rechnern der zahlreichen Schreiber installiert ist, prüft (bisher) niemand.

Auch in Deutschland durfte sich lange Zeit nur jemand Fotograf nennen, der einen entsprechenden Meisterbrief an der Wand hängen hatte. Engagierte wie talentierte Amateure sind oftmals an ihrem Wunschberuf gescheitert, wenn sie sich nicht auf die berufsmäßige Ausbildung einlassen wollten.

KIs sind mittlerweile in der Lage, schriftliche Prüfungen in unterschiedlichen Fachrichtungen zu bestehen. Also eine künstliche Intelligenz mit Meisterbrief in der virtuellen Tasche ist durchaus vorstellbar. Vielleicht wird zukünftig eine andere Grenze gezogen: Fotos darf nur etwas machen, das eine Kamera in einer Hand halten kann.

Anwender müssen für die Wiederholung von Motiven mit Tricks arbeiten, um Gleiches und Ähnliches aus den Algorithmen herauszukitzeln. Dabei sollten drei Arbeitsweisen unterschieden werden:

- *Schrittweise Veränderung und Erweiterung eines Bildes*
- *Unterschiedliche Objekte in der gleichen Szene (vergleichbar mit einer Kulisse im Theater)*
- *Gleiche Objekte (vor allem Personen) in verschiedenen Umgebungen*

Die beste Option, um gleiche oder wenigstens ähnliche Bilder zu erzeugen, ist ein konstanter Seed, der für eine einheitliche Basis bei unterschiedlichen Prompts sorgt und zusätzlich eine solide Personenbeschreibung. Beachten Sie dabei, dass massive Änderungen in der Beschreibung auch zu völlig anderen Ergebnissen führen können.

Auch sollten Sie sich genau ansehen, was *gleiche Ergebnisse* für eine bildgebende KI bedeuten. Dazu können Sie sich ein Bild wie ein Spinnennetz vorstellen, bei dem alle Fäden unter hoher Spannung miteinander verbunden sind.

Wenn an einer Stelle gezogen wird, dann hat das Auswirkungen auf das gesamte Netz. Auch wenn sich die Grundstruktur nicht verändert, bringen Sie doch schon mit einer kleinen Berührung sehr viel Bewegung in die gesamte Struktur. Haben Sie nicht zu große Erwartungen, einen tollen Hintergrund oder eine bestimmte Person in unzähligen Bildern wiederverwenden zu können.

Ein konstanter Basiswert (Seed) sorgt dafür, dass die Struktur (das Grundrauschen) des Bildes erhalten bleibt. Bäume oder Gebäude erscheinen bei erneuter Berechnung in etwa an der gleichen Stelle. Das bedeutet aber lange nicht, dass sie die exakt gleiche Szene zu Gesicht bekommen werden.

Wenn so etwas gewünscht ist, würde ich dringend vorschlagen, wieder in eine Arbeitsweise zu wechseln, wo mehrere Programme benutzt werden. Also zum Beispiel zuerst einen Hintergrund berechnen und auf diesen dann in einem Programm für Bildbearbeitung weitere Elemente des Bildes im Schichtverfahren hinzufügen. So werden Sie schneller zu Ergebnissen kommen, mit denen Sie zufrieden sein werden.

Für gleiche Objekte in verschiedenen Bildern kann es helfen, einen Gegenstand so präzise wie möglich zu beschreiben. Die Prompts *"dog in city"* und *"dog at the beach"* werden natürlich zu völlig anderen Ergebnissen führen. Wenn Sie aber den allgemeinen Hund gegen eine spezielle Rasse auswechseln, haben Sie deutlich bessere Chancen, das sehr ähnliche Tier ebenfalls auf dem nächsten Bild zu Gesicht zu bekommen. Zumindest kann ich einen Dackel kaum von einem anderen Hund oder einen anderen Rasse unterscheiden...

Besonders das Wissen über konkrete Produkte ist enorm umfangreich bei den Modellen, weil große Mengen an Werbung, Bildern aus Testberichten und von Benutzern in den Trainingssets enthalten sind.

Vor einiger Zeit benötigte ich das Foto von der gleichen Kamera in zwei unterschiedlichen Szenen – einmal im Regenwald und einmal in der Arktis. Anfangs habe ich mich darüber geärgert, dass beim Wort *"camera"* im Prompt ständig völlig unterschiedliche Fotoapparate gezeigt wurden, die auch noch munter die Farbe zwischen silber und schwarz wechselten (sehr gemein).

Mit dem Hinweis auf einen speziellen Hersteller (*Nikon* in diesem Fall) wurde die Abbildung besser, aber es waren immer noch Ausreißer dabei. Erst nach einer Suche im Netz nach einem speziellen Kameramodell und einem konkreten Objektiv wurden die Ansichten bei wechselndem Hintergrund sehr konstant.

Selbst die Szene im Rücken der Hauptmotive kann mit Hilfe von Sehenswürdigkeiten sehr gleichmäßig gehalten werden. New Yorker Straßenzüge produziert die KI genauso wiedererkennbar wie Szenen aus anderen Städten rund um die Welt.

Alternativ können Objekte sogar vor konkreten Bauwerken wie der Golden Gate Bridge, dem Empire State Building oder dem Grand Canyon abgelichtet werden.

Menschen sind Marken! Der gleiche Trick funktioniert bei Personen auf sehr einfache Art, wenn der gleiche Prominente in immer unterschiedliche Szenen gesetzt wird.

Zum Ausprobieren nehmen Sie Ihren Lieblings-Schauspieler, -politiker oder -sänger und lassen diesen vor unterschiedlichen Kulissen posieren. Am besten wird dabei der richtige Name der Person benutzt und nicht der Rollenname in einem bestimmten Film, zum Beispiel *Harrison Ford* statt *Indiana Jones* oder *Han Solo*, weil die Abbildungen in den Rollen zu viele visuelle Elemente aus den Filmen mit sich ins Bild ziehen.

Bei *Han Solo* sind so etwa sehr oft Laserschwerter (bekannt aus den Filmen) im Hintergrund erkennbar.

Leider zieht bei bekannten Persönlichkeiten Justitia wieder die Augenbinde über und wirft schwere Argumente zu Ihren Ungunsten in die Waagschale, ob diese Bilder öffentlich verwendet werden dürfen.

Aber – und das haben Sie im Kapitel *"Mix-Mix"* gelesen, können auch Unbekannte in Motiven immer wieder auftauchen, indem nur die Gene der Stars und Sternchen hinzugefügt werden, statt die komplette Erscheinung zu übernehmen.

Wenn Sie dabei auf Nummer sicher gehen wollen (Wer legt sich schon gerne mit Hollywood an?), dann kreuzen Sie am besten mehrere Prominente in einer Person zusammen.

Ein guter Trick, um sich weiter von der Original-Vorlage zu entfernen, ist es, mit dem Alter zu spielen. Wenn Sie einen Greis benötigen, dann verwenden Sie einen jungen Prominenten und lassen diesen mit entsprechenden Hinweisen im Prompt altern. Umgekehrt funktioniert das leider nicht so gut. Probieren Sie *"young woman like judi dench"* oder *"young man like morgan freeman"*.

Durch kreatives Mischen von Gesichtern entfernen Sie sich von dem Risiko der Wiedererkennung oder einen kompletten Kopie, aber trotzdem wird die Grundstruktur einer Person relativ fest bei der Berechnung von Varianten eines Bildes hinzugefügt.

Probieren Sie folgende Prompts in Ihrem Modell aus – auch wenn ich vorher von den Namen der Charaktere aus Filmen abgeraten habe, funktionieren die beiden Prompts unten mit Sicherheit bereits ziemlich gut in Ihrer Vorstellungskraft:

"[man:han solo:0.2] in tuxedo in rainforest."

"[man:han solo:0.2] in tuxedo in antarctica."

Darüber hinaus gibt es bereits zahllose Erweiterungen, mit denen die Wiederholung von Personen vereinfacht werden kann. Eindrucksvoll ist dabei *Roop* (Link zur Webseite: https://github.com/s0md3v/sd-webui-roop), das im Zusammenspiel mit Stable Diffusion und *Automatic1111* (ein Browser-basiertes Interface für dieses Modell) die Übernahme von Gesichtern aus Vorlagen ermöglicht.

Auf der Homepage dieses leistungsfähigen und sehr nützlichen Werkzeugs wird die Übernahme des Gesichts der Mona Lisa von Leonardo da Vinci in das realistische Foto einer Laborantin mit Schutzbrille gezeigt. Die Ähnlichkeit sorgt für Gänsehaut, als sei die Frau aus der Renaissance in der Gegenwart als echter Mensch wieder auferstanden.

Wenn Sie tiefer in das Thema einsteigen möchten, dann suchen Sie nach *"character studies"* (übersetzt: *"Charakterstudien"*) oder *"character consistency"* (übersetzt: *"Durchgängigkeit von Charakteren"*) in Kombination mit dem Modell Ihrer Wahl.

Es gibt viele Beschreibungen, wie eine Figur durch verschiedene Welten bewegt und aus unterschiedlichen Perspektiven betrachtet werden kann, ohne das Gesicht dabei zu verlieren. Aber Sie sollten sich in jedem Fall mit reichlich Geduld und Hartnäckigkeit ausstatten, denn mit einfach installierbaren Programmen sind solche Bildreihen bisher nicht herzustellen. Das wird aber sicher nicht lange auf sich warten lassen.

Im Moment sind die Basismodelle nicht auf Wiederholungen trainiert, aber lange wird es sicher nicht mehr dauern, bis die ersten Gehversuche, über die bereits im Internet berichtet wird, komfortabel genutzt werden können. Halten Sie einfach online Ausschau, vielleicht ist in diesem Moment bereits eine Lösung irgendwo erschienen.

WICHTIG

- *Wiedererkennbare Objekte lassen sich durch möglichst konkrete Beschreibungen herstellen ("modern red tea pot").*

- *Wenn gleiche Personen in verschiedenen Szenen auftreten sollen, dann können entweder Prominente oder Personen, die mit Prominenten gemischt werden, virtuell engagiert werden.*

- *Im Hintergrund lassen sich Ansichten berühmter Sehenswürdigkeiten oder Städte zur Wiederholung benutzen.*

Prompt: kampf mit laserschwertern auf dem roten teppich

Beschreibung: Für die Darstellung eines Kampfes mit Laserschwertern auf dem roten Teppich könnten wir uns eine Szene vorstellen, die gleichzeitig glamourös und actionreich ist. Zwei elegant gekleidete Figuren, vielleicht in futuristischen oder thematisch passenden Kostümen, stehen sich auf einem glänzenden roten Teppich gegenüber.

KI: DALL-E & ChatGPT

Prompt: streitendes pärchen auf einer einsamen insel

Beschreibung: Für ein Bild eines streitenden Paares auf einer einsamen Insel, das humorvoll dargestellt werden soll, könnten wir uns eine überspitzte Szene vorstellen, in der die Absurdität der Situation hervorgehoben wird. Das Paar steht sich mit übertriebenen Gesten gegenüber, vielleicht mitten in einer hitzigen Diskussion über etwas scheinbar Belangloses, wie die richtige Art, Kokosnüsse zu öffnen.

KI: DALL-E & ChatGPT

GEFÜHLSECHT

Eines meiner Lieblingswörter in Prompts ist *"disturbing"* (übersetzt: *"beunruhigend"* oder *"verstörend"*). Unten sehen Sie die Ergebnisse des Prompts *"deep sea diver"* im ICBINP-Modell einmal mit dem Stichwort *"disturbing"* und einmal ohne. Schauen Sie sich die sechs Bilder unten genau an. Obwohl die Tiefsee schon eine eher ungemütliche Grundstimmung hat, lässt sich die Wirkung dieses kleinen Zusatzes in den Ergebnissen weiter unten sehr gut erkennen.

Für eine Text-Reportage über das Nachtleben in Berlin habe ich eine Serie von Schwarzweiß-Bildern produziert, die düster und beklemmend wirken sollten. Jeder der guten Prompts endete auf *"disturbing atmosphere. tri-x pan. dark. vignette"* (übersetzt: "verstörende Stimmung. Tri-X Pan (Schwarzweißfilm). Dunkel. Vignette (Abschattung an den Rändern des Bildes)".

Diese Beschreibung wirkte so stark, dass davor größtenteils nur wenige Worte erforderlich waren, um eine tolle und sehr konsistente Serie im Stil eines minimalistischen Straßenfotografen zu erzeugen. Ehrlich gesagt: Nach zwei Tagen hatte ich mit wenig Aufwand eine riesige Motiv-Auswahl zusammengetragen.

Solche weichen Begriffe (etwas unspezifischer aber auch *"happy"* oder *"attractive"* gehören dazu) wirken im gesamten Spektrum des Wortschatzes. Dabei muss sich der Prompt-Autor nicht besonders exotisch oder gewählt ausdrücken. Ein einfaches und weit verbreitetes *"magic"* oder *"mysterious"* ist von den Modellen so oft und in so vielen Varianten gesehen und gelernt worden, dass die Auswirkung auf die Berechnung oft den Geschmack oder die Erwartungen des Betrachters mühelos trifft.

Neben Massenbegriffen kann auch das Stöbern in den dunklen Winkeln des Wörterbuchs zu guten Ergebnissen führen. Nachdem ich bei einem Motiv mit den begriffen *"skinny"* und *"starved"* (übersetzt: *"mager"* oder *"abgemagert"*) nicht weiter gekommen bin, habe ich das unge- wöhnlich und für mich völlig unbekannte *"emaciated"* aus dem Online- Wörterbuch gezogen und in den Prompt übertragen – und zwar mit ei- nem Erfolg im Bild, mit dem ich nicht gerechnet hatte.

Prompt: deep sea diver bzw. deep sea diver disturbing
KI: ICBINP

Seitdem habe ich mir zwei Arbeitsweisen angewöhnt: Mit geläufigen und klischeebehafteten Begriffen genauso ein paar Berechnungen zu versuchen, wie mit exotischen Wörtern, Fachbegriffen und philosophisch tiefgreifenden Formulierungen.

Prompt: disco. disturbing atmosphere. tri-x pan. dark. vignette.
KI: ICBINP

Überraschungen – im guten wie im schlechten Sinne – sind irgendwie immer dabei: Für einen Blog-Beitrag über Hexenschuss und Rückenschmerzen habe ich die offizielle Übersetzung und gleichzeitig den lateinischen Fachbegriff für die Feiertagskrankheit (so wird der Hexenschuss bei Pferden genannt) in den Prompts verwendet.
Leider liefert *"lumbago"* keine schmerzgekrümmten Personen, sondern bärtige Kerle aus der Westernwelt. Eine plausible Erklärung für diese

Verwechslung kann ich nicht bieten. Weil die konventionelle Bildersuche auch nicht viele Motive zu dem Stichwort liefert, bleibt nur die Erklärung, dass die KI den Ausdruck vielleicht mit dem geläufigen *"lumberjack"* (übersetzt: *"Holzfäller"*) verwechselt. Beim Betrachten der Ergebnisse scheint die Erklärung richtig zu sein.

Und weil die gerechneten Ergebnisse trotzdem gut aussehen, obwohl sie nichts mit dem gesuchten Thema zu tun haben, ergänzen Sie einfach ein "mysterious" im Prompt und dabei herauskommen neblige und eigenartig beleuchtete, kantige Personen, die tatsächlich gut in einer Mystery-Serie aus Alaska mitspielen könnten.

Prompt: lumberjack mysterious
KI: ICBINP

Mit solchen Gewürzen kann schnell und einfach für eine ungewöhnliche und faszinierende Stimmung gesorgt werden. Auch Wörter wie *"glorious"*, *"dramatic"* oder *"amazing"* spülen ihre breite Bedeutung ins Bild. Die Ergebnisse glänzen ganz klar mit einer großen Portion Zufall, erfordern aber deutlich weniger Arbeit. Wenn Sie beim Resultat flexibel sind, dann ist das definitiv immer die beste Wahl der Wörter.

Bedenken Sie, dass für das erste Titelbild eines Magazins (für die Frauenzeitschrift Cosmopolitan im Jahr 2022) sechs Frauen stundenlang an einem Prompt getüftelt haben, der innerhalb von ein paar Sekunden mit dem Modell Dall-E 2 in ein Bild verwandelt worden ist.

Eine gute Hilfe (neben dem klassischen Wörterbuch) geben Webseiten, die sich mit Wortschatz-Analysen beschäftigen (zum Beispiel auf der Webseite https://www.wordandphrase.info/frequencyList.asp). Zu den Wörtern (zum Beispiel denen von oben) werden mit einem Klick weitere, wertvolle Informationen ausgegeben.

Während *"magic"* auf Rang 3.434 der am meisten verwendeten Wörter steht und tatsächlich am häufigsten in Nachrichtentexten auftaucht, schafft es *"emaciated"* nur auf Rang 23.345 und wird – wie erwartet – hauptsächlich in fiktionalen Texten verwendet.

Darüber hinaus werden weitere Wörter auf der Seite angezeigt, die oft mit dem jeweiligen Suchbegriff kombiniert werden und Kreative, die keinen umfangreichen englischen Wortschatz in ihrem Kopf mit sich herumtragen, auf neue Wege führen kann.

In Foren und auf Galerie-Seiten der Modelle kursieren ebenfalls zahlreiche Begriffe, die Qualität und Stimmung ins Bild bringen sollen. Besonders gefragt sind weiche Begriffe, die den Resultaten eine gewisse Professionalität einhauchen sollen. Dazu gehören vor allem *"hyperrealistic photo"*, *"detailed"* und *"delicate"*. Aber auch eher technische Anforderungen wie *"4k"* oder *"cinematic"* sind oft zu lesen.

WICHTIG

◆ *Weiche Begriffe sind eine tolle Spielwiese beim Benutzen bildgebender Modelle.*

◆ *Solche Schlagwörter erzeugen immer etwas mehr Überraschung bei weniger Kontrolle, können Bilder aber durchaus in ihrer Wirkung verstärken, zum Beispiel professioneller oder detaillierter wirken lassen.*

◆ *Das Stöbern im Englischen Wörterbuch nach exotischen Begriffen ist auch immer eine weitere Berechnung wert.*

◆ *Darüber hinaus helfen Webseiten, die sich mit Sprach-Statistiken beschäftigen, neue, ähnliche oder ganz einfach bessere Begriffe zu entdecken.*

Prompt: seltsames abendessen*

Beschreibung: Für ein Bild, das ein seltsames Abendessen darstellt, könnten wir uns eine humorvolle und skurrile Szene vorstellen, die die Grenzen des Gewöhnlichen auf kreative Weise überschreitet. Am Tisch sitzen vielleicht Personen mit ungewöhnlichen Outfits, die Speisen genießen, die auf den ersten Blick normal erscheinen, bei genauerem Hinsehen jedoch seltsame und unerwartete Eigenschaften aufweisen.

KI: DALL-E & ChatGPT

* Der Prompt „*verstörendes abendessen*" verstösst gegen die Richtlinien von OpenAI: „*Allerdings liegt mein Fokus darauf, positive, konstruktive und kreative Inhalte zu fördern, die den Richtlinien von OpenAI entsprechen.*"

Prompt: schütze schiesst auf wörter

Beschreibung: Für ein Bild, das darstellt, wie ein Schütze auf Wörter schießt, könnte man sich eine Szene vorstellen, die sowohl metaphorisch als auch witzig ist. Der Schütze, vielleicht in einer übertriebenen Pose mit einem riesigen, karikaturhaften Gewehr, zielt auf Wörter, die durch die Luft fliegen oder als Ziele in der Szene platziert sind.

KI: DALL-E & ChatGPT

JEDES WORT EIN TREFFER

D er Prompt ist mittlerweile viel zu lang und jede neue Berechnung scheint nicht zu dem Bild zu führen, das Sie schon zu lange im Kopf haben und das nicht auf dem Bildschirm erscheinen will.

Nach einer langen Kaffeepause sind Sie fast so weit, noch einmal ganz von vorne zu beginnen. Das Prompt-Ungetüm scheint unkontrollierbar geworden zu sein. Auch weil sich im Negativ-Prompt ebenfalls schon die Wörter häufen.

Bevor Sie weiter wahllos Wörter streichen und wieder ein paar weitere dazu schreiben, sollten Sie in den Gedulds-Modus wechseln und den Prompt sowie die Wirkung seiner Teile auf das Bild Stück für Stück analysieren. Aber tun Sie das nur, wenn Sie bereits ein Resultat vor sich sehen, das erfolgversprechend wirkt und die Mühe sich lohnen könnte. Wenn der Prompt gar nichts Interessantes berechnet, dann sollten Sie vielleicht doch noch einmal von vorne beginnen.

Der erste Schritt besteht darin, alle Wörter zu entfernen, die offensichtlich keine Auswirkungen auf das Bild haben. Bei Personen benutze ich oft und gerne ein modernes Café als Hintergrund (und ein weiches Bokeh für die Stimmung). Aber es gibt viele Bilder, in denen vom Kaffeeladen gar nichts zu sehen ist. Trotzdem lasse ich meistens die Beschreibung davon im Prompt stehen (aus Faulheit).

Aber langsam: Statt alles auf einmal heraus zu streichen, sollten Sie Wort für Wort vorgehen. Beobachten Sie genau, wie die Bilder sich verändern. Zu Kontrolle kann jeder Zwischenschritt gespeichert und die Bilder wie ein Daumenkino zum Vergleich durchgeklickt werden. Ehrlich? Mindestens ein Viertel der Wörter, die ich bei der Entwicklung eines Prompts hinzufüge, wirken sich am Ende gar nicht oder unwesentlich auf das Ergebnis aus.

Wenn Sie das relevante Set an Wörtern definiert haben, können Sie zusätzlich die Reihenfolge der Begriffe ändern. Die Wirkung dieser Maßnahme kann unterschiedlich ausfallen und ist – zumindest bei langen Prompt-Ketten – nicht so deutlich sichtbar, wie das Hinzufügen und Entfernen von Begriffen. Meistens!

In einem Fall hatte ich ein wunderschönes Motiv einer rothaarigen Frau, die sich aber weigerte, direkt in die Kamera zu schauen, obwohl ich *"intense look into camera"* erwähnt hatte, aber offensichtlich zu weit hinten in der Befehlskette. Durch Vorziehen des Kommandos auf Platz eins in der Beschreibung schaute die virtuelle Frau genau dahin, wo sie hinsehen sollte.

Oben ist das beschriebene Beispiel nachgestellt (vom Original hatte ich nur das letzte Ergebnis abgespeichert, aber nicht den Weg dorthin). Durch das Vorziehen des Befehls für den Blick in die Kamera (von Bild 1 auf Bild 2) war das Motiv besser, aber das Lächeln deutlich zu stark. Mit dem Wechsel von *"smile"* aus dem positiven in den negativen Prompt war das Ergebnis fast perfekt (von Bild 2 auf Bild 3). Zum Schluss wurde nur noch die Augenfarbe gewechselt (von Bild 3 auf Bild 4).

Der Prompt klang nach dem Umsortieren nicht mehr wie eine normale Personenbeschreibung, weil die Attribute bunt vermischt gelistet waren. Dieses Beispiel zeigt sehr gut, dass eine Formulierung, die in einen Roman passt, nicht unbedingt von einer KI verstanden und entsprechend interpretiert werden kann.

Deswegen ist die Neu-Anordnung eine gute Übung, wenn das Bild nicht mehr besser wird: Was anfangs in normaler Sprache geschrieben nicht funktioniert hat, bekommt frisch sortiert und Stück für Stück verschoben eine bessere optische Wirkung – beim gleichzeitigen Verlust literarischer Tiefe. Nach dieser Arbeit wird sichtbar, welche Sprache die künstliche Intelligenz tatsächlich spricht!

Für die nächste Übung brauchen Sie ein möglichst dickes (digitales) Synonym-Lexikon. Ersetzen Sie Begriffe nach und nach gegen ähnliche oder sogar gleichbedeutende Wörter und schauen Sie genau zu, was bei jedem Tausch im Bild vor sich geht.

Weniger zielführend ist es, bei dem einen oder anderen Stichwort mal das ganze Gegenteil zu probieren. In die richtige Richtung wird Sie das zwar nicht führen, aber es lässt sich gut beobachten, wie weit sich der verdrehte Begriff auf das gesamte Bild auswirkt. Gerade bei extremen Paaren wie schön und hässlich kann gut beobachtet werden, wie weit der Einfluss vom jeweiligen Teil des Prompts reicht. Nach der schnellen Sichtprüfung können Sie natürlich wieder zurück zur ursprünglichen Bedeutung wechseln, um danach gegen ein Synonym auszutauschen.

Prompt: intense look into camera. young beautiful woman, copper red hair, cyan eyes. dark green cozy pullover. leaning on a table. closeup. interior of a cafe with a lot of wood in background. group of talking young men staring at her. 85mm. super realistic photo. f/2.8. bokeh. super soft lights from top. stunning elegant picture with amazing golden coloring. strong vignette.
Negativer Prompt: deformed. text. watermark. clear. hard. grainy. grain. rain. clouds. windows. collage. smile
Seed: 194489319
KI: Stable Diffusion

Prompt: beautiful/handsome/ugly woman
KI: Stable Diffusion

Nachdem Sie den Prompt systematisch durchgearbeitet haben, können Sie langsam wieder neue Begriffe hinzufügen. Eine sanfte Strategie, die Ihnen nicht unbedingt das gesamte Bild sofort wieder durcheinanderbringt: Hängen Sie neue Begriffe am Ende an und wechseln Sie so lange gegen Synonyme oder leicht andere Wörter durch, bis der gewünschte Effekt erkennbar wird. Um die Wirkung des Worts zu verstärken, ziehen Sie dieses Stück für Stück weiter nach vorne.

Achtung: Diese Vorgehensweise hilft Ihnen, eine bessere Übersicht im Prompt zu bekommen, denn manchmal wird ein Wald mit zu vielen Bäumen im Textfeld aufgebaut. Schritt für Schritt können Sie die Wirkung der einzelnen Elemente analysieren und die gesamte Wirkung des Bildes gezielter in die richtige, gewünschte Richtung treiben.

Erwarten Sie aber nicht zu viel bei dieser Methode. Hinter dem Bild liegt ein chaotisches Rauschen, das vom Modell nach und nach in ein ansehnliches Bild verwandelt wird. Wie beim oben beschriebenen Spinnennetz sind alle Verbindungen empfindlich wie die gespannten Saiten auf einer Geige. Die kleinste Berührung kann das Erscheinungsbild trotzdem ab und zu auch mal völlig durcheinanderbringen.

WICHTIG

◆ *Zuerst unwirksame Wörter einzeln entfernen, bis ein stabiles, reduziertes Set erreicht ist.*

◆ *Danach die Reihenfolge der wirksamen Begriffe ändern (auch wenn der Effekt nicht so deutlich sichtbar ist).*

◆ *Zum Schluss neue Begriffe hinzufügen, Position der Begriffe ändern und Begriffe gegebenenfalls wieder entfernen (dazwischen immer wieder neu berechnen).*

◆ *Reihenfolge für neue Begriffe: zunächst hinten anfügen (sanfte Änderung), Synonyme ausprobieren (Änderung der Wirkung), vorziehen zur Verstärkung der Wirkung.*

Prompt: dieb klaut ein kunstwerk. lustig

Beschreibung: Für ein Bild, das auf humorvolle Weise darstellt, wie ein Dieb ein Kunstwerk klaut, könnte man sich eine Szene vorstellen, die voller komischer Elemente und Übertreibungen steckt. Der Dieb, vielleicht in klassischer Diebeskleidung mit einem schwarz-weiß gestreiften Shirt, einer Maske und einer Mütze, könnte auf übertrieben leisen Sohlen schleichen, während er versucht, ein auffallend großes und ungewöhnliches Kunstwerk zu stehlen.

KI: DALL-E & ChatGPT

ALLES NUR GEKLAUT!?

>> Kunst ist Diebstahl« lautet ein Zitat von Pablo Picasso. Die Diskussion um den Schutz von Eigentum hat bereits mit der Erfindung der Computer ganz neue Dimensionen erreicht. Digitale Kopien sind nämlich von einem ebenfalls digitalen Original nicht zu unterscheiden.

Zuerst wurden Spiele von Diskette zu Diskette weitergegeben. Musik und die kinderleichte, massenhafte Verbreitung durch das Kompressionsverfahren MP3 sorgte sogar dafür, dass Schallplatten, CDs und Musikkassetten fast vollständig von der Bildfläche verschwunden sind.

Kurze Zeit später traf es Filme, die über das Internet, den USB-Stick oder die Festplatte verbreitet wurden. Die DVD ist damit ebenso plötzlich zum unhandlichen Dinosaurier einer alten Medienwelt geworden.

Aber auch an anderen Fronten toben juristische Kriege, die sich durch die ganz verschiedenen Rechtssysteme unterschiedlicher Staaten auf der ganzen Welt hinziehen, denn digitale Medien können manipuliert und mit wenigen Klicks in die eigenen Videos, Bilder und Webseiten eingebaut werden.

Vieles davon steht mitten in einer juristischen Grauzone zwischen dem, was als journalistische Berichterstattung, Produktplatzierung, dem normalen Gebrauch von bestimmten Gegenständen im Alltag und bezahlter Werbung bezeichnet wird.

Ein gutes Beispiel dafür sind YouTuber, die Computerspiele aufzeichnen und öffentlich ins Netz stellen. Der inhaltliche Großteil dieser Videos ist keine Eigenleistung, weil meist nur die eigene Stimme und ein Miniaturbild des Spielers unten in der Ecke zugemischt wird.

Konzerne hätten gute Chancen, solche Videos verbieten zu lassen. Aber Moment: Andererseits sind diese natürlich gleichzeitig eine gute Werbung und potenzielle Käufer können sich einen besseren Eindruck von dem Game machen, als wenn Sie sich im Laden den Text und die Bilder auf der Rückseite der Verpackung ansehen würden.

Überraschend schwappt dann diese scheinbar kostenlose Werbung wieder ins Gegenteil um, wenn zum Beispiel in digitalen Welten politische Demonstrationen veranstaltet werden oder in Programmen, in denen eigentlich bunte Klötzchenwelten gebaut werden sollen, Menschen beleidigt und schlimmeres mit ihnen gemacht wird.

Bildgebende künstliche Intelligenzen können in einem riesigen Spektrum juristischer Vorschriften betrachtet werden. Ich will Ihnen an dieser Stelle keinen konkreten juristischen Rat erteilen, sondern Ihnen ein paar Perspektiven aufzeigen, aus welchen Richtungen Sie Ihre Werke kritisch betrachten sollten.

Solche juristischen Überlegungen wirken sich auf den Umgang mit einer KI aus. Ihnen wird aufgefallen sein, dass ich in diesem Buch Abbildungen von Prominenten und prominenten Produkten vermieden habe. Andererseits können eigene Beschränkungen und ein besonnener Umgang mit den Ergebnissen der Berechnungen die Nutzer auch vor sehr viel Unannehmlichkeiten (oder sogar richtigen Ärger) schützen.

Deswegen sollten Sie dieses Kapitel nicht überspringen, sondern auch die hier erwähnten Anregungen in Ihre Arbeit einfließen lassen. Wenn sich die Nutzer künstlicher Intelligenzen, die wirklich praktische Erfahrung im Umgang damit sammeln, keine Gedanken über Ethik und Verantwortung machen, wer sollte es dann tun?

Solange Sie Bilder für private Zwecke generieren, sollten Sie in der Regel keine Probleme damit bekommen. Kritisch könnte aber auch das werden, weil künstliche Intelligenzen durchaus in der Lage sind, verbotenes Bildmaterial zu erzeugen, das sich rechtlich nicht einmal im Besitz einer Person befinden darf.

Sobald Sie Ihre Kreationen auf Kaffeebecher drucken oder irgendwie anders kommerziell verwerten und öffentlich publizieren wollen (im eigenen Blog oder auf Social-Media), dann müssen Sie gut überlegen, was auf dem Bild zu sehen sein darf und vor allem: *Was nicht!*

Stellen Sie sich vor, sie betreiben eine kleine Kaffeerösterei und suchen ein gutes Motiv für eine Werbung. Die KI produziert ein Foto im Stil eines bekannten Fotografen mit einem Prominenten, der in der einen Hand nur eine Kaffeetasse, aber in der anderen ein teures Smartphone hält und sich gegen einen teuren Sportwagen lehnt.

Damit haben Sie scheinbar ein Vermögen für die Produktion ihrer einzigartigen Werbekampagne gespart: Insgesamt ein tolles Foto mit jeder Menge Prominenz, außergewöhnlicher Kreativer-Leistung, einer tollen Location im Hintergrund und nahezu unbezahlbaren Requisiten.

Aber: In der wirklichen Welt ist so ein Motiv ein Schlachtfeld für Agenten, Marken-Experten von Firmen und Anwälten, wenn ein Unternehmen oder ein Star sich in seinen Rechten verletzt oder nicht ausreichend honoriert fühlt.

Sie kennen sicher Szenen in Filmen, wo auf Laptops das Logo am Deckel zugeklebt ist? Außerdem sollten Sie wissen, dass Autohersteller dafür bezahlen, wenn Prominente ihre Marken fahren oder die Produkte durch Filme rasen. Stars kassieren eine Menge Geld, wenn Sie einen Espresso auf einem Balkon in der Toskana schlürfen. Und hinter all dem stecken Heerscharen von Anwälten, die jeden Fehltritt genau prüfen, ob sich daraus vielleicht mehr Geld schlagen lässt, als wenn es sich um ein vertraglich sauber vereinbartes Motiv gehandelt hätte.

Noch schlechter oder besser – je nachdem aus welcher Perspektive betrachtet –, wenn mit einem Motiv etwas herabgewürdigt wird. Ein nackter Star, der auf einem Schwein durch die Wüste reitet, wirkt im ersten Moment lustig und muss auf jeden Fall in den eigenen Social-Media-Kanälen geteilt werden.

Der Star, der vermutlich niemals nackt auf Schweinen reitet, findet das mit Sicherheit ganz und gar nicht lustig, weil es seinem Image schadet. Die einzigen, die sich am Ende so einer Geschichte von vorne bis hinten freuen, sind die Anwälte, die jede Menge Schmerzensgeld und Schadensersatz einklagen und aushandeln werden. Also eine Katastrophe für fast alle Beteiligten.

Klingt übertrieben? Schauen Sie sich Berichte in den Medien an, bei denen Politiker wegen rassistischer Faschingskostüme, Prominente in Gesellschaft falscher Personen, Geistliche in stylischer Winterkleidung (übrigens ein von einer KI generiertes Bild) millionenfach geteilt, kritisiert, abgesetzt, verklagt oder entfreundet worden sind. Es ist heute sehr einfach geworden, eine digitale Sturmflut am Handy oder mit dem Heimcomputer zu produzieren.

Überlegen Sie genau, was Sie in die Öffentlichkeit bringen wollen und holen Sie im Zweifel juristischen Rat ein, bevor Sie ein digital erzeugtes Bild veröffentlichen wollen!

Mittlerweile gibt es zu viele Stolperfallen, in die ein gedankenlos publiziertes Motiv hineinfallen und nicht ohne Schaden wieder herauskommen kann. Das Spektrum für solche Verfehlungen reicht von Beleidigung, Verbreitung illegaler Inhalte, Verletzung von Persönlichkeitsrechten bis zum Diebstahl kreativer Leistung. Selbst Abmahnungen können bereits eine Menge Geld kosten.

Szenenwechsel ins Hygiene-Regal im Drogeriemarkt: Verpackungen von Windeln für Teenager sind mit Fotos von jungen Frauen und Männern bedruckt, die trocken in die Kamera lächeln. Ein schauerlicher Gedanke, dass zu Zeiten, als Fotos noch echte Bilder waren, irgendwelche Heranwachsenden sich (freiwillig oder sehr gut entschädigt?) für solche Werbung ablichten ließen.

Heute können echte, existierende Menschen verschont und an deren Stelle virtuelle Personen auf die Packungen gedruckt werden. Stellen Sie sich vor, als Grafiker in einer innovativen Werbeagentur zu arbeiten: In einer kreativen, langen Nacht generieren Sie Dutzende passender lächelnder, junger Menschen und entscheiden schließlich, ein digital berechnetes und besonders hübsches Motiv auf der Verpackung abzubilden. Eine KI wird Sie jedenfalls nicht verklagen und eine virtuelle Person kann auf der Straße nicht ausgelacht werden.

Aber stellen Sie sich vor, dass die Abbildung für die Windelwerbung einer echten Person ähnlich sieht. Wie hoch ist die Wahrscheinlichkeit, dass so ein Doppelgänger existiert? Außerdem – und an der Stelle betrachte ich besonders gut gerechnete Bilder von Personen immer sehr kritisch – verrät das Modell nicht, ob und wie sehr es sich an den Vorlagen im Trainingsset orientiert hat.

Es gibt überhaupt keine Garantie, dass nicht doch eine reale Person mit diesem Aussehen existiert. Und es gibt auch keine Garantie, dass die KI – aus welchen Gründen auch immer – reale Gesichter ins Bild übernommen hat.

Plötzlich behauptet also jemand, dass er es ist, den Sie unrechtmäßig für eine trockene untere Hälfte in der Nacht und tagsüber auf der Verpackung abgelichtet haben. Und unglücklicherweise sieht die Person dem virtuellen Zwilling tatsächlich ziemlich ähnlich.

Die Nacht, in der das Bild entstanden ist, war zu lang und der kreative Flow hat jeden ihrer Instinkte für Sorgfalt ausgeschaltet. Sie haben keine Notizen gemacht, sondern ohne zu überlegen, die Bilder einfach nur auf die lokale Festplatte geschaufelt. Jeder Versuch, sich an den Prompt zu erinnern, an die Einstellungen oder die KI zur Wiederholung des Motivs zu bewegen, wird vermutlich scheitern.

Also auch, wenn das kleinkariert klingt: Wenn Ihnen ein tolles Bild aus der Maschine fällt, dann machen Sie sich die Mühe, die Parameter zur Generierung des Motivs zu notieren. So viele sind es ohnehin nicht.

Dabei wirkt der Seed wie ein geheimer Schlüssel und auch der Prompt muss präzise festgehalten werden. Sie wissen ja bereits, dass kleinste Abweichungen davon nicht und nie wieder zum Ursprungsbild zurückführen werden.

Wenn Sie – anders herum – für jedes gelungene und abgespeicherte Bild die Einstellungen dokumentieren, dann könnten Sie im oben beschriebenen Fall glasklar belegen, das Bild selbst generiert zu haben.

Ich mache von der grafischen Oberfläche einen Screenshot und speichere diesen unter einem ähnlichen Dateinamen wie die Bilddatei ab. Das hat auch den Vorteil, dass ich später auf einen bestimmten Stil oder eine gute Szene zurückkommen, daran weiter arbeiten oder diese für ein ganz anderes Motiv wiederverwenden kann.

Kleine Reise nach Paris (mit zwei juristischen Minenfeldern zum Schluss dieses Kapitels): Sie machen einen Spaziergang am Seine-Ufer entlang und halten bei einem Maler, dem Sie ein paar beschreibende Wörter zuwerfen und der Ihnen daraufhin ein wunderbares Bild anfertigt, dass Sie sich unter den Arm klemmen und damit glücklich und zufrieden zurück ins Hotel gehen.

Ein paar Wochen später erzielt das Gemälde in einem Auktionshaus einen neuen Kunstrekord, der einen neunstelligen Betrag auf Ihr Konto spült: »Zuschlag für 113 Millionen Euro!«

Überlegen Sie, ob *(a)* Sie den Rest Ihres Lebens in Saus und Braus auf einer ganz wunderbaren Privatinsel mit Villa und Personal verbringen oder *(b)* eher für die folgenden Jahre mit kostspieligen Anwälten in einem Gerichtssaal verbringen werden.

Auch wenn diese Geschichte weit hergeholt klingt und die meisten von KIs erzeugten Bilder ohne Anspruch der Programmierer verwendet werden dürfen, dringen auch rechtliche Aspekte massiv in dieses Themenfeld ein.

Künstler haben bereits durchgesetzt, dass ihre Motive aus den Trainingssets entfernt werden. 80 Millionen Bilder sind für die Schulstunden der KIs gesperrt worden. Es gibt sogar eine Suchmaschine, die in Trainingsdaten gezielt sucht (Link: https://haveibeentrained.com). Dort können Sie sich auch einen guten Eindruck verschaffen, was alles in die neuronalen Netze gespült wird.

Weitere Analysen zeigen, dass in diesen Daten jede Menge personenbezogene Informationen enthalten sind, die eigentlich für die Berechnung von Bildern nicht benutzt werden dürfen.

Auch sollten Sie immer sorgfältig prüfen, mit welchem Programm Sie Bilder erstellen. Auf jeden Fall, wenn Sie diese in irgendeiner Form einem größeren Publikum zugänglich machen wollen. Die Zahl der Modelle ist mittlerweile schon fast unüberschaubar geworden und nicht alle lassen sich entweder kosten- und lizenzfrei benutzen. Zumal Firmen gelegentlich auch ihre Nutzungsbedingungen ändern. Was vor einem Jahr eine kostenlose und frei nutzbare Software war, kann in einer neuen Version kostenpflichtig sein.

Das gleiche *kann* ebenso für die berechneten Bilder gelten. Ein Blick in Lizenzverträge, Nutzungsbedingungen und allgemeine Geschäftsbedingungen ist geraten, wenn die Ergebnisse kommerziell (in eigenen Büchern) genutzt werden sollen.

Mögliche Kandidaten für solche Regelungen sind besonders exotische Modelle, die einerseits sehr spezielle Bilder generieren, die leicht identifizierbar sind, und in die andererseits von Programmierern sehr viel Arbeit gesteckt worden ist. Dazu gehören angepasste Trainingsdaten genauso wie von Hand geschriebene Software, in der größtenteils eine ganze Menge (Hirn-)Arbeit und ebenso viel Zeit steckt.

Zum Schluss – wir bleiben in Paris – ein Beispiel aus dem richtigen Leben, dass keine Angst machen, aber etwas sensibilisieren soll, wenn die Kamera (auch die künstlich-intelligente) auf etwas gerichtet wird: Im Jahr 2017 ging eine Geschichte über den Eiffelturm durch die Medien, denn auf der Webseite des weltberühmten Wahrzeichens steht geschrieben, dass der Turm zwar tagsüber abgelichtet werden darf, aber die Beleuchtung bei Nacht rechtlich geschützt ist und Bilder davon nicht ohne das Einverständnis der französischen Betreibergesellschaft veröffentlicht werden dürfen.

Jeder Blogger, der Fotos und Filme vom Lichterspiel des Turms zeigt, macht sich also tatsächlich strafbar. Der Grund für den Unterschied zwischen Tag und Nacht ist schnell erklärt: Urheberrechte gelten bis 70 Jahre nach dem Ableben des Inhabers. Der Turm selbst darf also ohne Einwilligung seit dem Jahr 1993 abgelichtet werden (exakt 70 Jahre nach dem Tod des Erbauers *Gustave Eiffel*).

Das optische Spektakel wurde aber erst 1985 vom Licht-Designer Pierre Bideau entworfen und Anfang 1986 in Betrieb genommen. Juristisch gesehen bedürfen Nachtaufnahmen, auf denen das von ihm gestaltete Licht zu sehen ist, also noch bis 2056 der Erlaubnis der Betreibergesellschaft des Gebäudes (*Société d'Exploitation de la tour Eiffel*).

WICHTIG

◆ *Informieren Sie sich umfassend, wenn Sie Bilder aus den Modellen kommerziell verwenden oder veröffentlichen wollen (dazu zählen auch öffentliche Social-Media-Kanäle).*

◆ *Vermeiden Sie besonders abwertende Abbildungen von Menschen und auch von Produkten.*

◆ *Im Zweifel sollten Sie sich professionellen juristischen Rat einholen, bevor Sie ein Motiv verwenden.*

◆ *Dokumentieren Sie bei solchen Motiven genau, wie diese erstellt worden sind, um beweisen zu können, dass Sie diese generiert haben.*

Prompt: forscher betrachten ein mars-männchen

Beschreibung: Für ein Bild, das Forscher zeigt, die ein Marsmännchen betrachten, könnten wir uns eine humorvolle und neugierige Szene vorstellen. Die Forscher, ausgestattet mit Laborkitteln und verschiedenen wissenschaftlichen Instrumenten, stehen um ein kleines, freundlich aussehendes Marsmännchen herum, das vielleicht auf einem Tisch oder in einer Art durchsichtigen Behälter sitzt.

KI: DALL-E & ChatGPT

WENN EXPERTEN MEINEN...

Die Zeiten von Universalgenies sind lange vorbei! Auch in der digitalen Welt entstehen bei künstlichen Intelligenzen immer mehr Experten-Modelle, die für spezielle Zwecke trainiert wurden und Nischen-Abbildungen besonders gut produzieren können.

Einem ähnlichen Fall bin ich in einem Animationsstudio begegnet, das im Süden von Deutschland für große Filmstudios auf der ganzen Welt arbeitet: Dort gab es einen Experten für Fell und Haare. Der junge Mann hat sich mit nichts anderem beschäftigt, als diesen sehr speziellen Teil der Animationen möglichst realistisch darzustellen. Die Stable Diffusion Ableger *BB95 Furry Mix* und *Furryfusion* sind als KIs mit haarigen Tieren trainiert worden und damit auf das gleiche Thema spezialisiert, wie der Mann in dem Animationsstudio.

Einen weiteren Spezialfall haben Sie weiter oben bereits kennengelernt: *Pixel-Kunst* (Englisch: *Pixel-Art*) kann mit einem Modell, das für fotorealistische, natürliche Abbildungen gemacht wurde, nicht einfach produziert werden.

Statt sich mit dem großen Gehirn zurück ins Trainingscenter zu begeben und diesem klarmachen, dass es sich bei bestimmten Anfragen nur auf einen Teil der gelernten Inhalte fokussieren soll, ist es tatsächlich einfacher, das Trainingsset zu zerstückeln und mit den speziellen Bildsorten eine frische KI zu füttern. Geht schneller, erzeugt kleinere Modelle mit viel besseren Ergebnissen. Ein Modell, das nur Pixelbilder gesehen hat, macht sich auch keine Gedanken darüber, etwas anderes als quadratische Kacheln zu erzeugen.

Die Anzahl spezialisierter Modelle ist jetzt schon endlos. Viele Hobbyisten wie Profis haben für unterschiedliche Bedürfnisse neue Modelle erstellt. Die Bandbreite reicht von Experten für Mangas, Fell und App-

Symbole bis hin zu Profis für Personen, Augen, Hände, Computerspiel-Grafiken und so weiter.

Besonders exotische ist zum Beispiel *JWST Deep Space Diffusion*. Die Abkürzung am Anfang steht für *James Webb Space Telescope*, das seit zwei Jahren seine Dienste ungefähr 1,5 Millionen Kilometer von der Erde entfernt verrichtet.

Das Modell ist die virtuelle Version des Hochleistungs-Teleskops, das seinen Blick auf die Tiefen des Alls richtet und wunderbare und sehr bunte Ansichten von Galaxien und Sternen-Nebel produziert.

Prompt: galaxy
KI: JWST Deep Space Diffusion

Rechnen Sie eher damit, dass es für Ihre Wünsche bereits ein spezielles Modell gibt (das nur im Internet gefunden werden will), als dass kein Experten für solche Spezialfälle existiert.

Neben den Modell-Exoten werden weitere Erweiterungen für die Modelle programmiert, die eine bessere Kontrolle über Eingaben und Ergebnisse ermöglichen.

Ein besonders interessanter Ansatz sei an dieser Stelle für viele andere erwähnt: Regional Prompter ist eine Erweiterung für Stable Diffusion, mit der Gegenstände gezielt an bestimmten Stellen des Bildes platziert werden können (Link: https://github.com/hako-mikan/sd-webui-regional-prompter).

WICHTIG:

- *Wenn die allgemeine KI bei Ihren Wünschen versagt, schauen Sie sich nach Spezial-Modellen um, die vielleicht Experten bei dem gesuchten Thema sind.*

- *Schauen Sie dabei immer in die Anleitungen, denn manche Modelle reagieren erst wie gewünscht, wenn sie mit bestimmten Prompts gefüttert werden.*

- *Nachteil dieser Modelle ist, dass manchmal nur ein spezieller Stil berechnet wird und die Anzahl der überraschenden Varianten deutlich kleiner ist, als bei den allgemeinen Modellen.*

- *Klare Stärke ist die Qualität der Ergebnisse, wenn das Modell auf die gute Darstellung von bestimmten Objekten (zum Beispiel Mangas) trainiert ist.*

Prompt: kunstwerk-analyse-maschine

Beschreibung: Für ein Bild, das eine Kunstwerk-Analyse-Maschine darstellt, könnte man sich eine humorvolle und übertrieben komplexe Vorrichtung vorstellen, die mit verschiedenen Geräten, Röhren, Monitoren und vielleicht sogar künstlichen Intelligenzen ausgestattet ist, um Kunstwerke zu analysieren. Die Maschine könnte in einem chaotischen Labor oder Atelier stehen, umgeben von Kunstwerken, die auf ihre Analyse warten.

KI: DALL-E & ChatGPT

VERKEHRTE (BILD-)WELT

Sie haben ein tolles Bild, dessen Stil Sie gerne übernehmen wollen? Oder Ihnen fehlt der Prompt zu einer berechneten Abbildung? Die Funktion *Interrogation* (nett übersetzt: *Befragung* oder *Abfrage*, weniger nett übersetzt: *Verhör*) kann den Arbeitsprozess umdrehen und helfen, arbeitsfähige Prompts von der KI erzeugen zu lassen.

Das Konzept ist schnell erklärt: Die KI wird mit einem Bild gefüttert und gibt einen aus ihrer Sicht passenden Prompt dazu aus. In der praktischen Anwendung dieser Funktion sind das zwei bis drei Schritte, die vom User durchgeführt werden müssen und die ganz unterschiedlich gut funktionieren.

Zuerst wird das bildgebende Modell im Rückwärtsgang betrieben. Statt Worte in Grafiken zu verwandeln, wird eine Abbildung in Text zurückentwickelt. Für den Algorithmus ist das kein Problem, weil dieser beim Training mit Wort-Bild-Paaren versorgt worden ist, also mit beiden Sorten von Informationen gleichermaßen souverän umgehen kann.

Das Text-Ergebnis kann dann dazu benutzt werden, um berechnete Varianten des Originals zu erzeugen. Natürlich nicht das Original selbst!

Aber statt die komplette Ausgabe solch einer Befragung ins Textfeld des Generators zu übernehmen, sollten Sie sich die Wortkette in Ruhe ansehen und nur die Teile übernehmen, die Sie für sinnvoll halten.

Je nach Software ist die Menge an produzierten Wörtern unterschiedlich groß, aber im Vergleich zu vielen Prompts, die von Menschen geschrieben werden, eher lang, ausführlich und umfangreich.

Auch hier gilt wieder: Probieren und prüfen Sie die Ergebnisse für unterschiedliche Bilder, wenn Sie diese Funktion ernsthaft benutzen wollen. Es dauert auch hier wieder eine Weile, bis sich das menschliche Gehirn an die Denkweise der elektronischen Intelligenz gewöhnt hat.

Konkret sieht das Vorgehen dann so aus: Als Prompt für das Test-Bild unten wurde *"smiling comic figure in a colorful rain forest. 3d blender render. delicate colors. realistic shading"* ins Textfeld eingetippt.

Das Resultat der Berechnung dieses Prompts sehen Sie unten. Beachten Sie beim späteren Vergleich aber unbedingt, dass es sich hierbei nur um eine Interpretation von unendlich vielen anderen handelt. Das Ausgangsbild könnte also auch völlig anders aussehen!

Prompt: smiling comic figure in a colorful rain forest. 3d blender render. delicate colors. realistic shading.
KI: Stable Diffusion

Die Rückwärts-Analyse auf der Webseite von *Stable Horde* (Link: https://aqualxx.github.io/stable-ui/) ergibt folgenden und gar nicht unähnlichen Prompt: *"a cartoon character stands in a forested area with fo-liages and flowers in the background"*.

Aus menschlicher Sicht ist die Beschreibung erstaunlich präzise. Was beim genauen Vergleich fehlt, sind Wörter, die Farben und Oberflächen beschreiben. Leider ist nicht nachvollziehbar, warum die KI sich für diesen Ausdruck und nicht für andere Formulierungen entschieden hat. Aber nach einigen Selbstversuchen, werden Sie ein Gefühl für das Verhalten des Modells bekommen.

In diesem Fall werfen wir das Text-Ergebnis unverändert zurück in die Maschine und schauen uns an, wie diese ihre eigene Sprache versteht und in Bilder verwandelt.

Prompt: a cartoon character stands in a forested area with foliages and flowers in the background / KI: Stable Diffusion

Das Ergebnis ist zunächst erschreckend unähnlich, aber, wenn Sie die beiden Prompts etwas genauer verglichen haben, ist das auch nicht wirklich überraschend. Deswegen sollten Sie so viel wie möglich selbst ausprobieren, damit Sie sich an die verborgenen Denkweisen der Modelle so gut wie möglich gewöhnen.

Am Schluss dieses Kapitels noch ein drastisches Beispiel, dass Ihnen den Unterschied zwischen dem Erkennen und der Wiedergabe durch einen Algorithmus demonstrieren soll. Natürlich können auch Bilder analysiert werden, die von der KI nicht erzeugt werden können. Simpel wie unmöglich ist ein wenig schwarzer Text auf weißem Grund:

TEST

Testbild für das "Verhör" (Interrogation)

Brav und optimistisch schluckt die Maschine die unspektakuläre Grafik und beschreibt diese erstaunlich präzise (zum Vergleich dieser überraschenden Leistung schauen Sie nochmal ins Kapitel *"Wort für Wort"*). Das Ergebnis lautet: *"a close up of a text on a white background that says test in black letters"*.

Schlicht, aber überaus treffend formuliert! Ein Gehirn kann sich die Beschreibung gut vorstellen, denn in diesem Fall ist sie präzise, vollständig und eindeutig.

Nur ein paar Kleinigkeiten fallen auf: Das Fehlen einer Bezeichnung für die Schriftart. Die abgebildeten Buchstaben sind nicht hervorgehoben (zum Beispiel durch Anführungszeichen). Das *"close up"* (übersetzt: *"Nahaufnahme"*) wirkt etwas unpassend, könnte aber eingefügt worden sein, weil die Abbildung nur auf den Text fokussiert und nichts anderes drumherum zeigt.

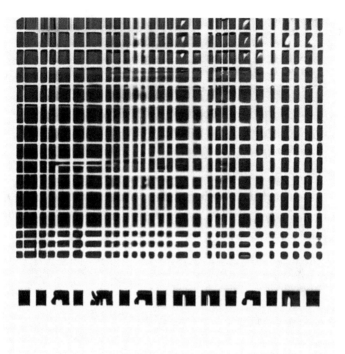

Promt: "a close up of a text on a white background
that says test in black letters"

Das zurück-gerechnete Ergebnis ist überraschend weit vorbei am Ziel. Hier treffen zwei Effekte aufeinander: Was für das Gehirn gut funktioniert und vorstellbar ist, scheitert vollständig im neuronalen Netz des Computers. Vergessen Sie aber nicht: Das Testbild mit dem Text ist für eine bildgebende KI eigentlich völlig ungeeignet.

Das ist so, als wenn jemand mit einem Formel-1-Rennwagen auf dem Verkehrsübungsplatz zwischen den Fahr-Anfängern herumfährt oder mit dem Tretroller auf der Nordschleife.

Vielleicht ist das auch ein Wink mit dem Zaunpfahl, dass künstliche Intelligenz eben doch keine richtige Intelligenz ist. Wäre das der Fall, müsste es ja auch keine Bücher geben, wie Menschen die Prompt-Sprache der Bild-KIs am besten erlernen können.

WICHTIG

◆ *Nutzen Sie Interrogation vor allem, um später Teile des Prompts für eigene Werke zu nutzen.*

◆ *Interrogation hilft Ihnen, die Sicht des Modells besser zu verstehen, auch wenn (oder gerade weil) die verkehrte Arbeitsweise nicht so gut funktioniert, wie vielleicht erwartet.*

◆ *Prüfen Sie jedes Ergebnis der Funktion, indem Sie aus dem vollständigen Befragungs-Prompt wieder ein Bild berechnen lassen.*

Prompt: maurer bauen einen gewaltigen text

Beschreibung: Hier ist eine humorvolle Darstellung von Maurern, die zusammenarbeiten, um gewaltige Buchstaben zu bauen, die einen Text formen. Die Szene zeigt die Maurer bei der Arbeit, ausgestattet mit traditionellen Werkzeugen und umgeben von den riesigen Buchstaben, die sie errichten.

KI: DALL-E & ChatGPT

Prompt: bildhauer macht einen fehler. lustig

Beschreibung: Für ein Bild, das einen Bildhauer zeigt, der einen Fehler macht, stelle ich mir eine humorvolle und übertriebene Szene vor. Der Bildhauer könnte gerade an einer Skulptur arbeiten, die fast fertig ist, als ihm ein Missgeschick passiert. Vielleicht hat er zu viel Material von einem entscheidenden Teil der Skulptur entfernt, zum Beispiel von der Nase einer Statue, und steht jetzt da, sichtlich schockiert und mit einem zu großen Meißel in der Hand.

KI: DALL-E & ChatGPT

KREATIVE FEHLTRITTE?!

Nach gefühlten 999 Berechnungen sieht das Bild kein bisschen so aus wie die eigene Vorstellung. Ein falsches Wort im Prompt und das Ergebnis entfernt sich noch weiter von einem Motiv, dass ein Mensch sich so leicht im Kopf ausdenken kann. Wer lange genug mit künstlicher Intelligenz arbeitet, der ist früher oder später überzeugt davon, eher vor einer dämlichen Maschine zu sitzen!

Versuchen Sie, einen anderen Blick auf die vielen Fehler und haarsträubenden Probleme zu bekommen, mit denen Sie sich bei der täglichen Arbeit mit einer bildgebenden KI herumschlagen werden! Ich möchte an dieser Stelle die ganzen Macken nicht schönschreiben. Aber vielleicht kann ich Ihnen doch einen etwas anderen Blickwinkel auf die Aussetzer und Macken der scheinbar mathematisch perfekten Intelligenz auf dem Computer näherbringen!

Kennen Sie die Grundregeln eines Brainstormings, bei dem der Kreativität die Bahn frei geräumt werden soll? Ganz einfach: Alles ist erlaubt! Verrückte Ideen sind erwünscht! Es wird nicht kritisiert! Und schon kann es losgehen...

Im (weiten) Rahmen dieser Regeln arbeitet eine bildgebende KI immer absolut richtig, auch wenn unser Gehirn entsetzt von den anscheinend fehlerhaften Abbildungen erschreckt zusammenzieht. Aber eigentlich ist es nicht die Software, die schlecht funktioniert, sondern unser Gehirn ist ziemlich festgefahren bei der Vorstellung von guten Bildern.

Mit der Entdeckung der Smartphone-Fotografie war jedermann mit seinen eigenen, persönlichen Schnappschüssen extrem unzufrieden, weil die eigenen Bilder im Vergleich zur schillernd-schönen Welt der Werbung dermaßen schlecht aussahen.

Mittlerweile filtern, verbessern und verändern wir unsere Selfies bis weit über das perfekte Bild hinaus. In den Social-Media-Kanälen sind private Bilder von kommerzieller Werbung gar nicht mehr so richtig zu unterscheiden. Eine Idee am Rande: Es ist wahrscheinlich nur eine Frage der Zeit, bis der private Bilderwahn wieder in Richtung authentisch umschlagen wird. *»Es werden wieder mehr Wollsocken statt High-Heels zu sehen sein«*, hat ein befreundeter Journalist geschrieben.

In der Zusammenarbeit mit den Bild-KIs geht es uns ähnlich, weil wir an die Ergebnisse den genau gleichen Maßstab anlegen wie an alle anderen Bilder auch: Wenn das gerechnete Bild aussieht, wie bei der Online-Bildagentur teuer bezahlt oder gut genug für eine Plakatwand auf dem Times Square in New York, dann sind wir glücklich und zufrieden.

Hässlich, fehlerhaft, krumm und schief wird von unserem Wertesystem für bunte Bildwelten verteufelt und verstoßen. Ganz genauso wie bei Äpfeln im Supermarkt. Unser Bauchgefühl verlangt, dass ein perfektes Bild eben perfekt ist. Die Kunst hat die Kritik als Aussage längst entdeckt, aber die biologische Evolution zwischen unseren Ohren hinkt da weit hinterher.

Wenn wir uns ein Bild vorstellen, dann hängen wir meistens an einer Variante fest. Vielleicht schaffen wir es noch, die eine oder andere Abwandlung davon vor unserem inneren Auge zu erzeugen. Aber dann ist vermutlich Schluss mit der kreativen Arbeit des eigenen Kopfes.

Manfred Spitzer ist ein bekannter Neurowissenschaftler und Psychiater in Ulm. Die Arbeit des Gehirns hat er einmal so beschrieben: Der Kopf weiß ganz genau, was eine Tomate ist, wie sie aussieht, sich anfühlt und wie sie schmeckt. Aber das Gehirn könne sich nicht an jede Tomate erinnern, die der Mensch in seinem Leben gegessen hat.

Vereinfachung und die Reduktion auf möglichst wenige Tatsachen (Tomaten im Allgemeinen) sind tief in der Arbeitsweise unseres Kopfes verankert. Wer in Sachen Kreativität nicht hochgradig trainiert ist, würde beim Versuch, das Verhalten einer KI nachzuahmen, wahrscheinlich schon nach wenigen Bildern scheitern. Sie kennen das Experiment: *Zählen Sie hundert Tiere auf!*

Ist die künstliche Intelligenz uns tatsächlich in einer scheinbar sehr speziell menschlichen Eigenschaft überlegen? Während wir bei der Vorstellung an viele verschiedene Tiere (oder Tomaten) scheinbar schnell unsere geistigen Grenzen erreichen, kann das mathematische Rechenmodell offensichtlich endlos viele Varianten von Tieren, Tomaten und zahllosen anderen Dingen erzeugen. Auch wenn nicht als Phantasie bezeichnet werden kann, so ist das Modell doch endlos kreativ.

Woher auch immer dieser endlose Strom von immer anderen Bildern kommen mag: Wer inspiriert werden will, der hat mit bildgebenden Modellen eine unerschöpflichen Quell an Inspiration zur Verfügung. Nicht die teuerste Werbeagentur der Welt, kann den Algorithmus in der schieren Menge an Vorschlägen überbieten. Die unermüdliche Produktion immer neuer Bilder erinnert an das alte Märchen *»Der süße Brei«*.

Erinnern Sie sich an die Regeln von oben? Quantität (Masse) *vor* Qualität (Klasse)! Dies trifft auf KIs ganz klar eher zu als auf jeden Menschen, weil der Algorithmus nur einen immer neuen Seed braucht, um wieder einen Schwung Bilder zu erzeugen, die die Welt noch nicht gesehen hat – im wahrsten Sinne des Wortes.

Und wir regen uns auf, wenn an der einen oder anderen Stelle etwas schief ist oder auch seltsam aussieht?! Lassen Sie die KI doch ruhig Fehler machen! Dafür bringt Sie Ihr Gehirn vielleicht auf ungewöhnliche und herausragende Ideen. Fehler sollten Sie nicht enttäuschen. Vor allem nicht, wenn Sie mit bildgebenden Modellen experimentieren.

Nehmen Sie die unperfekten Bilder mindestens als Chance für zwei Dinge: Erstens lernen Sie damit, Ihre Prompts und Einstellungen immer weiter zu perfektionieren, bis das Modell tatsächlich aufs Wort gehorcht. Zweitens bekommen Sie damit einen Einblick in die Tiefen der Modelle und deren digitaler Verhaltensweise.

Erinnern Sie sich an das Experiment vom Anfang dieses Buchs? Schreiben Sie ab und zu Prompts zu ungreifbaren Begriffen oder finden Sie heraus, was der Algorithmus bei Phantasieworten von sich gibt! Das ist zwischendurch eine gute Gedanken-Pause, wenn Sie zu lange an zu langen Prompts herumgebastelt haben.

Mein Lieblings-Phantasiewort ist *EJOTY*, das fast nichts bedeutet, aber immerhin die Fünfer-Stellen im Alphabet markiert (e = 5, j = 10, o = 15, t = 20, y = 25). Falls Sie auf die Schnelle wissen müssen, an welcher Position sich ein beliebiger Buchstabe befindet, hilft Ihnen diese Eselsbrücke dabei. *EJOTY* füttere ich zum Testen regelmäßig in alle möglichen Modelle ein und schaue mir ganz unvoreingenommen die Resultate an.

Und schießen Sie auch nicht zu sehr auf ein einziges Modell ein, denn es werden ständig neue, verbesserte oder spezialisierte Algorithmen veröffentlicht. Es ist spannend zu beobachten, wie unterschiedlich diese auf Ihre Prompts reagieren.

Mit der richtigen Einstellung zum gelegentlich präsentierten Unsinn (ob zum Spaß oder durch einen falschen, gezielten Prompt) und dem langfristigen Vergleich zwischen den ganz unterschiedlichen Resultaten, hat auch so ein Zufallsauftrag durchaus einen gewissen Reiz.

Sie wissen nicht, was das Modell denkt und was dabei herauskommen wird, aber vielleicht entdecken Sie bei mehreren Durchläufen doch eine bestimmte Strategie, warum die KI so reagiert, wie sie reagiert.

Prompt: ejoty
KI: Stable Diffusion

Prompt: das unbekannte

Beschreibung: Für ein Bild, das "Das Unbekannte" darstellt, könnte man sich eine Szene vorstellen, die sowohl Neugier als auch ein Gefühl des Mysteriums weckt. Diese Darstellung könnte eine Landschaft oder eine Szenerie sein, die den Betrachter an der Schwelle zu etwas Neuem und Unentdecktem stehen lässt.

KI: DALL-E & ChatGPT

Prompt: mann schaltet das licht aus

Beschreibung: Für ein Bild, das auf humorvolle Weise darstellt, wie ein Mann das Licht ausschaltet, könnte man sich eine Szene vorstellen, in der der Akt des Lichtausschaltens zu einer übertriebenen und komischen Situation führt. Der Mann könnte einen großen, alten Lichtschalter betätigen, der mit viel zu viel Aufwand verbunden ist, vielleicht muss er an einer riesigen Hebelvorrichtung ziehen oder einen komplizierten Mechanismus in Gang setzen.

KI: DALL-E & ChatGPT

DER LETZTE MACHT
DAS LICHT AUS!

Als Kind wollte ich Comic-Zeichner werden. Aber es mangelte an der Bereitschaft zu üben, wenn die Regel tatsächlich gilt, dass Fleiß wichtiger ist als Talent.

Mein Großvater war Kunstmaler und er wollte mir mit viel Geduld das Malen beibringen. Vielleicht waren es die Alpenmotive, die wir zusammen gemalt haben, die mich vom Zeichnen abbrachten. Für Superhelden und Sportwagen war mein Großvater leider nicht zu haben. Der Wunsch ist geblieben und es blieb ein Wunsch. Jahrzehnte später habe ich immer wieder Versuche gestartet, das Zeichnen zu erlernen – und zwar alle nur mit mäßigem Erfolg.

Immerhin bin ich ein ganz guter Fotograf geworden. In den neunziger Jahren war der Aufwand enorm, meine überschäumende Kreativität in Bilder zu verwandeln. Um an Fotowettbewerben teilzunehmen, habe ich mich nachts in ein Fernsehstudio eingemietet und Unsummen für Filme und deren Entwicklung ausgegeben.

Später geriet ich in die Kritik der Kollegen meines Fotoclubs, weil ich zuerst meine Bilder massiv elektronisch nachbearbeitete und schließlich ganz auf selbstgemachte Bilder verzichtete und mich hemmungslos bei anderen bediente, um diese Fotografien mit sehr viel Aufwand am Computer zu verändern und in meinen Augen damit zu verbessern.

Diese Fotoclub-Mitglieder gehören immer noch zu meinen besten Freunden – trotz meiner inkompatiblen Ansichten über gute Bilder. Und ich bin es, der diesen engagierten Fotografen die schlechte Nachricht überbringen musste: Die Zeit, wo ein Bildermacher stolz auf ein perfektes Bild sein kann, ist längst gelaufen!

Zuerst verdrängte das Internet mit den virtuellen Bildagenturen praktisch alle Fotografen von der kommerziellen Bildfläche.

Professionelle *Stock-Fotos* (übersetzt: *Agenturbilder*) kosten heute nur noch wenige Euros und es ist praktisch für jeden Geschmack etwas dabei. Große Konzerne versuchen immer noch, sich mit Hilfe von aufwändigen und kostspieligen Produktionen von dieser überragend guten Masse abzugrenzen. Der Unterschied zwischen teurem Shooting und gut aufgestelltem Hobby-Fotografen heute ist aber kaum noch zu erkennen.

Und jetzt übernehmen die künstlichen Intelligenzen. Ohne Geld, Aufwand und Ausbildung können Motive geschaffen werden, die jede professionelle Fotoproduktion in den Schatten stellen, weil jeder Wechsel (kleiner oder großer) nur ein paar Veränderungen im Prompt erfordert.

Aber bleiben perfekte Bilder spannend, wenn jeder sie erzeugen kann? Die Bilderflut in den sozialen Medien hat viele Menschen bereits völlig unsensibel für Fotos gemacht. Wir scrollen Stunden, Tage, unser ganzes Leben durch einen Strom von Bildern. Bleiben wir hängen, haben wir das nach ein paar Sekunden bereits wieder vergessen, was uns zum Anhalten bewegt hat.

Heute spannend, morgen vielleicht ganz besonders öde! Weiter oben habe ich aus den 90er Jahren berichtet, als die Foto-Profis es satt hatten, mit immer aufwendigeren Produktionen die Konkurrenz übertrumpfen zu wollen. Kreative Köpfe griffen zu billigen Schrott-Kameras und produzierten damit eine Kehrtwende bei den Motiven.

Genauso sind die mageren Models in der Werbung zumindest teilweise gegen ganz normale Menschen ausgetauscht worden. Vielleicht ist es nur eine Frage der Zeit, bis es nicht mehr die perfekten Bilder sein werden, die wir aus den KIs heraus holen wollen.

Aber die KI wird bleiben! Bilder spielen in unserer Wahrnehmung eine zu große Rolle, dass wir dieses Werkzeug in Zukunft wie ein langweiliges Spielzeug liegen lassen würden. Und wer so gut damit umgehen kann, dass er die künstliche Intelligenz versteht und die Wünsche von Menschen aus ihr herausholen und digitale Wirklichkeit werden lassen kann, der wird so gefragt sein, wie ein Experte für Fell und Haare in einem Animationsstudio.

> *Stefan Kleber*
Dezember 2023

Motiv: Stefan Kleber
Fotografin: Bianca Demel

Prompt: A friendly and colorful alien talking on a phone. The alien features bright, cheerful colors and a welcoming expression, set against a backdrop that combines futuristic technology with whimsical charm. The phone itself is a playful mix of advanced alien tech, adorned in vibrant colors.

KI: DALL-E

ERREICHBAR

Dieses Buch hat mehr Angst vor dem Altern als der Autor selbst. Bitte sehen Sie es mir nach, wenn nicht mehr alles, was oben geschrieben ist, auf dem neuesten Stand ist. Bildgebende Modelle entwickeln sich im Moment im Wochentakt. Trotzdem wird der Autor versuchen, die Inhalte durch regelmäßige Pflege aktuell zu halten.

Das Spektrum der Einsatzmöglichkeiten der Modelle ist gewaltig und in diesem Buch nicht umfassend und vollständig beschrieben. Sollten Sie ein Thema vermissen oder spezielle Erfahrungen gesammelt haben, die hier erwähnt werden sollten, dann haben Sie keine Hemmungen, den Autor per E-Mail zu kontaktieren.

Das Gleiche gilt für Fehler und Verbesserungen. Obwohl alle Prompts und Einstellungen durchgehend meistens mit Stable Diffusion überprüft worden sind, können sich natürlich Fehler in den Text einschleichen. Ebenso ist der Autor über Kritik (und natürlich auch Lob) sowie alle anderen Arten von Hinweisen glücklich und wird Ihre Nachricht mit Sicherheit beantworten.

Der Autor ist erreichbar unter folgender E-Mail-Adresse:

biancaundstefan@proton.me

www.ingramcontent.com/pod-product-compliance
Lightning Source LLC
LaVergne TN
LVHW051222050326
832903LV00028B/2211